KLEIDER · FARBEN · STIL

Mary Spillane

KLEIDER
FARBEN
STIL

Neues von *Color Me Beautiful*®

Deutsch von Beate Gorman

Hallwag Verlag Bern und Stuttgart

Dem großartigen Team der CMB-Beraterinnen gewidmet, die in Europa, Afrika, dem Mittleren Osten, Australien und Neuseeland zahllosen Frauen dabei helfen, durch ein besseres Image ihr Selbstbewußsein zu entwickeln.

Die englische Originalausgabe ist unter dem Titel THE COMPLETE STYLE GUIDE FROM THE COLOR ME BEAUTIFUL ORGANISATION im Verlag Judy Piatkus, London, erschienen.

Copyright © 1991 by Mary Spillane
Published by Arrangement with Judy Piatkus (Publishers) Ltd.
CMB is a registered trademark of Color Me Beautiful Inc.

Mode-Illustrationen: Lynne Robinson
Strichzeichnungen: Paul Saunders
Fotos im 3. und 5. Kapitel: Iain Philpott; S. 151: Karena Perronet-Miller (Cosmopolitan, UK); S. 156 bis 158: Phil Dodd

Lektorat: Urs Aregger
Umschlag und Gestaltung: Robert Buchmüller
Satz und Druck: Hallwag AG, Bern
Bindung: Grollimund AG, Reinach

© 1992 Hallwag AG, Bern
ISBN 3-444-10389-1

Hallwag

Inhalt

Dank

Dieses Buch ist das Ergebnis der Inspiration und der Arbeit von vielen Personen, die mich unterstützt haben.

Neben all den Kundinnen und Kunden, die hilfesuchend zu mir in Beratung gekommen sind, habe ich auch viel von meinen eigenen Consultants gelernt. Zu besonderem Dank bin ich Veronique Henderson verpflichtet: sie hat bis zum Umfallen daran gearbeitet, alle Farben in unseren neuen Jahreszeitenpalette in einen logischen Zusammenhang zu bringen und viele renommierte Modehäuser davon zu überzeugen, uns ihre Fotos zur Verfügung zu stellen. Liz Baker, unsere unermüdliche PR-Mitarbeiterin, organisierte die attraktiven Kleidungsstücke unserer Modelle bei Selfridges und Liberty. Die CMB-Trainer Trevor Castleton und Madge Campbell halfen uns mit nützlichen Ratschlägen im Entwurfsstadium. Trevor Castleton sorgte dafür, daß das Geschäft während meiner Abwesenheit normal weiterlief, und kümmerte sich um Mitarbeiter, Berater und Kunden. Sue Abbott schließlich, seit 1984 meine rechte Hand, kann dieses Buch bestimmt in- und auswendig zitieren, da sie unendlich viele Überarbeitungen ins reine getippt hat, bis die endgültige Fassung vorlag.

Besonderer Dank gebührt meinen Modellen, die gleichzeitig Consultants sind: Anna Bourgeois, Sylvia Jordan, Teoh Berry, Debra Coffman, Harriet Walters, Carolyn Patrick und Sarah Wright; zudem Ruth Block, Diana Tanaka, Joanna Hadnutt, Lisa Pope, Sue Simmons, Jane Pringle, Michele Morgan, Christina Pardul und Amrita Ganguly, die ebenfalls in diesem Buch erscheinen. Gary und Keith Beer von The Cutting Company (vom Holmes Place Health Club, London SW10) sind die Lieblingsfriseure von CMB und für das tolle Aussehen aller Modelle verantwortlich. Mary Rose Cooney von Hans Stepper UK gebührt Dank für die eindrücklichen Fotos, die zeigen, wie ein Augen-Make-up das Image verändern kann. Dank auch an folgende Firmen, die Fotos zur Verfügung gestellt haben: Armani, Elida Gibbs Ltd, Episode, Country Casuals, Fink Modelle, Jaeger, L'Oreal, Maxmara, Monsoon, Next, Paul Costelloe, Planet, Trader for Kids bei Debenhams, Viyella, Windsmoor.

Judy Piatkus und ihrem Team von Piatkus Books gebührt Anerkennung dafür, daß sie das geistige Potential von Color Me Beautiful erkannt haben, während andere Verleger es als amerikanisches Phänomen abtun wollten. Gill Cormodes konstruktive wie auch kreative redaktionelle Anleitung zieht sich wie ein roter Faden durch das ganze Buch – ein ganz besonderes Dankeschön an sie: sie hat mir als Debütantin wertvolle Schreibtips gegeben.

Steve DiAntonio, Präsident von CMB Inc. (USA), hatte viel Verständnis für unser Bedürfnis, ein Buch über Stilfragen zu schreiben, das hier in Europa entstand, und unterstützte unsere Bemühungen begeistert.

Meinem Gatten, Roger Luscombe, gebührt Dank, weil er mich während der hektischen Monate des Schreibens und des Vorbereitens so gut unterstützt hat. Und schließlich erhalten nun Anna und Lucy ihre Mama zurück, die jetzt an den Wochenenden wieder mit ihnen spielen kann.

Einleitung

In diesem Buch geht es um Sie und um Ihr Image. Dazu zählt alles, was mit Ihrem Erscheinungsbild zu tun hat – nicht nur Ihr Aussehen, sondern auch Ihr Verhalten und die Art und Weise, wie Sie auf andere Menschen und Situationen reagieren. Wir werden hier gemeinsam daran arbeiten, wie Sie das Beste aus sich machen können. Wir werden darüber nachdenken, wie Sie noch besser aussehen können, wie Sie Ihr Selbstbewußsein aufbauen, wie Sie durch die Techniken von Color Me Beautiful in der Zukunft mehr *Sie selbst* sein können.

Image-Consultants von Color Me Beautiful (CMB) arbeiten weltweit mit Millionen von Frauen: mit großem und kleinem Portemonnaie, mit Müttern, die Hausfrau oder berufstätig sind, mit Studentinnen, Angestellten und Politikerinnen, Nonnen und Schauspielerinnen, Künstlerinnen, Sportlerinnen und Behinderten. Die letzten beiden Jahrzehnte haben *alle* Frauen gelehrt, daß sie hinter niemandem zurückstehen müssen, daß jede für sich von Bedeutung ist – und daß ihr Image wichtig ist.

Ich leite die Color-Me-Beautiful-Organisation für Europa von Großbritannien aus seit 1983. Es waren sehr aufregende und lohnende Jahre. Besonders spannend war es zu beobachten, welche Veränderungen immer wieder erzielt werden können. Jeder Mensch kann attraktiv aussehen – man muß nur das Know-how dafür kennen.

Kleider – Farben – Stil ist eine Synthese unserer langjährigen Arbeit: Das Buch umfaßt die kreativen Techniken, die wir innerhalb des CMB-Netzes entwickelt haben, unterstützt von vielen anderen Experten für Schönheit, Mode, Persönlichkeitsentwicklung und Kommunikation, die bei Color Me Beautiful unterrichtet und mit uns zusammengearbeitet haben. Jetzt möchte ich Sie an diesen einfachen, aber wirkungsvollen Techniken, die so vielen Frauen dazu verholfen haben, attraktiver auszusehen und sich selbstbewußter zu fühlen, teilhaben lassen. Meine Kenntnisse gebe ich gerne weiter, weil ich Frauen mag, ihren persönlichen Mut bewundere und uneingeschränkt davon überzeugt bin, daß unsere Methoden wirklich Wunder wirken.

Was für eine Farbgebung Sie auch immer haben, Sie werden in diesem Buch jene Palette jahreszeitlicher Farben finden, die am besten zu Ihnen paßt. Sie enthält die schmeichelhaftesten Farben, die Sie tragen können. Abhängig von den besonderen Merkmalen Ihrer Körperform, werden Ihnen außerdem bestimmte Stile, Stoffe, Muster und Accessoires mehr schmeicheln als andere.

Das bedeutet jedoch nicht, daß Sie alle gleich aussehen und Ihre Einzigartigkeit verlieren werden. Es gibt immer noch viel Raum für eine individuelle Interpretation Ihrer Richtlinien für Farbe und Stil, so daß Ihr bestes Image tatsächlich Ihrer Persönlichkeit entspricht und sie widerspiegelt.

DIE REVOLUTION VON COLOR ME BEAUTIFUL

Als *Color Me Beautiful* von Carole Jackson 1980 zum ersten Mal in den Vereinigten Staaten veröffentlicht wurde, begann sich das Denken der Frauen und ihr Verhalten als Konsumentinnen zu revolutionieren. Das Buch fordert, daß wir uns nicht mehr allein von den jeweiligen «Modefarben» beeinflussen lassen, sondern die Kleidung nach einer Farbpalette wählen sollten, die unseren normalen Hautton und die Augen- und Haarfarbe ergänzt – denn die richtigen Farben helfen uns, gesünder, attraktiver und jünger auszusehen. Frauen auf der ganzen Welt – über 20 Millionen haben *Color Me Beautiful* in den achtziger Jahren gelesen – verstanden den Sinn dieser Botschaft. Sie ergab sogar noch mehr Sinn, als sie die Theorie in die Praxis umsetzten. Nach Carol Jacksons Theorie werden die Menschen in Frühlings-, Sommer-, Herbst- und Wintertypen unterteilt, wobei für jeden Typ eine eigene Palette mit schmeichelhaften Farben zur Verfügung steht. Wenn Sie Ihre Jahreszeit kennen und Kleidung und Make-up in den Farben Ihrer Palette tragen, sehen Sie mit Sicherheit besser aus: Ihre Augen leuchten, Ihre Haut wirkt glatter – Sie strahlen einfach!

Ein besseres Aussehen ist nicht der einzige Vorteil: Sie sparen außerdem noch Geld. Alle Teile Ihrer Garderobe passen plötzlich besser zusammen. Ihre Blusen stimmen mit den Jacken und Röcken überein, mit denen Sie sie kombinieren. Sie brauchen keine schwarzen, blauen *und* braunen Schuhe mehr – ein Paar neutrale Schuhe, die zu allem passen, reicht aus.

Mit jeder Jahreszeitenpalette können Sie einige wenige Kleidungsstücke kombinieren, so daß Sie qualitativ bessere Kleidung kaufen können – Sie wissen, daß diese Investition sich für die kommenden Jahre lohnt. Die Jahre des Herumprobierens und unnötiger Geldausgaben sind vorbei. Schränke und Schubladen werden nicht länger mit untragbaren Kleidungsstücken und unbenutzt gebliebenem Make-up vollgestopft sein. Denken Sie einmal darüber nach, wie dies auf Ihr Selbstvertrauen und Ihr Image wirken wird!

DER EINZELHANDEL

Frauen, die sich einer Farbanalyse unterzogen hatten, machten Mitte der achtziger Jahre vielen Einzelhändlern das Leben schwer. Obwohl wir unseren Kundinnen sagten, daß ihre Palette Tausende von Farben repräsentiere und daher nur eine Richtlinie für ihre besten Farben sei, zeigten sie fast religiösen Eifer in bezug auf ihre besten Rosa-, Blau-, Gelb- und Grüntöne und akzeptierten keine Alternativvorschläge (schon gar nicht von einer «uneingeweihten» Verkäuferin, die die Vorstellung, daß jemand sich als «Frühlingstyp» bezeichnete, völlig aus dem Tritt brachte).

Seitdem haben wir von CMB eng mit dem Einzelhandel zusammengearbeitet, um derartige Enttäuschungen zu vermeiden. Selbst hartnäckige Skeptiker, die schon lange in der Modebranche tätig sind, erkennen, daß unser Farbsystem mit den Jahreszeiten nicht nur gut für ihre Kundinnen, sondern für sie selbst auch eine unglaublich gute Verkaufsmethode ist.

Führende Kosmetikhersteller haben ebenfalls die Vorteile erkannt, ihre Kundinnen zu den warmen oder kühlen Farben ihrer Kollektionen hinzulenken. Es wurden sogar spezielle Kosmetikserien entwickelt – nicht nur von Color Me Beautiful, sondern auch von vielen anderen Unternehmen.

DIE IMAGE-CONSULTANTS

Der Erfolg von *Color Me Beautiful* brachte einen neuen Berufszweig hervor, die Image-Beratung. Heute gibt es allein in Amerika rund 50 000 Image-Consultants und mehrere Dutzend empfehlenswerte Organisationen, die in ganz Europa tätig sind. Color Me Beautiful beschäftigt weltweit über 2000 Beraterinnen, von denen 250 in Großbritannien und 400 in Europa arbeiten.

Als die Kundinnen und Kunden ihre besten Farben kennengelernt hatten, wollten sie noch mehr wissen: Welcher Kleidungsstil paßt zu mir? Wie kann ich meine Garderobe mit einem begrenzten Budget auffrischen? Wie kann ich mich für verschiedene Gelegenheiten passend kleiden? Wie stelle ich eine Berufsgarderobe zusammen? Wie kann ich unabhängig vom Alter modisch aussehen? – Die Liste ließe sich beliebig verlängern.

Als Reaktion darauf erweiterte CMB sein bisheriges Beratungsangebot und entwickelte eine Reihe von Dienstleistungen oder Programmen, die durch ein Netz von speziell ausgebildeten Beraterinnen (siehe unten) betreut werden. Sicher ist auch für Sie viel Interessantes dabei.

CMB-PROGRAMME

FÜR FRAUEN
Persönliche Farbanalyse
Make-up-Techniken
Persönlicher Stil
Garderobenplanung
Persönlicher Einkauf
Modisch auf dem neuesten
Stand
Brautberatungen
Wie Sie den Mann Ihres
Lebens kleiden
Fitneßübungen fürs Gesicht
Hautpflegekurse

FÜR MÄNNER
Persönliche Farbanalyse
Stileinschätzungen
Planung einer Garderobe
Ideen für die Reise
Persönlicher Einkauf

FÜR SCHULEN
Die Bedeutung der Image-
Präsentation
Körperpflege
Farb- und Stilunterricht

FÜR UNTERNEHMEN
Image-Seminare für den
Beruf
Medientraining
Körpersprache
Umgangsformen

FÜR EINZELHÄNDLER
Kundendienst mit CMB-Farb-
und Stiltechniken
Werbung und Workshops
im Geschäft

DER LEITFADEN FÜR IHREN STIL

Kleider – Farben – Stil ist aus der Beratungstätigkeit der Organisation Color Me Beautiful hervorgegangen; es vermittelt Frauen aus allen Lebensbereichen und Altersgruppen wertvolle neue Informationen über Farbe und Stil. Sie lernen nicht nur, welche Farben vorteilhaft für Sie sind, sondern auch, mit welchen Farben Sie sich wohl fühlen. Sie werden entdecken, welche körperlichen Vorzüge Sie noch unbewußt versteckt halten und wie Sie das Beste aus dem machen können, was Ihnen die Natur geschenkt hat – ganz unabhängig von Figur oder Größe.

Die klassischen Farbpaletten wurden ebenfalls vereinfacht – als eine Reaktion auf das Unbehagen von Frauen, die deutlich das Gefühl hatten, daß sie in keine der vier Jahreszeiten-Kategorien so recht hineinpaßten. Jetzt arbeitet Color Me Beautiful mit drei Paletten für jede Jahreszeit, so daß zwölf mögliche jahreszeitliche Typen zur Wahl stehen: Frühlingstypen können hell, warm oder klar sein; Sommertypen hell, kühl oder gedeckt; Herbsttypen gedeckt, warm oder dunkel; Wintertypen schließlich dunkel, kühl oder klar.

Vielleicht klingt dies für Sie sehr kompliziert – haben Sie keine Angst! Egal, ob Sie unsere Prinzipien bereits kennen oder nicht, zeige ich Ihnen schnell und völlig narrensicher, welcher der zwölf Jahreszeiten Sie zuzuordnen sind. Dann erkläre ich Ihnen auch, wie Sie dieses wertvolle Wissen umsetzen und die schmeichelhaftesten Farben für Kleidung und Make-up wählen können.

Wußten Sie schon, daß Ihre Garderobe «Vitamine» hat? Ich meine damit elf Schlüsselfarben, die Ihren Erfolg abhängig von der jeweiligen Gelegenheit noch steigern können. Im vierten Kapitel von *Kleider – Farben – Stil* lernen Sie die Macht der einzelnen Vitamine kennen und lernen, wie Sie diese am effektvollsten einsetzen.

Der letzte Schliff, den Sie ihrem Look geben, macht Ihr Image zum Erfolg oder läßt es Schiffbruch erleiden. Ich gebe daher im sechsten Kapitel Tips für Make-up und Körperpflege. Sie finden dort auch Ratschläge zur Wahl einer Brille, sei es eine zum Schutz vor der Sonne oder eine solche zur Verbesserung Ihrer Sehkraft. Wir von Color Me Beautiful werden immer wieder mit der Frage konfrontiert: Nach welchen Kriterien wählt man eine schmeichelhafte Brillenfassung aus? Hier erfahren Sie alles Notwendige darüber.

Bildet Ihre Frisur den krönenden Abschluß Ihres Äußeren? Wenn Sie in dieser Hinsicht unsicher sind, so befolgen Sie die Ratschläge im sechsten Kapitel zur Wahl einer Frisur, die nicht nur zu Ihrem Haar und zu Ihrer Gesichtsform, sondern auch zu Ihrem Lebensstil paßt. Und falls Sie Ihr Haar färben, beachten Sie einige besonders wichtige Richtlinien für die Wahl der Farbe, die zu Ihrer Jahreszeit paßt. Farben dürfen ja vor allem nicht unnatürlich oder hart wirken . . .

Haben Sie eine «Stilpersönlichkeit», oder würden Sie gerne eine solche entwickeln? Wenn Sie die Vorzüge Ihres eigenen persönlichen Stils kennen, finden Sie ohne Mühe die Kleidung, in der Sie sich am wohlsten fühlen und in der Sie am ehesten ganz *Sie selbst* sind. Das siebte Kapitel informiert Sie, was dabei zu tun ist. So sind Sie in der Lage, eine harmonische Garderobe zusammenzustellen, die kein Durcheinander von sich widersprechenden, einfach nicht zusammenpassenden Stilen ist; und ganz nebenbei sparen Sie damit auch noch Zeit und Geld.

Unter den Leserinnen gehen sicherlich viele Frauen einer Teilzeitbeschäftigung nach oder stehen voll im Berufsleben. Deshalb ist ein großer Teil von *Kleider – Farben – Stil* ihrem beruflichen Auftreten gewidmet. Wir möchten Ihnen helfen, auch dort die verdiente Anerkennung zu bekommen. Das achte Kapitel ist vollgepackt mit Image-Tips für jede Phase Ihrer Karriere.

Im neunten Kapitel lernen Sie dann, wie Sie sich eine erfolgreiche und praktische Berufsgarderobe zusammenstellen können, die auf Ihren besonderen Berufszweig abgestimmt ist.

Die beiden letzten Kapitel des Buches beschäftigen sich mit der Körpersprache und der Gesundheit, zwei besonders wichtigen Aspekten für Ihren Stil und für Ihr Image; mit Hilfe dieses Ratgebers werden Sie Ihre Unsicherheiten verlieren und das Beste daraus machen.

Doch verlieren wir keine Zeit! Fangen wir gleich an!

Kapitel 1

Spielt das Image überhaupt eine Rolle?

Die heutige Sorge um unser Aussehen durchzieht alle Klassen der westlichen Gesellschaft stärker, als es noch vor 30 Jahren der Fall war. Dafür gibt es drei Hauptgründe: Erstens unsere größere Mobilität – die meisten von uns ziehen häufiger um und wechseln öfter ihren Job, als unsere Eltern es taten. Aus diesem Grund müssen wir ständig unsere Identität mit neuen Menschen in einer neuen Umgebung neu etablieren. Zweitens die Wirkung des Fernsehens – sie hat dazu geführt, daß wir stark nach visuellen Bildern und ihrem Gehalt urteilen. Drittens die sich verändernde Rolle der Frau – viele Frauen lassen sich nicht mehr in die traditionellen Klischees zwängen und treten in neuen und herausfordernden Rollen auf.

Wir wollen diese drei Hauptfaktoren einmal etwas näher unter die Lupe nehmen.

UMZÜGE

Leben Sie noch immer in derselben Gegend, in der Sie aufgewachsen sind? Oder sind Sie in den letzten zehn Jahren mehr als einmal umgezogen und haben Ihren Job gewechselt? Umzüge und neue Arbeitsplätze zählen zu den anstrengendsten Lebenserfahrungen, denn bei einem Ortswechsel lassen wir unsere Geschichte zurück und müssen ganz neu anfangen. Wir versuchen, unsere neuen Nachbarn, Arbeitgeber und Bekannten davon zu überzeugen, daß es sich lohnt, uns kennenzulernen, daß wir zuverlässig, freundlich, kreativ sind oder was auch immer uns an unseren Eigenschaften wichtig erscheint.

Bis unsere neuen Bekannten uns besser kennenlernen, beurteilen sie uns nach unserem Aussehen und unserem Verhalten. Das Drum und Dran unseres Lebensstils «erklärt» eine Menge, bevor wir die Chance haben, uns selbst besser vorzustellen. Das Auto, das wir fahren, der Wohnort, die Art und Weise, wie wir unser Heim einrichten, wie sich unsere Kinder benehmen, wo sie zur Schule gehen, die Kleidung, die wir tragen, die Nahrung, die wir zu uns nehmen, was wir trinken – all diese Dinge helfen, das Porträt zu vervollständigen. Unser Image spielt also tatsächlich eine große Rolle.

Unter diesen Umständen unterstützt die Projektion eines positiven Image also nicht nur unseren Erfolg, sondern hilft uns dabei, uns so schnell wie möglich den neuen Lebensumständen anzupassen. Niemand ist gerne ein Außenseiter; wir alle wollen von anderen akzeptiert werden. In diesem Buch werden wir uns damit befassen, wie Ihr Image im Berufsleben Sie nach oben bringen oder Ihrer Karriere vielleicht hinderlich sein kann. Sie werden entdecken, warum es wichtig ist, die verdiente Anerkennung und Bezahlung zu bekommen, und warum Sie sich wertschätzen sollten. Wenn Sie ein Image projizieren, das signalisiert: «Ich mag mich», regen Sie andere dazu an, Sie ebenfalls gern zu haben.

UNSERE 30-SEKUNDEN-KULTUR

Das Fernsehen übt eine starke Wirkung auf uns alle aus. Wir verbringen immer mehr Zeit vor dem Fernsehgerät, wobei wir unsere Fähigkeiten entwickeln, uns bei allen ästhetischen Fragen ein Urteil zu bilden. Nachdem wir ein Leben lang mit Werbefilmen von 10 bis 30 Sekunden Länge, in denen Botschaften klar und überzeugend durch bildliche Darstellung übermittelt werden, bombardiert worden sind, sind wir fast darauf programmiert, unsere Mitmenschen flüchtig einzuschätzen. Dabei entscheiden wir blitzschnell, ob wir einen Menschen respektieren oder nicht, ob wir ihn als Mitarbeiter haben möchten oder nicht, ob wir von ihm etwas kaufen oder eben nicht.

In den siebziger Jahren bewies Professor Albert Mehrabians Untersuchung *Silent Messages* («Stumme Botschaften») überzeugend, daß visuelle Bilder von großer Bedeutung sind. Er fand folgendes heraus: Die Wirkung, die wir aufeinander ausüben, hängt zu 55 % davon ab, wie wir aussehen und uns verhalten, zu 38 % davon, *wie* wir sprechen, und zu 7 % von dem, *was* wir sagen. Ob uns dies gefällt oder nicht – die Tatsachen sprechen für sich.

Ich rede mit all meinem Kunden über diese Statistiken, unabhängig von ihrem Lebensstil oder ihrem Beruf, um zu beweisen, wie wichtig das Image ist und welchen Wert andere Menschen auf den ersten Eindruck legen. Wenn Ihr Image zu Ihrer Botschaft im Widerspruch steht, stehen Sie vor der wahrhaft herkulischen Aufgabe, die richtige Botschaft an den Mann bzw. an die Frau zu bringen. Wenn andere glauben sollen, daß Sie erfolgreich, kreativ, zugänglich oder was auch immer sind, muß Ihr Image dies mitteilen, bevor Sie überhaupt den Mund öffnen.

Es sei dahingestellt, ob dies richtig oder falsch ist, aber das Fernsehen hat uns alle in der Image-Analyse zu «Experten» gemacht. Außerdem schafft das «Pantoffelkino» Rollenmodelle für Stil und für Verhalten. Während der achtziger Jahre veranlaßten die ungeheuer erfolgreichen, zielstrebigen und schick gekleideten Frauen aus amerikanischen Seifenopern wie «Dallas» und «Denver» Frauen weltweit, ihre Schultern künstlich mit Schulterpolstern zu verbreitern und «Machtkostüme» zu tragen. Die Entwürfe erschienen zuerst auf den exklusiven Modeschauen in Paris, aber die Stars dieser TV-Serien machten sie bei den Massen populär und nachahmenswert. Jetzt, in den neunziger Jahren, beschäftigen wir uns stärker damit, wie unsere Einstellungen (und die der Männer) durch die Medien festgelegt oder sogar manipuliert werden. Wir sind älter, klüger und hoffentlich auch etwas weniger leichtgläubig geworden. Die Werbefachleute beginnen langsam zu verstehen, daß wir starke, positive, aber auch realistische Bilder von uns haben wollen. Dennoch sprechen wir in Bruchteilen von Sekunden Urteile über andere aus, die nur auf ihrem Image beruhen, genau wie sie über uns urteilen – danach, wie wir aussehen und wie wir uns verhalten.

NEUE ROLLEN – NEUE HERAUSFORDERUNGEN
Die jungen Frauen von heute haben großartige Rollenmodelle in anderen Frauen, die sich für das Familienleben oder eine Karriere entschieden haben oder mit beidem jonglieren. Unser Leben wird immer vielfältiger. Bücher und Zeitschriften unterschiedlichen Stils, politischer Überzeugung und feministischer Ausrichtung wetteifern um unsere Aufmerksamkeit. Und die verschiedenen Rollen, die wir annehmen, spiegeln sich auch im Fernsehen und Film wider. Heute werden Frauen als Führerinnen porträtiert, als Polizistinnen, Kriminalbeamtinnen, Rechtsanwältinnen, Bankangestellte, Soldatinnen und Ärztinnen, aber auch als Töchter, Ehefrauen und Geliebte.

Ratschläge und Rollenmodelle gibt es also in Hülle und Fülle. Aber wenn Sie es in Ihrem Beruf auf eine Beförderung abgesehen haben, ist es klug, sich so zu kleiden, als ob Sie es bereits geschafft hätten. Um maßgeblich und selbstbewußt zu wirken, müssen Sie sich nicht pseudomännlich kleiden und ein stark tailliertes Kostüm oder langweilige Farben tragen, die Ihnen nicht stehen. Es geht vielmehr darum herauszufinden, wie die Erwartungen in etwa aussehen, und dann diese Rolle so zu spielen, daß sie Sie und Ihre Persönlichkeit aufwertet.

Ihr Image sollte weder gekünstelt noch kalkulierbar sein. Wenn Sie sich vorstellen, möchten Sie, daß andere zuallererst von *Ihnen,* dem Individuum, beeindruckt sind. Das richtige Image hat nichts mit teurer Kleidung oder aufeinander abgestimmten Accessoires zu tun. Es geht darum, *Sie* selbst zu sein, den Rollen, die Sie spielen, zu entsprechen und ein Stück der heutigen Welt zu repräsentieren. Wenn Sie dies akzeptieren, können Sie sich mit der Frage beschäftigen, wie Sie Ihr Image auf die Ihnen angemessene Weise verbessern können.

IHRE PERSÖNLICHE EINSCHÄTZUNG

Schauen Sie morgens nach dem Aufstehen ohne emotionale Belastung in den Spiegel? Die meisten von uns wohl nicht. Wir neigen dazu, uns auf unsere «unvollkommenen» Merkmale zu konzentrieren, statt unsere guten Seiten zu sehen. Aber warum haben wir ein so negatives Selbstbild entwickelt? Geht es auf die Rechnung der Männer? Ist es die Schuld der Medien? Oder lassen wir es selbst zu, daß dieses Problem durch unsere absurde Unsicherheit weiterbesteht?

Selbst in Fitneß-Clubs, in denen aktive Frauen sich um ihre Gesundheit und Fitneß kümmern, sind Übergewicht und persönliche «Fehler», was Beine, Busen, Knie, Fußknöchel, Haut und Haare betrifft, immer noch Gesprächsthema Nr. 1. Die Litanei der Sorgen, die ich mir Woche für Woche im Duschraum meines Clubs (von Frauen, die drei- bis viermal in der Woche trainieren) anhören muß, ist zermürbend! Egal, ob sie Größe 34 oder 44 tragen, verzweifeln viele Frauen noch immer, selbst wenn sie fit und in guter Verfassung sind, weil sie noch immer nicht das mythische Image von Perfektion erzielt haben, dem Sie ständig hinterher sind. Plagen Männer sich mit ähnlichen Selbstzweifeln herum? Das möchte ich bezweifeln.

Das Leben ist viel zu kurz, um so gedankenlos dem Unerreichbaren nachzujagen. Es ist an der Zeit, die fruchtlose Beschäftigung mit dem «perfekten» Körper aufzugeben und die Einzigartigkeit eines jeden Menschen zu akzeptieren. Konzentrieren Sie sich auf eine vernünftige, ausgewogene Ernährung, die Sie mit all den Nährstoffen versorgt, die Sie für Ihre Gesundheit brauchen, und sorgen Sie für ausreichende Bewegung, damit Sie fit, stark und geschmeidig bleiben. Natürlich ist unser Körper vom ästhetischen Standpunkt her wichtig, aber auch in bezug auf seine Funktionstüchtigkeit.

Konzentrieren Sie sich auf das *Potential* Ihrer Persönlichkeit und Ihres Körpers, unabhängig davon, welche Größe oder Form er hat. Schönheit ist per Definition eine Eigenschaft, die dem Auge oder den anderen Sinnen Vergnügen bereitet. Wir können unseren Sinnen durch den Einsatz von Farbe, Stoff und Design Vergnügen bereiten. Alle drei Faktoren können so eingesetzt werden, daß sie *Ihnen* schmeicheln, egal, ob Sie Größe 34 oder 48 tragen. Wenn Sie ein Image kreieren, das Ihr Ich ehrlich widerspiegelt, treten auf einmal nur *Sie* in den Vordergrund. Jeder kann sich der Herausforderung, die eigene Schönheit zur Geltung zu bringen, stellen. Vergessen Sie also die «Schönheiten» in Hochglanzzeitschriften und im Fernsehen und schauen Sie statt dessen in den Spiegel.

Als erstes sollten Sie Ihre Pluspunkte einschätzen – das heißt, die positiven körperlichen Merkmale, die Sie haben. Mit ihnen werden wir arbeiten, um Ihr bestes persönliches Image zu kreieren. Vielleicht sind Sie nach der ersten kritischen Einschätzung angenehm überrascht, wie viele Kreuze Sie in der folgenden Tabelle machen können.

MEINE PERSÖNLICHE EINSCHÄTZUNG

	Klarer Pluspunkt	Versteckter Pluspunkt	Mangel
Haut	☐	☐	☐
Haar	☐	☐	☐
Augenbrauen	☐	☐	☐
Augen	☐	☐	☐
Nase	☐	☐	☐
Mund	☐	☐	☐
Zähne	☐	☐	☐
Lächeln!	☐	☐	☐
Wangenknochen	☐	☐	☐
Kinn/Kinnlinie	☐	☐	☐
Hals	☐	☐	☐
Schultern	☐	☐	☐
Busen	☐	☐	☐
Taille	☐	☐	☐
Hüften	☐	☐	☐
Po	☐	☐	☐
Beine	☐	☐	☐
Arme	☐	☐	☐
Hände	☐	☐	☐
Füße	☐	☐	☐

IHRE KLAREN PLUSPUNKTE

Wenn Sie nicht mindestens zwei klare Vorzüge angekreuzt haben, machen Sie sich in der Tat ein sehr schlechtes Bild von sich. Ich könnte zwei von Ihren klaren Pluspunkten nennen, ohne Sie je gesehen zu haben!

Ein Pluspunkt jedes Menschen sind seine Augen. Sie sind einzigartig – haben Sie schon einmal all die Farben Ihrer Iris betrachtet? Nein? Stellen Sie sich wieder vor den Spiegel und betrachten Sie sie genau. Anschließend können Sie Ihre Augen als klaren Vorzug ankreuzen.

Setzen Sie sich jetzt vor den Spiegel. Denken Sie an etwas Komisches, das Sie gemacht haben, oder an irgendeine komische Situation. Lachen Sie ruhig. Und nun lächeln Sie! Ihr Ausdruck ist so unwiderstehlich wie das Lächeln jedes Menschen. Wenn Sie Ihr Lächeln nicht als klaren Pluspunkt angekreuzt haben, sollten Sie das schnell nachholen.

Bei den anderen klaren Pluspunkten, die Sie angekreuzt haben, sollten Sie sich fragen, ob Sie das Beste daraus machen. Wenn Sie beispielsweise schön hervorstehende Wangenknochen haben: werden diese durch Ihre Frisur versteckt oder betont? Zeigen Sie ihre schlanke Taille durch enganliegende Kleidung und attraktive Gürtel oder verstecken Sie sie unter zu vielen dicken Schichten?

In den folgenden Kapiteln finden Sie viele nützliche Tips, die Ihnen zeigen, wie Sie das Beste aus Ihrer Erscheinung machen können.

IHRE VERSTECKTEN PLUSPUNKTE

Ein versteckter Pluspunkt ist ein Merkmal, das Sie mehr zur Schau stellen könnten, aber von dem Sie nicht genau wissen, wie Sie das anstellen können.

Vielleicht haben Sie gesundes, dickes, glänzendes Haar, aber tragen es aus Bequemlichkeit einfach hinten zusammengebunden. Möglicherweise wäre eine gut geschnittene, kürzere Frisur genauso leicht zu pflegen und würde die Dicke und den Glanz Ihres Haares betonen.

Oder haben Sie vielleicht schön geformte Hände und lange schlanke Finger, aber maniküren sie nicht – oder kauen sogar an den Fingernägeln?

Vielleicht haben Sie mehrere versteckte Pluspunkte angekreuzt, weil Sie tatsächlich unter schlaffen Muskeln «versteckt» sind. Wenn schlaffe Muskeln ein Problem sind – und nicht Übergewicht –, können Sie diese versteckten in klare Pluspunkte verwandeln, indem Sie den Muskeln Spannkraft verleihen. Seufzen Sie nicht! Ich werde Ihnen keinen strengen Aerobic-Plan empfehlen. Sie können Ihren Körper innerhalb weniger Wochen trainieren, wenn Sie drei- bis viermal in der Woche mindestens 20 Minuten lang einen flotten Spaziergang machen. Auch beim Fernsehen können Sie sich auf dem Boden ausstrecken und ein paar Lockerungsübungen machen.

Es ist leicht, seine Vorzüge zu erkennen, wenn man dafür motiviert ist.

IHRE MÄNGEL

Es spricht für Ihre Ehrlichkeit, wenn Sie hier ein paar Kreuze gemacht haben. Mehr als fünf sind zuviel, und bei einigen könnte es sich wirklich um versteckte Pluspunkte handeln, wenn Sie nur wüßten, was zu tun wäre. In den folgenden Kapiteln lesen Sie, wie Sie jeden Mangel in einen Pluspunkt umwandeln können. Seien Sie ganz beruhigt: Die wenigsten unter uns sehen wie mythische Göttinnen aus – und niemand bleibt ewig schön. Wir haben alle unsere Probleme, die bei der richtigen Behandlung verringert oder sogar aufgehoben werden können.

Kapitel 2

Gesucht: ein neuer Look

Die Frau von heute durchlebt in ihrem Leben viele Phasen. Mehr Wahlmöglichkeiten und eine längere Lebensspanne bedeuten mehr Optionen, mehr Phasen und mehr Streß. Streß, erklären uns die Experten, ist sowohl gesund als auch schädlich. Er kann uns zu besserer Leistung anstacheln, so daß wir uns stärker fordern und größere Befriedigung erlangen. Auf der negativen Seite können wir uns durch Streß unterkriegen und in einen tiefen Abgrund fallen lassen, der als Depression bezeichnet wird und der immer mehr Frauen an einer Stelle ihres Lebens betrifft.

Aber was hat ein Buch über Image und Stil mit Depressionen zu tun? Eine ganze Menge – denn oft sind sie auf ein schlechtes Selbstbild zurückzuführen, das unabsichtlich in unserer Kindheit entstand: «Du bist nicht so hübsch wie deine Schwester», in der Schule verstärkt durch Tiefschläge wie «Dicke dürfen bei uns nicht mitmachen.» Im Erwachsenenalter geht es vielleicht im gleichen Stil weiter: «Du solltest keine bunten Sachen tragen; Schwarz macht dich schlanker», und schließlich folgt oft eine Krise in den mittleren Jahren oder im Alter: «Dafür bin ich jetzt nicht mehr jung genug.» Kommen Ihnen diese Bemerkungen nicht irgendwie bekannt vor?

Die gute Nachricht ist, daß ein neues, positives Image für Frauen eine bessere therapeutische Wirkung haben kann als jedes Medikament, das die Stimmung irgendwie verändert. Wenn Sie mit Ihrem Image zufrieden sind, haben Sie größeren Respekt vor sich selbst und werden sich die gebührende Achtung der anderen verdienen.

Selbst Frauen, die nicht unter Depressionen leiden und ziemlich selbstbewußt sind, schauen hin und wieder in den Spiegel und sind einen Moment niedergeschlagen von Ihrem Anblick. Das ist an sich nichts Schlechtes, wenn es uns motiviert, gesunde Veränderungen und Verbesserung anzustreben.

Die Psychologin Elizabeth Kübler-Ross hat eine Kurve entwickelt, mit der der Prozeß der Veränderung in der Auseinandersetzung mit dem eigenen Sterben beschrieben wird. Wenn wir diese Kurve hier heranziehen und zu der Entwicklung Ihres Image in Beziehung setzen, in welchem Stadium befinden Sie sich dann gerade?

Erstes Stadium: **Schock** Sehe ich wirklich so aus? Was ist mit meiner Haut, meiner Taille, meinen Beinen passiert?

Zweites Stadium: **Verneinung** Ich bin einfach nur albern – so schlimm sehe ich auch wieder nicht aus. Die anderen müssen mich einfach so nehmen, wie ich bin.

Drittes Stadium: **Frustration** Mein Schrank hängt voller Kleider, aber ich habe dennoch nichts anzuziehen. Was will die Mode heute eigentlich? Warum sehe ich wieder so müde aus, so blaß? Nichts steht mir.

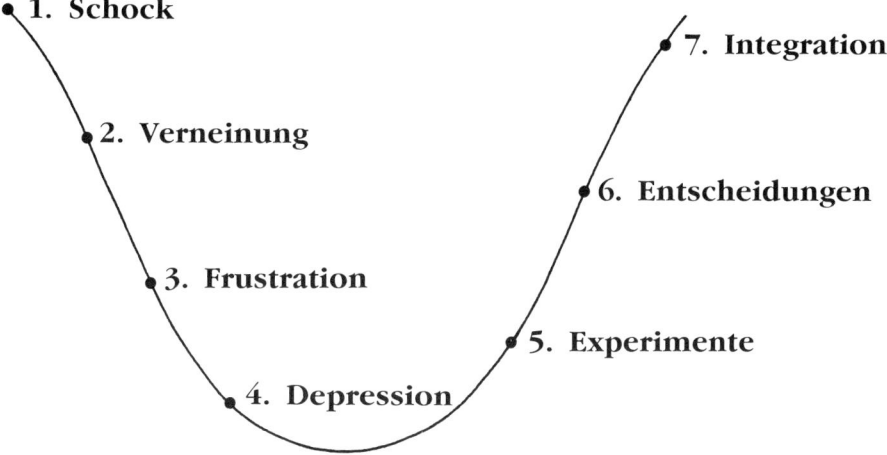

Viertes Stadium: **Depression** Für mich besteht keine Hoffnung. Meine Kleidung sieht schrecklich aus. Ich habe einfach keine Figur mehr, meine Haut ist leblos, mein Haar farblos. Wozu das Ganze?

Fünftes Stadium: **Experimente** Ich will nicht so aussehen. Helfen Sie mir, bitte. Machen Sie mich zu einem anderen Menschen, zu jemandem, der schön ist, aber nicht so wie ICH.

Sechstes Stadium: **Entscheidungen** Was ich wirklich brauche, ist eine Beratung, damit ich weiß, was zu mir paßt – warum sollte ich versuchen, wie jemand anderer auszusehen?

Siebtes Stadium: **Integration** Wie gefällt Ihnen meine neue Frisur und meine Kleidung? Ich fühle mich großartig, aber ich bin immer noch ich selbst!

Wir wollen ein paar wichtige Übergangsstadien im Leben etwas näher betrachten. Ich gehe dabei von Fallstudien einiger CMB-Kundinnen aus, um die Bedeutung Ihres Aussehens in besonderen Zeiten und in der Tat zu jeder Zeit zu illustrieren.

ÜBERGANG
Vom Schulmädchen zur Karrierefrau

Die meisten jungen Frauen wollen finanziell auf eigenen Füßen stehen und unbedingt ihre Fähigkeiten unter Beweis stellen. Aber wie kommen Sie weiter als nur an die Rezeption? Wie können Sie ein Image projizieren, das sagt, daß Sie zu mehr fähig sind?

Mit 21 Jahren stand Gina vor diesem Problem. Sie war die Stütze der geschäftigen Einkaufsabteilung eines großen Kaufhauses, nachdem sie nach einer Ausbildung zur Sekretärin in den Einzelhandel gekommen war und sich innerhalb von zwei Jahren von der Schreibkraft zur persönlichen Assistentin der Haupteinkäuferin hinaufgearbeitet hatte. Aber Gina hatte Langeweile und fühlte sich durch ihren Job als Assistentin nicht mehr genug gefordert. Sie interessierte sich für eine Ausbildung zur Managerin, aber man hatte ihr aus allen möglichen Gründen davon abgeraten, Möglichkeiten wahrzunehmen, die andere, weniger befähigte Sekretärinnen aufgegriffen hatten. Sie wußte, daß ihr Image nicht perfekt war, aber sie befand sich im Verneinungsstadium der Image-Entwicklungs-Kurve. Eines Tages marschierte sie in das Büro ihrer Chefin und fragte geradeheraus, warum sie bei den Management-Trainingskursen immer übergangen wurde.

«Ich mußte ihr sagen, daß wir sie aufgrund ihres Aussehens nicht als Vertreterin des Unternehmens präsentieren konnten», erklärte mir Ginas Chefin später. «Das arme Mädchen leidet unter einer

Hormonstörung und ist stark übergewichtig. Und obwohl sie eine sehr temperamentvolle Persönlichkeit hat, kleidet sie sich sehr langweilig.»

Aber Gina war hartnäckig, und man sagte ihr, daß man ihr einen Kurs anbieten würde, wenn sie ihr Image verbessern würde. Man schickte sie zu CMB, um zu sehen, welche Möglichkeiten sie habe.

Wir gingen Ginas Probleme direkt an. Ich machte den Vorschlag, daß sie ihre Eßgewohnheiten und ihr Bewegungsprogramm überprüfen sollte, um festzustellen, ob ihr medizinisches Problem nur ein unbewußter Vorwand war. Gina gab zu, daß sie zu viele der falschen Nahrungsmittel aß, besonders wenn sie sich schlecht fühlte, und versprach, eine Woche lang alles aufzuschreiben, was sie zu sich nahm, damit wir genau sehen konnten, woher die zusätzlichen Kalorien kamen. Außerdem begann sie, einen Teil des Weges zu ihrer Arbeitsstelle und nach Hause zu Fuß zurückzulegen.

Jetzt, da Gina stärkere moralische Unterstützung hatte, zeichnete sie ihr Eßverhalten sehr genau auf, und obwohl sie bereits vorsichtiger war, *weil* alles notiert wurde, war es ein riesiger Schock für sie, als wir die überschüssige Kalorienzahl für nur eine Woche berechneten. Sie ließ sich von ihrem Arzt einen Diätplan geben und ließ sich wöchentlich wiegen, um auf dem «Pfad der Tugend» zu bleiben. Gina machte langsam, aber stetig Fortschritte, und sie hatte ein wichtiges Ziel, das sie anspornte.

Eine Verbesserung trat auf der Stelle ein. Gina lernte, wie sie Make-up tragen konnte, nicht nur, um ihre Berufsaussichten zu verbessern, sondern auch, um ihre hübschen Gesichtszüge zu unterstreichen. Eine neue Frisur «öffnete» ihr Gesicht und ließ sie auch schlanker erscheinen.

Ginas Gewichtsproblem wurde durch den langweiligen Stil und durch die Farben, die sie trug, noch verschärft. Wir zeigten ihr, wie längere Jacken das Auge von ihrer kurzen Taille ablenkten, und kleideten sie von Kopf bis Fuß in den Tönen einer Farbe, so daß sie elegant, professionell und schlank wirkte. Sie schien mit einem Schlag drei Kilo Gewicht verloren zu haben.

Jetzt, ein Jahr später, kleidet Gina sich sehr schick, ist 9,5 kg leichter, fitter, als sie sich seit Jahren gefühlt hat – und nimmt seit einiger Zeit an dem Management-Programm teil. Sie hat auch mehr Selbstvertrauen und plant, bald in eine eigene Wohnung zu ziehen.

ÜBERGANG
Von der Unabhängigkeit zur Abhängigkeit

Viele Frauen entscheiden sich dafür, ihre Karriere und ein eigenes Einkommen aufzugeben, um ein paar Monate oder Jahre oder auch ein Leben lang als Hausfrau und Mutter zu Hause zu bleiben. In der Tat können dies zwei der erfüllendsten Rollen sein, die es für Frauen gibt. Aber einige Frauen erleben einen Identitätsverlust, wenn sie ihre Unabhängigkeit verlieren. Andere Menschen und viele Dinge haben plötzlich Vorrang. Solch aufopferndes Verhalten ist völlig unnötig – und unklug! Sally war voll in die Abhängigkeitsfalle getappt.

Es überrascht nicht, daß Sally bisher nicht viel Zeit hatte, sich mit ihrem eigenen Image und Stil zu befassen: Ihre beiden Söhne Toby und Sam, die im Schulalter sind, nehmen neben der Schule immer an irgendwelchen Aktivitäten teil, und ihre Tochter Lottie ist fast zwei Jahre alt, so daß fast jede Minute für die Bedürfnisse und Forderungen der Kinder geopfert wird. «Ich habe einfach keine Zeit, an mich selbst zu denken», erklärte Sally, «nur wenn ich mich zufällig im Spiegel betrachte, sehe ich, wie ich wirklich aussehe, und das gefällt mir ganz und gar nicht! Ich wäre froh, wenn ich mit meinem Aussehen wieder selbstsicher und glücklich sein könnte, wenn ich meine Söhne zur Tennisstunde bringe oder mit meinem Mann ausgehe. Aber ich weiß einfach nicht, wo ich anfangen soll.» Sally kam zu CMB, als sie sich im fünften Stadium der Kurve befand und bereit war, mit ihrem Aussehen zu experimentieren.

Da Sally ihre Schwangerschaften hinter sich hatte, begann sie daran zu arbeiten, ihre Figur zurückzugewinnen. Zu Anfang machte sie einfach ein paar Übungen, die wir empfohlen hatten, während die kleine Lottie ihren Mittagsschlaf hielt. Nach ein paar Wochen fühlte sie sich geschmeidiger und war sehr zufrieden, als sie merkte, daß ihre Kleidung jetzt besser paßte – und sie hatte auch mehr Energie.

Sallys zweites großes Problem bestand darin, daß sie nicht wußte, wie sie die zu ihr passende Kleidung wählen konnte. Wir halfen ihr, ihre gedeckte Herbstpalette zu entdecken, und rieten ihr zu einem Kleidungsstil, der ihrer Figur auf der Stelle schmeichelte. Später sagte Sally: «Ich fühle mich wie neugeboren. Im Supermarkt habe ich mehrere Leute getroffen, die mir sagten, daß ich einfach großartig aussehe! Ich habe jetzt den Beweis, daß ich immer gut aussehen kann, egal, was ich tue, ohne daß ich dafür stundenlang vor dem Spiegel stehen muß!»

ÜBERGANG
Von der berufstätigen Frau zur Rentnerin

Niemand nähert sich dem Ende des Berufslebens ohne eine gewisse Beklommenheit. Eigentlich sollten wir uns auf den Ruhestand freuen, weil wir dann Zeit haben, uns vernachlässigten Hobbys zu widmen, oder ganz neue Interessen verfolgen und mehr Zeit mit Freunden und mit der Familie verbringen können. Aber es ist ohne entsprechende Vorbereitung eine drastische Veränderung im Leben.

Immer mehr Frauen, die Ende Fünfzig sind oder die Sechzig überschritten haben, sind nicht einfach mehr damit zufrieden, «in Würde zu ergrauen». Und das ist ein wirklicher Fortschritt. Unabhängig vom Alter ist das Image jeder Frau stark mit Selbstvertrauen und -achtung verbunden; niemand sollte je das Gefühl haben, daß er «zu alt» ist oder «seine beste Zeit hinter sich hat». In jedem Alter kann man mit seiner Lebensanschauung und seinem Stil modern sein. Natürlich bedeutet Aktualität mit 60 Jahren etwas anderes als mit 20, aber es gibt überhaupt keinen Grund, keinen Spaß an Farben und an der Mode zu haben, nur weil man älter wird.

Julie wollte ihre gut bezahlte Arbeit als Chefsekretärin mit 58 Jahren nicht aufgeben, sondern wurde dazu gedrängt. Der Ehemann lebte schon im Ruhestand und wollte ihre Gesellschaft; die Tochter brauchte ihre Unterstützung bei der Beaufsichtigung der Enkelkinder, während sie ihre Ausbildung zur Krankenschwester beendete. Julie «mußte» nicht arbeiten, und die Tatsache, daß sie arbeiten «wollte», war für ihre Familie kein ausreichender Grund.

«Als mein letzter Arbeitstag näher kam, fühlte ich mich jede Minute schlechter. Die Aussicht, jeden Tag zu Hause zu sein, statt ins Büro zu gehen, erschreckte mich.»

Um ihr Selbstvertrauen zu steigern, beschloß Julie, sich einer Farbanalyse zu unterziehen, erzählte aber niemandem davon. Sie wollte nicht dafür geneckt werden, daß sie sich in ihrem Alter Gedanken über ihr Aussehen machte. Die Beratung war genau die Art von Bestätigung, die sie brauchte.

«Die Beraterin zeigte mir, wie ich mehr Farbe einsetzen und Töne verwenden konnte, an die ich bisher nie gedacht hatte. Das war vor zwei Jahren, und es war eine der besten Investitionen, die ich je gemacht habe. Ich kümmere mich jeden Tag um mein Aussehen und bekomme Komplimente von Fremden und auch von meinen Enkeln. Meine Tochter hat ihre Schwesternausbildung jetzt fast abgeschlossen, und ich habe wieder eine Teilzeitarbeit angenommen. Als ich 60 war, hat man mir eine Ganztagsstelle angeboten, aber ich habe mich entschlossen, nur halbtags berufstätig zu sein, um langsam einen Übergang in den Ruhestand zu finden. Meine Karriere aufzugeben fällt mir jetzt viel leichter, weil ich mich immer noch gut fühle und mit meinem Aussehen zufrieden bin.»

Ich hoffe, daß diese kurze Vorstellung von drei sehr unterschiedlichen Frauen – jede aus einer anderen Generation und mit ganz eigenen Ansichten und Prioritäten, aber vereint durch den Wunsch, etwas Positives für ihr Image und ihren Stil zu unternehmen – auch eine Anregung für *Sie* sein wird. Im nächsten Kapitel werden wir uns näher mit einem ganz wichtigen Faktor befassen: mit der Farbe.

Kapitel 3

Entdecken Sie Ihre persönlichen Farben!

Bei der Farbanalyse handelt es sich im Grunde um eine sorgfältige Einschätzung Ihrer natürlichen Farbgebung von Augen, Haut und Haar. Sie entscheidet, welche Farben für Kleidung und Make-up Ihnen am meisten schmeicheln. Die meisten von Ihnen hatten wahrscheinlich schon immer das Gefühl, daß Ihnen bestimmte Farben besser stehen als andere, aber es war immer eine Sache des Experimentierens und Herumprobierens – bis die Organisation Color Me Beautiful die saisonalen Farbpaletten einführte. Diese verrieten einen wunderbaren Sinn für Logik: Es geht nur darum, die natürliche Farbgebung zu analysieren und dann die entsprechende Palette von Frühling, Sommer, Herbst oder Winter zu tragen, um gut auszusehen. Wenn Ihre Kleidung und Ihr Make-up Ihre Farbgebung ergänzen, sehen Sie natürlich und aufregend aus. In den richtigen Farben nehmen wir zuerst den Menschen wahr; die Kleidung spielt nur noch eine untergeordnete Rolle.

Jede Palette zeigt beispielhaft, welche Farben einer Frau des jeweiligen Typs am besten stehen. Aber dies sind nur Richtlinien für die zahllosen Möglichkeiten, die jedes Jahr auftauchen dank neuer Färbstoffe, die in der Modebranche kreiert werden. Wenn Sie Ihre Jahreszeit erst einmal kennen, ist es einfach, eine Garderobe zu entwickeln, deren Elemente aufeinander abgestimmt sind, da die Farben in jeder Palette harmonisch sind und alle aufs beste zusammenwirken.

Millionen von Frauen, die sich das System zu eigen gemacht haben, können bestätigen, daß es sie nicht einschränkt, sondern im Gegenteil befreit. Sie haben gelernt, wie sie ihre natürliche Farbgebung ergänzen müssen, statt sie zu negieren. Das Resultat: sie sehen besser, gesünder, attraktiver und selbstbewußter aus; sie leiden nicht mehr unter Frustrationen beim Einkauf, weil sie nicht wissen, was ihnen steht; sie kaufen nicht mehr die falschen Sachen oder Kleidungsstücke, die zu keinem anderen Teil ihrer Garderobe passen und dann nur herumhängen und den Kleiderschrank verstopfen. Frauen, die eine Farbanalyse hinter sich haben, besitzen eine Garderobe, die *für* sie arbeitet, nicht gegen sie.

WIE «FARBBEWUSST» SIND SIE?

Bevor ich die unterschiedlichen saisonalen Farbpaletten beschreibe und erkläre, wie wir sie erweitert haben, um Ihnen noch mehr Möglichkeiten zu geben, schick auszusehen und Geld zu sparen, möchte ich, daß Sie zuerst einmal über Ihre eigene Einstellung zu Farben nachdenken. Sicherlich haben Sie ein paar schöne Stücke im Kleiderschrank hängen, in denen Sie großartig aussehen und sich wohl fühlen. Aber dann sind da bestimmt auch ein paar Sachen, in denen Sie sich nicht so selbstbewußt und gut fühlen. Neben diesen fragwürdigen Kleidungsstücken gibt es noch die eigentlichen Katastrophen, vielleicht Stücke, die Sie spontan gekauft haben. Selbst wenn Sie jede Menge Make-up tragen, scheint dies die Wirkung ihres unvorteilhaften Farbtons nicht wettmachen zu können.

Um herauszufinden, wie farbbewußt Sie sind und ob Sie klug einkaufen, beantworten Sie bitte die folgenden Fragen.

1. Wenn Sie Ihren Kleiderschrank öffnen, sehen Sie dann viele Farben des Regenbogens?

2. Gibt es in Ihrer Garderobe Farben, die Sie besonders blaß aussehen lassen und bei denen immer besonders viel Make-up erforderlich ist?

3. Wenn Sie Schwarz tragen, fällt Ihr Blick eher auf die Kleidung als auf Ihr Gesicht? (Bitten Sie eine ehrliche Freundin, dies zu beurteilen.)

4. Besitzen Sie schneeweiße und eierschalenfarbene Blusen?

5. Haben Sie sowohl schwarze und braune als auch marineblaue Schuhe?

6. Tragen Sie zu Ihren Kostümen immer dieselben Blusen, so daß dieselbe Farbkombination entsteht?

7. Verwenden Sie Lippenstifte in warmen Farben wie Apricot und Terracotta, aber auch Lippenstifte in kühlen Farben wie Lila und Pflaumenblau?

8. Bleiben Sie bei ein paar wenigen Farben, weil Sie wissen, daß sie Ihnen gut stehen?

9. Besitzen Sie Kleidungsstücke sowohl in Königsblau als auch in Pastellblau oder Graublau?

10. Benützen Sie zu all Ihren Kleidungsstücken denselben Lippenstift?

ERGEBNIS

Wenn Sie höchstens zwei Fragen mit Ja beantwortet haben, wissen Sie recht gut, was Ihnen steht, so daß wahrscheinlich nur eine Feinabstimmung bei Ihrer Farbwahl nötig ist.

Wenn Sie drei bis sechs Fragen mit Ja beantwortet haben, sind Sie offensichtlich recht verwirrt und verschwenden eine Menge Geld.

Wenn Sie sieben oder mehr Fragen mit Ja beantwortet haben, habe ich den Verdacht, daß Sie das Geld zum Fenster hinausschmeißen und nicht das Beste aus sich machen. Sie sollten unbedingt weiterlesen!

DAS NEUE, FEINABGESTIMMTE FARBSYSTEM

CMB hat seit 1980 Millionen von Frauen und Männern analysiert. Und mit dem Feedback von über 2000 Image-Consultants, die auf der ganzen Welt Farben überprüfen, kamen bestimmte Muster zum Vorschein, als wir die jahreszeitlichen Farben anwandten. Beispielsweise sind nicht alle Frühlingstypen gleich. Einige sind hell und zart, andere haben eine ziemlich goldene Farbgebung, und wieder andere besitzen dunkles Haar.

Die Erfahrung hat uns gelehrt, daß die Menschen oft nicht genau in eine Gruppe paßten – und obwohl eine bestimmte Jahreszeit für die Neutralfarben und Grundfarben und das Make-up am besten waren, konnten sie zur Ergänzung auch einzelne Farben aus einer anderen Jahreszeit tragen.

DIE FARBBEZEICHNUNGEN

Den vielleicht größten Einfluß bei der Feinabstimmung der CMB-Farbanalyse übte das Farbbezeichnungssystem aus, das von Albert Munsell, einem Künstler des 19. Jahrhunderts aus Boston, Massachussetts, entwickelt wurde. Er definierte Farben und ihre Beziehungen nach Ton, Wert und Intensität. Vor der Feinabstimmung konzentrierten sich die Farbanalytiker nur auf zwei Aspekte der menschlichen Farbgebung: den Unterton (wie kühl oder warm die Farben schienen) und den Wert (wie hell oder dunkel sie waren).

Aber es gibt Menschen, die nicht gleich kühl oder warm wirken. Vielleicht sind sie auch nicht besonders hell oder dunkel. Statt dessen sehen einige weich, gedämpft aus wie viele Herbst- und Sommertypen. Andere fallen uns mit ihren klaren Augen, die wie Edelsteine leuchten (was bei vielen Frühlings- und Wintertypen der Fall ist), als besonders strahlend und klar auf. Wohin paßten diese Frauen? Offenbar mußten wir die Palette der Jahreszeiten weiter ausfeilen, um diesen Frauen zu helfen, ihre Farben besser einzusetzen.

Das ursprüngliche jahreszeitliche Farbsystem hat ein Schlüsselelement von Munsells Analyse ausgelassen: *die Farbintensität,* das heißt das Phänomen, wie klar oder gedämpft die Farbgebung eines Menschen wirkt. Zu Beginn der achtziger Jahre bot Doris Pooser, damals CMB-Beraterin im Fernen Osten, eine Interpretation des jahreszeitlichen Systems an, das Ton, Wert und Intensität umfaßte. Sie beschrieb ihre Untersuchungen in einem Buch mit dem Titel *Ihr persönlicher Stil* (Hallwag, 1989). Es war der Anfang der Feinabstimmung! CMB hatte auch entdeckt, daß innerhalb jeder Jahreszeit drei Abstufungen möglich waren. Man sagte der Kundin also nicht nur, daß sie beispielsweise ein Herbsttyp war, sondern es konnte jetzt auch geklärt werden, welche *Art* von Herbsttyp. Wenn sie ein weicher, gedämpfter Typ war, wurde sie als *Gedeckter Herbsttyp* bezeichnet. Dieser kann mit Erfolg ein paar Farben der Sommerpalette verwenden und sollte die stärker goldfarbenen Töne der ursprünglichen Grundpalette des Herbstes vermeiden. Wenn sie ein warmer, goldener Herbsttyp war, bezeichneten wir sie als *Warmen Herbsttyp.* Diese Frau konnte einige der Goldtöne der Frühlingspalette tragen, mußte aber die dunkleren Herbstfarben meiden. Wenn sie eine satte, starke Herbsttönung hatte, wurde sie als *Dunkler Herbsttyp* klassifiziert. Die sehr goldenen Töne würden an ihr nicht besonders gut wirken, während die dunklen Farben der Herbstpalette großartig aussehen würden. Diese Frau konnte auch Schwarz und ein paar andere Farben der Winterpalette mit Erfolg einsetzen.

Aus diesem Grund gibt es jetzt anstelle von vier saisonalen Paletten zwölf, nämlich drei Interpretationen für jede Jahreszeit. Aber geraten Sie jetzt nicht in Panik! Wenn Sie Ihre Jahreszeit bereits kennen, werden Sie schnell lernen, wie Sie die besonderen Merkmale Ihrer Farbgebung erkennen und Ihre Farben noch wirkungsvoller tragen können. Vielleicht merken Sie, daß Sie Ihre besten Farben schon immer instinktiv eingesetzt haben. Ich hoffe daher, daß es für Sie neben willkommenen neuen Möglichkeiten auch einige Bestätigung gibt. Und wenn CMB und die Farbanalyse etwas ganz Neues für Sie sind, können Sie nun Ihre genaue Jahreszeitenpalette festlegen, was sicherlich aufregend für Sie ist – eine Palette, die Ihnen die vorteilhaftesten Farben zeigt, die Sie tragen können.

IHRE PERSÖNLICHE FARBANALYSE
Identifizieren Sie Ihre Jahreszeit

Wie ich bereits erläutert habe, wurden die vier klassischen Jahreszeiten auf zwölf erweitert. Frühlingstypen können *hell, warm* oder *klar* sein. Sommertypen können *hell, kühl* oder *gedeckt* sein. Herbsttypen können *gedeckt, warm* oder *dunkel* sein. Wintertypen können *dunkel, kühl* oder *klar* sein.

Der erste Schritt bei der Festlegung Ihres Typs ist die Festlegung Ihrer wichtigsten Farbmerkmale. Mit Munsells Konzept, das heute von den meisten Farbanalytikern als die genaueste Methode bei der Farbbeschreibung anerkannt wird, werden Sie in der Lage sein, Ihre prägnantesten Farbmerkmale festzulegen. Lesen Sie die Tabelle auf Seite 35 durch und entscheiden Sie, welche Farbmerkmale am besten Ihrer Gesamtwirkung entsprechen. Versuchen Sie, Ihre natürliche Farbgebung ohne Make-up und bei natürlichem Tageslicht einzuschätzen, so daß sie nicht durch künstliche Effekte beeinflußt wird. Dann entscheiden Sie, welche Palette Ihnen die größte Auswahl an Farbtönen bietet, die Sie am wirkungsvollsten in Gesichtsnähe tragen können. Sie werden bei Ihren wichtigsten Farbmerkmalen viele Farben mit der benachbarten Jahreszeit gemein haben. Beispielsweise sehen sowohl Dunkle Wintertypen als auch Dunkle

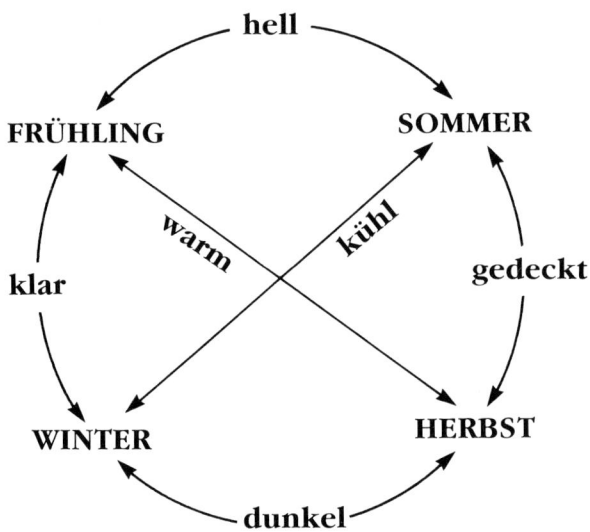

Herbsttypen großartig aus in Schwarz, Scharlachrot, Königsblau, Smaragdgrün und Anthrazit. Aber der Dunkle Herbsttyp sieht viel besser aus in Tönen wie Lachs, Terracotta und Bronze, während der Dunkle Wintertyp das Helle Zyklam, Kirschrot und Klare Lapis braucht, um wirklich zu glänzen.

Vielleicht fällt es Ihnen schwer, Ihre dominanten Merkmale zu bestimmen. Vielleicht könnte man Ihr Aussehen auf zwei Arten beschreiben. Eine Frau mit Sommersprossen, kastanienbraunem Haar und braunen Augen hat beispielsweise warme Züge. Vielleicht empfindet sie ihre Farbgebung jedoch auch als kräftig und satt. Ihre Aufgabe wäre es herauszufinden, ob die Dunkle Herbstpalette schmeichelnder ist als die Warme. Sie können die verschiedenen Möglichkeiten an sich probieren, indem Sie unterschiedliche Stoffe nahe an Ihr Gesicht halten.

DIE FARBPROBE MIT STOFFEN

Wenn es Ihnen schwerfällt, sich zwischen zwei Jahreszeiten zu entscheiden, sind verschiedene Stoffe, die Sie unter Ihr Kinn halten, eine einfache Möglichkeit herauszufinden, welche Palette Ihnen entspricht. Dabei halten Sie Farbblöcke aus den beiden wahrscheinlichsten Paletten an Ihr Gesicht und entscheiden, welche Schattierung einer bestimmten Farbe Ihnen das beste Aussehen gibt. Sie werden feststellen, daß aus einer Palette mehr Farben gut aussehen als aus einer anderen, und dies wird Ihre richtige Wahl ermöglichen.

Wichtigste Farbmerkmale	Jahreszeitliche Möglichkeiten
kräftig und satt	Dunkler Herbst- oder Dunkler Wintertyp
zart und hell	Heller Frühlings- oder Heller Sommertyp
warm und golden	Warmer Frühlings- oder Warmer Herbsttyp
kühl und rosig	Kühler Sommer- oder Kühler Wintertyp
weich und gedämpft	Gedeckter Sommer- oder Gedeckter Herbsttyp
klar und leuchtend	Klarer Frühlings- oder Klarer Wintertyp

Um Ihre Farbgebung genau zu erkunden und festzulegen, sollten Sie einen Zeitpunkt wählen, wenn Sie kein Make-up tragen, und sich bei natürlichem Tageslicht vor einen großen Spiegel in Fensternähe setzen.

Sie werden die Schattierungen verschiedener Farben überprüfen, um festzustellen, welche Muster zum Vorschein kommen. Vorschläge für Farben, mit denen Sie es versuchen sollten, finden Sie auf den Seiten 36 bis 38. Halten Sie eine große Fläche der jeweiligen Farbe (Schals, T-Shirts, Pullover, aber auch Handtücher sind geeignet) unter Ihr Kinn, um die Wirkung zu testen. Denken Sie daran, bei jeder Farbe zu überprüfen, wie sie speziell mit der Farbgebung Ihrer Haut, Ihrer Augen und Ihres Haars zusammen wirkt. Es ist wichtig, die Farbwirkung in Zusammenhang von Stoff und natürlicher Farbgebung zu bedenken. Falls Ihre Haare gefärbt sind, wird Ihnen die Bestimmung leichter fallen, wenn Sie sie bei dieser Einschätzung völlig abdecken (benutzen Sie dazu beispielsweise ein Tuch in gebrochenem Weiß) und die Farben nur anhand der Farbgebung Ihrer Haut und Augen überprüfen.

Sie sollen nun dreierlei festlegen:

1. Wieviel Farbintensität vertragen Sie? Fragen Sie sich: «Trage *ich* die Farbe, oder trägt sie mich?»

2. Stehen Ihnen wärmere Töne besser als kühlere? Fragen Sie sich: «Welche Farben sehen natürlicher aus?»

3. Sind starke Kontraste oder gedämpftere Schattierungen für Sie schmeichelhafter? Fragen Sie sich: «Welche Farben sehen kostbarer/teurer aus»?

Lesen Sie anschließend die Beschreibungen und Paletten aller saisonalen Typen (auf den Seiten 50 bis 85) durch, um weitere Vergleiche anzustellen.

KRÄFTIG UND SATT

Wenn dies Ihr wichtigstes Farbmerkmal ist, sind Sie entweder ein Dunkler Herbst- oder ein Dunkler Wintertyp. Sie haben dunkle Haare und eine kräftige Augenfarbe – braun, haselnußbraun oder grün. Wahrscheinlich wissen Sie bereits, daß zuckrige Pastellfarben Sie farblos aussehen lassen, so daß Sie die kräftigen Primärfarben bevorzugen. Möglicherweise ist sogar Schwarz Ihre Lieblingsfarbe.

Um festzustellen, ob die wärmeren dunklen Farben des Herbstes für Sie besser geeignet sind als die kühleren dunklen Farben des Winters, sollten Sie folgende Farben an Ihr Gesicht halten:

Dunkler Herbsttyp		**Dunkler Wintertyp**
Lachsrosa	gegen	Dunkles Zyklam
Helles Lachsrosa	gegen	Eisrosa
Terracotta	gegen	Bordeaux

ZART UND HELL

Wenn dies Ihr Hauptmerkmal ist, sind Sie entweder ein Heller Frühlings- oder ein Heller Sommertyp. Helles Haar, eine zarte Augenfarbe und ein heller Hautton beschreiben Sie am besten. Im Gegensatz zu Frauen mit kräftigen und satten Farben lieben Sie wahrscheinlich Pastellfarben und wirken in weichen, hellen Farben sowie in mittleren Farbtönen elegant. Wahrscheinlich ist Ihre Augenfarbe hellblau oder blaugrau.

Um zu entscheiden, ob Sie besser mit einer warmen hellen Palette (Heller Frühlingstyp) oder mit einer kühlen hellen Palette (Heller Sommertyp) aussehen, sollten Sie folgende Farben in Gesichtsnähe vergleichen.

Heller Frühlingstyp		Heller Sommertyp
Helles Flamingo	gegen	Dunkelrosa
Camel	gegen	Kakaobraun
Helles Moosgrün	gegen	Blaugrün

WARM UND GOLDEN

Wenn Sie viele Sommersprossen haben und Ihr Haar rote, goldblonde oder natürliche warme Glanzlichter enthält, ist Ihr Hauptmerkmal wahrscheinlich warm und golden. Aber sind Sie ein Warmer Frühlings- oder ein Warmer Herbsttyp? Wahrscheinlich wissen Sie, daß Lila, Weinrot und Schwarz Ihnen nicht stehen und daß Sie statt dessen die Schattierungen von Gold, Grün und Lachs bevorzugen.

Versuchen Sie, folgende Farben an Ihrem Gesicht zu vergleichen, um zu entscheiden, ob Sie die sanfte Version (Warmer Frühlingstyp) oder die kräftige Version (Warmer Herbsttyp) darstellen:

Warmer Frühlingstyp		Warmer Herbsttyp
Warmes Pink	gegen	Lachs
Vergißmeinnichtblau	gegen	Jadegrün
Klatschmohn	gegen	Zinnoberrot

KÜHL UND ROSIG

Wenn Sie Ihre Hauptmerkmale als kühl und rosig beschreiben würden, sind Sie entweder ein Kühler Sommer- oder ein Kühler Wintertyp. Wahrscheinlich mögen Sie keine Braun- oder Orangetöne in Ihrer Kleidung und bevorzugen instinktiv pinkfarbene Lippenstifte gegenüber korallfarbenen.

Frauen dieses Typs haben oft graues Haar und die unterschiedlichsten Augenfarben. Die Hautfarbe von einem neutralen Beige- oder aber einem rosafarbenen Ton ist hier ein Schlüsselfaktor.

Sie möchten jetzt feststellen, ob die gedämpfte kühle Palette (Kühler Sommertyp) oder die kräftige kühle Palette (Kühler Wintertyp) Ihnen besser steht. Vergleichen Sie diese Schattierungen an Ihrem Gesicht:

Kühler Sommertyp		Kühler Wintertyp
Wollweiß	gegen	Schneeweiß
Lila	gegen	Lila
Kirschrot	gegen	Scharlachrot

WEICH UND GEDÄMPFT

Frauen, deren wichtigstes Farbmerkmal weich und gedämpft ist, sind entweder ein Gedeckter Sommer- oder ein Gedeckter Herbsttyp. Oft beschreiben sie ihr Haar als farblos, ihre Augenfarbe als blaß und den Hautton als neutral. Wenn das Ihre Farbgebung richtig wiedergibt, wissen Sie, daß leuchtende Farben aufdringlich an Ihnen wirken. Frauen dieser Kategorie haben oft helles oder mittelbraunes Haar, das gewinnt, wenn man es mit Strähnchen betont. In eleganten, satten Farben sehen sie am besten aus.

Um zu sehen, ob Sie die kühle Version (ein Gedeckter Sommertyp) oder die warme Version (ein Gedeckter Herbsttyp) sind, sollten Sie die folgenden Farben in Gesichtsnähe vergleichen.

Gedeckter Sommertyp		Gedeckter Herbsttyp
Efeu	gegen	Olivgrün
Lila	gegen	Lachsrosa
Weinrot	gegen	Mahagoni

KLAR UND LEUCHTEND

Wenn die wichtigsten Farbmerkmale bei Ihnen klar und leuchtend sind, sind Sie entweder ein Klarer Frühlings- oder ein Klarer Wintertyp. Ihre Augen wirken wie Edelsteine, und Ihr dunkles Haar kontrastiert auffällig mit Ihrem hellen Hautton. Ineinander übergehende oder schlammige Farben lassen Sie müde oder sogar krank aussehen. Klarheit und Licht lautet hier das Schlüsselwort.

Der folgende Farbvergleich in Gesichtsnähe zeigt Ihnen, ob die warme Version (Kühler Frühlingstyp) oder die kühle Version (Kühler Wintertyp) für Sie besser geeignet ist.

Klarer Frühlingstyp		Klarer Wintertyp
Pastellrosa	gegen	Lila
Intensivgrün	gegen	Tannengrün
Kräftiges Blau	gegen	Königsblau

ETHNISCHE VARIANTEN

Unser nach den Jahreszeiten benanntes Farbsystem gilt für alle Volksgruppen – was aber nicht heißt, daß in jedem Land eine ausgeglichene Mischung der Jahreszeiten vorhanden ist.

In Japan beispielsweise, wo es keine Menschen mit von Natur aus blonden oder roten Haaren oder mit blauen Augen gibt, wird man keine Beispiele für Sommer- und Frühlingstypen finden. Es gibt jedoch die vielfältigsten Herbst- und Wintertypen, die mit diesem Buch ihre ganze spezielle Wahl treffen können.

In anderen asiatischen Ländern (beispielsweise auf dem indischen Subkontinent) und in Afrika wird die Auswahl noch kleiner, da der größte Teil der einheimischen Bevölkerung der Dunklen Herbst- oder der Dunklen Winterpalette angehört. So ist es kein Wunder, daß indische Saris (Gewänder) hauptsächlich die Primär- oder dunkle Gewürzfarben enthalten. In Skandinavien sind dagegen die echten Winter- oder Dunklen Herbsttypen rar (abgesehen von Menschen finnischer Abstammung!), aber dafür gibt es dort eine Vielfalt von Frühlings-, Sommer- und Gedeckten Herbsttypen.

Auf Seite 49 sind vier Modelle mit unterschiedlicher Herkunft abgebildet. Wir haben diese Frauen ausgewählt, um eine Tatsache besonders zu unterstreichen. Sie alle haben offensichtlich ein dunkles Aussehen, aber trotzdem besitzen sie nicht dieselben Schlüsselmerkmale bei den Farben. Dianas, Amritas und Ruths wichtigstes Farbmerkmal ist ihre kräftige und satte Farbgebung, während jene von Harriet klar und leuchtend ist. Auch gehören sie nicht alle derselben Jahreszeit an: Diana bevorzugt die warmen, dunklen Farben der Dunklen Herbstpalette, während Amrita und Ruth die kühlen, dunklen Farben der Dunklen Winterpalette bevorzugen, und Harriets klares, leuchtendes und kühles Aussehen macht sie unverwechselbar zu einem Klaren Wintertyp.

DIE FEINABSTIMMUNG IHRER PERSÖNLICHEN FARBANALYSE

Sie sollten jetzt eine gute Grundvorstellung von Ihren wichtigsten Farbmerkmalen gewonnen haben und ziemlich sicher sein, welche saisonale Palette für Sie am besten ist. Aber um mögliche Mißverständnisse auszuschließen und ganz sicherzugehen, daß Sie alle möglichen Optionen wirklich in Betracht gezogen haben, wollen wir uns im folgenden etwas genauer mit der Farbe Ihres Haares, Ihrer Augen und Ihres Hauttons befassen.

HAARFARBE

Obwohl alle saisonalen Typen Ihr Haar wirkungsvoll tönen, färben oder mit Strähnchen verändern können (siehe Seiten 160 bis 162), sollten Sie bei der Analyse Ihres Typs eine eventuell vorhandene künstliche Tönung außer acht lassen.

Es ist sehr wichtig, diese Hinweise auf Ihre *natürliche* Haarfarbe zu beziehen.

Farbe	Kommentar	Möglichkeit
Aschblond	Nicht gelb oder golden	Heller Sommer- oder Heller Frühlingstyp
Goldblond, Blond oder Rot	Warme Glanzlichter	Warmer Frühlings- oder Warmer Herbsttyp
Hell- bis Mittelbraun	Wird in der Sonne golden	Heller Frühlings- oder Heller Sommertyp
Mausbraun	Keine natürlichen Glanzlichter	Gedeckter Sommer- oder Gedeckter Herbsttyp
Mittelbraun	Nicht farblos	Klarer Frühlings- oder Dunkler Herbsttyp
Mittleres bis dunkles Kastanienbraun	Keine blonden Glanzlichter	Dunkler Herbst- oder Dunkler Wintertyp
Kastanien- bis Dunkelbraun	Keine blonden Glanzlichter	Klarer Frühlingstyp; Dunkler Herbsttyp; Dunkler oder Klarer Wintertyp
Tiefschwarz	Möglicherweise mit blauem Ton	Klarer oder Dunkler Wintertyp, Dunkler Herbsttyp

Warmes Grau	Gelblich, nicht besonders hübsch	Heller oder Warmer Frühlingstyp; Gedeckter oder Warmer Herbsttyp
Weiches Grau, Aschgrau	Von Natur aus attraktiv	Heller Frühlingstyp; Heller oder Kühler Sommertyp
Graumeliert, Silber	Großartig	Klarer Frühlingstyp; Wintertypen oder Kühler Sommertyp

MEINE NATÜRLICHE HAARFARBE IST   ————————

AUGEN

Sehen Sie sich Ihre Augen genau an. Wie ist der Gesamteindruck? Wie klar, dunkel oder gedämpft sind sie? Es bieten sich folgende Möglichkeiten:

Farbe	Kommentar	Möglichkeit
Klares Blau, Grün, Türkis oder leuchtendes Haselnußbraun	Leuchtend	Klarer oder Heller Frühlingstyp; Klarer Wintertyp
Grau, gedämpftes Blau	Kühl/unklar	Sommertypen
Haselnußbraun, Grün, Goldbraun, warmes Türkis	Warm/golden	Warmer Frühlings- oder Warmer Herbsttyp
Gedämpftes Haselnußbraun oder Türkis	Blaß	Gedeckter Sommertyp, Gedeckter Herbsttyp
Dunkelbraun, sattes Haselnußbraun	Dunkel	Dunkler Herbst- oder Dunkler Wintertyp

MEINE AUGENFARBE IST   ————————

HAUTTON

Beurteilen Sie den Gesamtton Ihrer Haut ohne Make-up. Die folgenden Kommentare über die Auswirkungen der Sonne sind dabei hilfreich.

Farbe	Kommentar	Möglichkeit
Porzellan	Kann keine Sonne vertragen	Klarer Wintertyp; Frühlingstypen; Heller Sommertyp
Elfenbein	Bekommt schnell einen Sonnenbrand, Sommersprossen oder wird zartbraun, aber erblaßt schnell wieder	Frühlings-, Sommertypen, Gedeckter Herbsttyp
Rosiger Beigeton	Bräunt schnell, bekommt aber einen pinkfarbenen Ton	Heller oder Kühler Sommertyp; Heller Frühlingstyp
Neutrales Beige/ Orientalisch	Bräunt leicht, aber wird braun, nicht rosig	Gedeckter oder Dunkler Herbsttyp; Kühler oder Dunkler Wintertyp
Warmer Beige-ton/Orientalisch/ Asiatisch	Einige Sommersprossen, wird aber goldbraun	Herbsttypen
Goldbraun/Asiatisch/ Lateinamerikanisch/ Schwarz	Wird in der Sonne bronzefarben	Herbsttypen oder Dunkler Wintertyp
Kühles Braun/ Asiatisch/Lateiname-rikanisch/Schwarz	Wird dunkler, fast blauschwarz in der Sonne	Dunkler oder Kühler Wintertyp
Oliv/Asiatisch/Latein amerikanisch/Schwarz	Wird dunkel oder bronzefarben in der Sonne	Kühler oder Dunkler Wintertyp; Gedeckter oder Dunkler Herbst-typ

MEIN HAUTTON IST _____

Denken Sie daran, daß nicht ein einzelnes Merkmal – die Farbe der Haare, der Augen oder der Hautton – den Ausschlag gibt. Wichtig ist das Bild, das die drei zusammen ergeben und das Ihnen für Ihren besten Look auf der Grundlage der richtigen Palette als Richtlinie dienen kann.

WIE WIRKEN SICH GESUNDHEIT UND ALTER AUF DIE FARBGEBUNG AUS?

Mit zunehmendem Alter wird unser Hautton genau wie die Farbe der Haare und der Augen weicher und verliert an Intensität. In den Wechseljahren kommt es zu einem Abfall der Östrogenwerte im Körper; danach wirkt die Hautfarbe von Frauen «weniger warm» als in ihrer Jugend. Das Melanin (braune Hautpigmentierung, die Sommersprossen verursacht und der Haut einen warmen Ton verleiht) kann im Alter stärker hervortreten, wenn «Altersflecken» entstehen, aber der Gesamteindruck der Hautfarbe wird weniger warm sein. Daher können manche Frauen zu kühleren Farbtönen in ihrer Kleidung übergehen, wenn sie älter sind.

Bei der Betrachtung von Fotos berühmter Frauen und unserer Kundinnen bemerkten wir, daß die meisten von uns im Verlauf ihres Lebens ihre saisonalen Farben «anpassen» und von einem Ende des Spektrums zum anderen übergehen, wenn sie älter werden. Eine junge Herbstfrau mit kastanienbraunem Haar und haselnußbraunen Augen wirkt in ihren dunkelsten und kräftigsten Farben am attraktivsten. Wenn sie Mitte oder Ende Vierzig ist, sieht sie in subtileren Farben wahrscheinlich besser aus. Anders ausgedrückt: Eine weichere Herbstpalette mit gedämpfteren, wärmeren Tönen sieht attraktiver aus, wenn ihre Trägerin älter wird.

Die britische Königinmutter hatte als junges Mädchen schönes kastanienbraunes Haar und saphirblaue Augen. Sie war durch und durch ein Klarer Frühlingstyp. Als ihr Haar langsam ergraute, sah sie in den Farben des Hellen Frühlingstyps besser und harmonischer aus. Ihre elfenbeinfarbene Hauttönung war immer noch schön, aber der Kontrast zwischen ihrem Haar und der Hautfarbe fehlte. Daher mußte sie bei ihren Farben von leuchtenden Edelsteintönen zu warmen Pastelltönen und eleganten neutralen Farben wie Eierschale, Graubeige, Camel und warmen Grautönen übergehen.

Als die Dame die Siebzig überschritten hatte, wurde ihre Farbgebung eher «kühl». Seitdem strahlt sie in Blautönen, Pink, Meeresgrün und Zitronengelb. Sie sieht großartig aus mit ihrem pinkfarbenen Lieblingslippenstift, der den rosigen Glanz ihrer Haut sehr viel besser ergänzt und der durch ihr silbernes Haar (das keinen warmen Grauton mehr hat) und ihre weicheren blaugrauen Augen betont wird. Sie hat sich von einem Klaren Frühlingstyp zu einem Hellen Frühlingstyp und schließlich zu einem Hellen Sommertyp entwickelt.

Eine solche Veränderung der Jahreszeiten tritt im Alter nicht immer auf, besonders dann nicht, wenn Frauen ihr ergrauendes Haar mit Tönungen behandeln, damit es seine natürliche Farbe länger behält. Aber wenn Sie Ihre Jahreszeit vor einiger Zeit definiert haben und der Meinung sind, daß einige Farben für Sie mittlerweile ein bißchen stark sind, sollten Sie die drei Möglichkeiten (auf den Seiten 50 bis 85), die für Ihre Jahreszeit aufgeführt werden, durchgehen, um festzustellen, welche am besten zu Ihnen paßt. Das eine Ende Ihres saisonalen Spektrums paßt vielleicht harmonischer zu Ihrer jetzigen Farbgebung: Wenn Sie sich immer noch nicht sicher sind, fangen Sie ganz von vorne an und betrachten die Möglichkeiten für eine Frau mit Ihrer aktuellen Hauttönung, Ihrer Augen- und Haarfarbe.

Ernährung, Lebensstil und allgemeiner Gesundheitszustand sind Faktoren, die die Farbgebung beeinflussen können. Überlegen Sie einmal, was Sie essen. Viele Frauen probieren gerne neue Nahrungsmittel, Schlankheitskuren und Ernährungszusätze aus. Einige der letzteren (egal, ob organischer oder künstlicher Natur) sowie fanatische Schlankheitskuren können zur Entstehung schädlicher Gifte im Körper führen, die sowohl die Hautfarbe als auch die Gesundheit beeinträchtigen.

Auch Ihr Lebensstil kann in bezug auf Ihre Farbgebung ein «Hoch» oder ein «Tief» bewirken. Wenn Sie überaktiv sind und Streß Ihr Herz ständig zu Hochleistungen zwingt, kann der Hautton blühend und fälschlicherweise «warm» wirken, was einfach auf einen zu hohen Blutdruck oder einen erhöhten Puls zurückzuführen ist. Wenn Sie ruhig und ausgeruht sind, können Sie ganz anders aussehen, weniger rosig und vom Hautton her vielleicht neutraler. Bei Müdigkeit oder Mattheit aufgrund einer sitzenden Lebensweise kann die Haut, da Ihr Kreislauf nicht mehr angeregt wird, blasser erscheinen, als wenn Sie fit und aktiv sind.

Wenn Sie sich zurzeit unwohl fühlen oder eine Krankheit mit Medikamenten behandeln, werden Sie nicht nur eine Veränderung an Ihrem Hautgewebe wahrnehmen – Trockenheit oder erhöhte Fettabsonderung –, sondern auch in der Hautfarbe. Manche Medikamente lassen die Haut gelb oder olivfarben erscheinen, während diese normalerweise einen natürlichen Beigeton aufweist oder sogar rosig ist.

Wenn also die gerade erwähnten Einflüsse zurzeit irgendeine Auswirkung auf Sie haben, sollten Sie weniger die Farbe Ihrer Haut analysieren, sondern sich stärker auf den Gesamteindruck bei Ihrer Farbgebung sowie auf Augen- und Haarfarbe konzentrieren. Sie können auch warten, bis Sie sich wieder fit fühlen und Ihre normale Farbe wiedergewonnen haben, bevor Sie die Analyse durchführen.

MIT IHREN FARBEN EINKAUFEN

Unabhängig von Ihrer Nationalität und Farbgebung werden Sie feststellen, daß eine der zwölf saisonalen Paletten richtig für Sie ist. Auf den Seiten 50 bis 85 wird für jeden Jahreszeitentyp eine allgemeine Beschreibung der Farbauswahl zusammen mit den 28 wichtigsten Farben und Vorschlägen für Geschäfts-, Abend- und Freizeitkleidung aufgeführt. Diesen Teil sollten Sie immer dann lesen, wenn Sie einen Kleiderkauf beabsichtigen. Noch besser: Nehmen Sie das Buch dazu mit! Eine vollständige Liste Ihrer besonderen Farben und ein Kleidungsplan für berufstätige Frauen ist auf den Seiten 243 bis 251 abgedruckt. Aber denken Sie bitte immer daran, daß einige Farben sich selbst mit den modernsten Drucktechniken nur schwer ganz genau wiedergeben lassen – besonders dann, wenn sehr viele Farben zusammen auf einer Seite abgebildet werden. Sie sollten jedoch so wirklichkeitsgetreu sein, daß Sie Ihnen eine klare Richtlinie beim Einkauf geben können. Auf den Seiten 50 bis 85 können Sie nachlesen, wie Sie Ihre Palette durch das entsprechende Make-up unterstreichen können.

Sorgen Sie sich nicht zu sehr darum, Farben genau aufeinander abzustimmen. Auch die Färbstoffe gehen ständig mit der Mode. Solange Farben zu Ihrer Jahreszeit passen und mit anderen Teilen Ihrer Garderobe koordiniert werden können, sind Sie auf dem richtigen Weg. Achten Sie einfach darauf, keine Töne zu kaufen, die sich grundsätzlich von den in der Palette empfohlenen unterscheiden.

Sie werden feststellen, daß der Einkauf leichter wird und daß Sie keine krassen Fehler mehr machen werden oder spontan Dinge kaufen, die nicht zu den anderen Teilen Ihrer Garderobe passen – oder gar zu Ihnen selbst! Zu allen andern Vorteilen werden Sie erst noch wertvolle Zeit und Geld sparen.

Wenn Sie Ihre Jahreszeit ausfindig gemacht haben, stellen Sie möglicherweise fest, daß Ihre jetzige Garderobe nur wenige der empfohlenen Töne enthält. Machen Sie sich deshalb keine Sorgen; viele der «falschen», das heißt aus einer andern Jahreszeit stammenden Farben können Sie erfolgreich tragen, vorausgesetzt Sie verwenden sie kombiniert mit Ihren «richtigen» Farben, also jenen aus Ihrer Palette. Nehmen Sie beispielsweise Schwarz. Diese Farbe scheint in fast jeder Garderobe aufzutauchen. Wenn Schwarz in Ihrer saisonalen Palette nicht enthalten ist, tragen Sie dieses Kleidungsstück nur zusammen mit einer Ihrer Lieblingsfarben aus Ihrer Palette in Gesichtsnähe. Schwarze Hosen und Röcke können mit einer klug gewählten Bluse, einem Pullover oder einer Jacke getragen werden, während schwarze Kleider, Oberteile oder teure Stücke wie Mäntel und Jacken mit einem Tuch in den Farben Ihrer Jahreszeit kombiniert werden können.

FARBEN FÜR ALLE JAHRESZEITEN

Bestimmte neutrale Farben wie Graubeige, Warmes Grau, Wollweiß, Mittleres Marine und Mittelgrau sind das ganze Jahr über erhältlich. Kostüme und andere Kleidungsstücke für das Berufsleben findet man oft in diesen neutralen Tönen, die entweder allein vorhanden sind oder in Karomustern, Tweedstoffen und Drucken auftauchen, wie beispielsweise in einer gewebten Jacke in Wollweiß, Marine und Warmem Grau.

Diese neutralen Farben können von allen Jahreszeiten getragen werden, wenn die entsprechende Palette mit ins Spiel kommt. Im Sommer beispielsweise findet man beigefarbene Kostüme überall im Ausverkauf, sei es in Kaufhäusern oder Geschäften mit Designermarken. Aber eine Frau, die den Warmen Frühlingstyp repräsentiert, sollte ihr beigefarbenes Kostüm mit einer Bluse in Aquamarin kombinieren, während der Dunkle Wintertyp am wirkungsvollsten ein Scharlachrot oder Schwarz trägt.

Das mittlere Marineblau und das Mittelgrau sind bei diesen neutralen Farben mit aufgeführt, weil viele Frauen, die in sehr konservativen, von Männern beherrschten Berufszweigen arbeiten, immer noch auf Nummer Sicher gehen müssen und die traditionellen Geschäftsfarben tragen. Auch hier gilt, daß Sie diese neutralen Farben mit einem ergänzenden Ton aus Ihrer jahreszeitlichen Palette kombinieren sollten. Wenn Ihr Beruf oder Ihr Lebensstil Ihnen keine besonderen Zwänge auferlegt, können Sie andere neutrale Töne und Farben aus Ihrer Palette wählen, von denen Sie wissen, daß Sie Ihnen stehen.

Hier führe ich zehn Farben auf, die viele Hauttöne ergänzen und meistens das ganze Jahr über erhältlich sind. Sie sind auch für Firmenuniformen empfehlenswert.

Wollweiß: Bei einer Bluse ist dieser Ton immer sicherer als Schneeweiß.

Graubeige: Für ein Mantelkleid oder Kostüm, das durch ein Halstuch in der Farbe Ihrer Jahreszeit betont werden kann.

Warmes Rosa: Immer schmeichelnder als ein kühles, pastellfarbenes oder lilafarbenes Pink.

Mittleres Türkis: Nicht zu leuchtend, nicht zu hell. Ein «verbraucherfreundlicher» Ton.

Zartes Lapis: Ein Blauviolett, das in allen CMB-Paletten enthalten ist.

Petrolblau: Ein sattes, dunkles Grünblau.

Mintgrün: Wunderschön, wenn es mit Marine, Graubeige oder Grau gemischt wird.

Mittleres Violett: Eine elegante Alternative für Marine.

Mittleres Marine: Wenn diese Farbe für Ihren Beruf erforderlich ist, sollten Sie mittlere Farbtöne wählen anstelle von tintenfarbenen oder gräulichen Versionen. Tragen Sie es möglichst mit einem anderen Farbton als mit Weiß.

Gedecktes Anthrazit, Mittelgrau: Im Zweifelsfall sind diese Töne besser als sehr helle oder fast schwarze Versionen.

ÜBERPRÜFEN SIE IHRE JAHRESZEIT
DUNKLE FRAUEN

Unsere vier Modelle haben alle eine sehr dunkle, auffallende Farbgebung, wobei Diana und Harriet die zartesten Töne und Amrita und Ruth die kräftigsten aufweisen. Jede muß für sich entscheiden, ob sie eher kühl wirkt, so daß die Winterfarben zu ihr passen, oder wärmer, so daß die Herbstfarben ihre Farbgebung optimal unterstützen.

Weißhäutige Frauen und Frauen aus dem Fernen Osten mit einer dunklen Farbgebung sollten es mit Make-up und Stoffarben aus den dunklen Paletten des Herbstes und Winters versuchen, um zu entscheiden, welche Farben am natürlichsten für sie sind und ihrem Hautton am meisten schmeicheln.

Versuchen Sie, die folgenden Farben in unmittelbarer Gesichtsnähe zu vergleichen:

Herbst		Winter
Helles Lachs	gegen	Eisrosa
Eierschale	gegen	Schneeweiß
Mango	gegen	Zitronengold
Terracotta	gegen	Lila

Vergleichen Sie jetzt folgende Farben für Lippenstift und Rouge:

Herbst		Winter
Mahagoni (Lippenstift)	gegen	Weinrot (Lippenstift)
Ziegelrot (Lippenstift)	gegen	Lila (Lippenstift)
Zimt (Rouge)	gegen	Pflaumenblau (Rouge)

Diana ist ein Dunkler Herbst und Harriet ein Klarer Winter, während Amrita und Ruth beide Dunkle Winter sind.

DIE ZWÖLF SAISONALEN TYPEN

Nachdem wir alle wichtigen Vorbemerkungen hinter uns gebracht haben, fällt nun die Entscheidung: Welche Beschreibung auf den Seiten 50 bis 85 paßt am besten zu Ihnen?

Harriet

Diana

Amrita

Ruth

Der Klare Frühlingstyp

Gesamteindruck:
Klar und kontrastreich

Haar: Mittel- bis dunkelbraun; graumeliert

Hautton: Sehr hell und durchsichtig. Porzellan-farben, elfenbeinfarben oder klares Beige

Augen: Edelsteinartiges Blau, blauviolett, grün oder leuchtendes Haselnußbraun

Die Klare Frühlingsfrau wirkt in sehr dunklen, unklaren Farben, blassen Pastell- oder goldbraunen Tönen sehr langweilig, sieht aber in Kräftigem Blau, Klatschmohn oder Smaragdgrün wunderbar aus. Leuchtende, klare Töne passen am besten zu dieser Kategorie von Frauen.

Die Farbgebung des Klaren Frühlings ist eher warm als kühl, wirkt aber im Vergleich zum Warmen Frühling immer noch recht neutral. Das Wichtigste an der Klaren Frühlingspalette ist, daß die Farben klar und nicht blaß sind (siehe rechte Buchseite). Die Farben wirken am aufregendsten, wenn sie kontrastreich getragen werden: beispielsweise Eierschale mit Rot oder Anthrazit mit einem Pastellrosa.

Die besten neutralen Farben für Sie sind die Grautöne von Hellgrau bis Anthrazit. Aber Schwarz sieht an Ihnen ebenfalls großartig aus, besonders wenn Sie dunkleres Haar haben.

Blauäugige Klare Frühlingsfrauen sehen in olivgrünen oder schokobraunen Tönen nicht so gut aus wie die Klaren Frühlingsfrauen mit grünen oder haselnußbraunen Augen. Sie sollten statt dessen die grauen, blauen und mintgrünen Töne wählen.

Beachten Sie, wie klar die Blau-, Rot-, Grün- und Gelbtöne sind. Diese Primärfarben würden andere Jahreszeiten (ausgenommen Winterfrauen) überwältigen, aber an Ihnen sehen Sie großartig aus.

Marine

Hellgrau

Anthrazit

Schwarz

Graubeige

Warmes Grau

Schwarzbraun

Zartes Mint

Sonnengelb

Klares Goldgelb

Lindgrün

Intensivgrün

Flaschengrün

Olivgrün

Lebhaftes Petrol

Türkisblau

Kräftiges Blau

Klares Lapis

Zartes Lapis

Veilchenblau

Violett

Pastellrosa

Flamingo

Koralle

Warmes Rosa

Klatschmohn

Helles Zyklam

Dunkelrosa

Seien Sie bei beigefarbenen und schmutzigen Brauntönen vorsichtig: diese lassen Ihre Augen glanzlos und Ihre Haut fahl wirken. Für ihren alternativen Look im Berufsleben könnten Sie ein vielseitiges anthrazitfarbenes Kostüm wählen, zu dem Sie eine Bluse in Rosa tragen. Schwarz ist schön für den Abend, und Türkisblau ist ebenfalls eine gute Wahl; dies gilt auch für Scharlachrot, Smaragdgrün und Violett. In der Freizeit können Sie Rot, Weiß und Blau zusammen tragen.

Tips für das Make-up
Grundierung: Eierschale, Porzellan, Klares Beige. **Lippenstift:** Klatschmohn, Warmes Rosa, Erdbeerrot. **Rouge:** Lachs, gedämpftes Rot. **Lidschatten** für blaue oder blauviolette Augen: *Highlighter* Champagner, gedämpftes Rosa, Melone, Warmes Grau. *Konturen:* Grau, Marine, Weintraube, Petrolblau. **Lidschatten** für klargrüne oder haselnußbraune Augen: *Highlighter* Apricot, Zartes Mint, Zitrone. *Konturen:* Grau, Efeu, Dunkelbraun, Weintraube.

Der Warme Frühlingstyp

Gesamteindruck: Golden und klar

Haar: Gold, Erdbeerblond oder Rot

Hautton: Elfenbein oder Porzellan, oft mit Sommersprossen

Augen: Warme Grüntöne, Petrolblau, Türkis oder klares, helles Haselnußbraun

Der Warmen Frühlingsfrau sollte es wie dem herbstlichen Gegenstück leichtfallen, ihre Farben zu verstehen – wenn Sie einen goldenen, satten Glanz haben, stehen Ihnen diese wahrscheinlich gut. Anders als der Warme Herbsttyp hat der Warme Frühlingstyp ein zarteres, klareres Aussehen, daher sollten seine Farben nicht zu dunkel sein. Gelbgrüne Töne beispielsweise, einschließlich Moosgrün, stehen Ihnen großartig, aber Flaschengrün ist sicher zu schwer für Sie.

Warme Frühlingsfrauen müssen bei der Wahl von rosafarbenen, blauen und roten Farbtönen besonders vorsichtig sein und sollten immer Farben mit goldenem Unterton wählen. Koralle läßt sie strahlend und gesund aussehen, während bläuliche Rosatöne wie Lila Ihre Hautfarbe völlig überdecken und sie hart erscheinen lassen. Dies trifft auch für Ihr Make-up zu (siehe unten); alle kühlen Rosatöne werden hervorstechen und unnatürlich aussehen. Mit Tönen wie Lachs, Pfirsich und Apricot werden Sie die besten Ergebnisse erzielen.

Schauen Sie sich die vorgeschlagenen Farbkombinationen auf der gegenüberliegenden Seite unten für Beruf, Abend und Freizeit an. Goldbraun und Aquamarin als Kombination für den Beruf lassen Sie gleichzeitig kompetent und interessant erscheinen. Ihre Alternative zu Schwarz am Abend könnte Gold sein, das Ihnen großartig

Camel

Bronze

Goldbraun

Schokobraun

Graubeige

Graugrün

Sahneweiß

Apricot

Hellorange

Klares Lachs

Flamingo

Tomatenrot

Terracotta

Mango

Kürbisgelb

Rost

Gelbbeige

Sonnengelb

Gelbgrün

Lindgrün

Neongrün

Moosgrün

Zartes Aquamarin

Intensives Aquamarin

Türkisgrün

Jadegrün

Petrolblau

Dunkles Lapis

steht (Sie können jedoch auch Türkisgrün oder ein Dunkles Lapis in Betracht ziehen). Bauen Sie sich eine Freizeitgarderobe aus Terracotta-, Gold- und Cameltönen auf. Die Möglichkeiten sind endlos, wenn Sie mit der Warmen Frühlingspalette zu arbeiten beginnen.

Tips für das Make-up
Grundierung: Eierschale, Prozellan, Warmes Beige. **Lippenstift:** Warmes Rosa, Korallfarbenes Pfirsich, Paprika. **Rouge:** Lachs, intensives Pfirsich, Helles Zimt. **Lidschatten** für petrolblaue oder türkisfarbene Augen: *Highlighter* Apricot, Zitrone. *Konturen* Petrolblau, meergrüne Töne, Grau, kakaobraune Töne. **Lidschatten** für grüne oder haselnußbraune Augen: *Highlighter* Zitrone, Apricot, Erbsengrün. *Konturen* Bronze-/Brauntöne, Pflaumenblau, Moosgrün, Salbei, Efeu.

Der Helle Frühlingstyp

Gesamteindruck:
Weich und zart

Haar: Am häufigsten Blond oder Goldgrau

Hautton: Hell, Elfenbein bis zu warmem Beige, pfirsichfarbene Töne. Sehr geringer Kontrast zwischen Haar und Haut

Augen: Blau, Blaugrün, Aquamarin, Hellgrün

Wenn Sie ein Heller Frühlingstyp sind, sollten Sie dunkle und unklare Farben vermeiden, die Sie blaß, müde und sogar mitleiderregend aussehen lassen. Frühlingsfrauen, die stark aussehen müssen, weil sie beispielsweise bei einem Meeting den Vorsitz haben, können dies erreichen, indem sie ein Mittelgrau oder Helles Marine tragen, aber hüten Sie sich vor dunkleren Tönen!

Eine Helle Frühlingsfrau, die zu kontrastreiche Kleidung trägt – beispielsweise eine helle Bluse und eine dunkle Jacke oder ein Kleid mit vielen auffallenden Farben vor einem weißen Hintergrund –, «verschwindet» selbst, weil unser Auge von den Farben, die sie trägt, angezogen wird.

Betrachten Sie die Helle Frühlingspalette auf der gegenüberliegenden Seite. Ihre neutralen Farben können einzeln oder gemischt in einem Druck oder Webstoff getragen werden. In Töne wie Eierschale, Camel und Blaugrau lohnt es sich zu investieren, da sie gut zu allen anderen Tönen Ihrer Palette passen. Ihre besten Rosatöne sind warm, wie Sie an den Pfirsich-, Korall- und Apricottönen sehen, aber auch Pink können Sie tragen. Lila sollten Sie nicht wählen, da es zu stark ist und Ihre Haut leblos aussehen läßt.

Zartes Lapis zu einer hellblauen Bluse ist für das Berufsleben eine schicke, auffallende Alternative zu Marineblau und Weiß. Warum sollten Sie am Abend Schwarz tragen, wenn Sie in Veilchenblau glän-

Camel

Naturbraun

Warmes Grau

Hellgrau

Taubenblau

Steingrau

Graubeige

Pastellrosa

Puderrosa

Klares Lachs

Flamingo

Pink

Warmes Rosa

Wassermelone

Klatschmohn

Gelbbeige

Lindgrün

Sonnengelb

Helles Moosgrün

Gelbgrün

Türkisgrün

Zartes Aquamarin

Intensives Aquamarin

Stahlblau

Zartes Lapis

Veilchenblau

Vergißmeinnichtblau

Helles Marine

zend aussehen (auch in einem Warmen Rosa und einem Türkisgrün wird man sich nach Ihnen umdrehen)? In der Freizeit können Sie Camel zusammen mit klarem, leuchtendem Klatschmohn oder Naturbraun mit Lachs tragen.

Tips für das Make-up
Grundierung: Elfenbein, Porzellan. **Lippenstift:** Apricot, Lachs, Flamingo, Klatschmohn. **Rouge:** Lachs, Apricot. **Lidschatten** für blaue Augen: *Highlighter* Champagner, Melone, Apricot, gedämpftes Rosa. *Konturen* Gedämpftes Grau, Veilchenblau, Petrolblau, gedämpfte Blautöne, Kakaobraun. **Lidschatten** für blaugrüne und aquamarinblaue Augen: *Highlighter* Apricot, Zitrone, Champagner. *Konturen* Kakao- oder Honigbraun, Efeu oder Moosgrün, Petrolblau. **Lidschatten** für grüne Augen: *Highlighter* Blasses Aquamarin, Apricot, Champagner. *Konturen* Kakao- oder Honigbraun, Petrolblau, Veilchenblau, Efeu.

Der Helle Sommertyp

Gesamteindruck:
Weich und zart

Haar: Aschblond,
Graublond, kühles Grau

Hautton: Elfenbein,
gedecktes oder kühles Beige

Augen: Gedecktes Blau,
Blaugrau, Grau

Die Helle Sommerfrau kann abhängig von den Farben, die sie trägt, elegant aussehen oder älter, als sie ist. Die Eleganz entsteht durch Kleidung in den Farben eines Gartens im Monat Juli – die Töne von Wicken, Nelken, Lavendel, die lapisblauen Blüten des Immergrüns und von blassen Rosen. Wenn diese Beschreibung auf Sie zutrifft, sollten Sie sehr dunkle Farben, die Sie sehr viel älter erscheinen lassen, vermeiden, zudem auch leuchtende Farben, die an Ihnen einfach billig aussehen.

Obwohl Sie in jungen Jahren möglicherweise stärkere Farben tragen können, weiß der ältere Helle Sommertyp, daß sein graues oder aschfarbenes Haar am besten durch weiche blaugraue Töne, Hell- oder Dunkelrosa, rosafarbenes Braun und Blaugrün ergänzt wird.

Betrachten Sie die Helle Sommerpalette auf der gegenüberliegenden Seite. Sehen Sie, wie die Farben ineinander übergehen und wie harmonisch sie wirken? In dieser Palette gibt es keine großen Kontraste, so daß die Farben am interessantesten wirken, wenn Sie die Töne monochrom mischen – etwa Dunkles Lapis mit Flieder und Rose.

Die große Auswahl an aquamarinblauen und blaugrünen Tönen bietet Ihnen frische Alternativen zu den Blautönen, von denen Sie zweifellos bereits viele im Kleiderschrank haben.

Hellgrau

Graublau

Kakaobraun

Rosabraun

Wollweiß

Rosabeige

Steingrau

Pastellrosa

Puderrosa

Pink

Malve

Koralle

Klares Lachs

Dunkelrosa

Klatschmohn

Hellgelb

Zartes Aquamarin

Intensives Aquamarin

Blaugrün

Türkisgrün

Gedecktes Petrol

Efeu

Helles Marine

Himmelblau

Vergißmeinnichtblau

Flieder

Zartes Lapis

Veilchenblau

Ihre Rottöne reichen von klarer Wassermelone bis zu satten blauroten Tönen, aber Weinrot ist zu stark für Ihre zarte Farbgebung.

Graublau ist eine großartige neutrale Farbe für Ihr Berufsleben. Ergänzen Sie ein Kostüm in dieser Farbe mit Flieder (wie abgebildet) oder mit Pastellrosa.

Schwarz ist keine Farbe für Sie – es läßt Sie leblos und blaß erscheinen. Malve oder ein Gedecktes Petrol sind schöne Alternativen für Ihre Abendgarderobe.

Für die Freizeit bieten sich Töne von Vergißmeinnicht und Marine an, die mit Intensivem Aquamarin (wie abgebildet) oder Türkisgrün belebt werden können.

Tips für das Make-up

Grundierung: Elfenbein, Rosabeige, kühles Beige. **Lippenstift:** Blasses Rosa, gedämpftes Pflaumenblau, Pink. **Rouge:** Gedämpftes Rosa. **Lidschatten** für gedämpfte blaue, blaugraue oder graue Augen: *Highlighter* Gedämpftes Rosa, Zitrone, Warmes Grau, Champagner. *Konturen* Grau, Mittleres Blaugrün, Gedämpftes Petrol, Schiefer, Pflaumenblau, Kakaobraun.

Der Kühle Sommertyp

Gesamteindruck:
Kühl und gedämpft

Haar: Aschbraun, dunkles Aschblond oder Grau

Hautton: Gedämpftes Rosa, Beige, Rosabeige

Augen: Grau, Graublau oder Blaugrün

Als Kühle Sommerfrau besitzen Sie wahrscheinlich bereits eine Garderobe mit vielen Blautönen. Aber wenn Sie nur langweilige Pastelltöne tragen, wirken Sie nicht besonders aufregend. Falls diese Beschreibung auf Sie paßt, reichen Ihre besten Blautöne von Blaugrau hin zu sattem Königs- und dunklem Marineblau.

Wichtig für Sie ist, daß Sie sich von warmen Tönen fernhalten – goldbraune, orangerote und gelbgrüne Töne sehen an Ihnen immer enttäuschend aus. Die rosigen Untertöne in Ihrer Haut und Ihren grauen, graublauen oder grünen Augen werden am besten durch graue Töne ergänzt. Steingrau, ein Graubeige und Kakaobraun, Rosabeige und Rosabraun wirken aufgrund ihrer rosafarbenen, kühlen Untertöne alle sehr harmonisch.

Alle Sommerfrauen, der Kühle Typ eingeschlossen, sehen am besten in ineinander übergehenden Tönen aus. Obwohl in Ihrer Palette Marine, Weinrot, Violett und Anthrazit enthalten sind, sollten Sie ihre Wirkung dämpfen, indem Sie sie nicht zusammen mit Weiß tragen, sondern eher mit einer pastellfarbenen Version der jeweiligen Farbe.

Betrachten Sie die Kühle Sommerpalette auf der gegenüberliegenden Seite. Diese Farben ermöglichen Ihnen eine große Auswahl, vorausgesetzt, der Ton paßt harmonisch zu Ihren kühlen Sommerfarben. Marine ist, wie Sie wahrscheinlich bereits wissen, ein solider

Hellgrau

Warmes Grau

Graublau

Anthrazit

Rosabeige

Graubeige

Steingrau

Kakaobraun

Rosabraun

Eisrosa

Pink

Gedecktes Lila

Dunkelrosa

Kirschrot

Weinrot

Gedecktes Petrol

Efeu

Türkisgrün

Zartes Mint

Intensives Aquamarin

Lagunenblau

Flieder

Pflaumenblau

Violett

Zartes Lapis

Himmelblau

Königsblau

Marine

Grundton für das Berufsleben. Kombinieren Sie ihn mit Rosa, so daß die Wirkung weicher wird.

Schwarz ist zu schwer für den Kühlen Sommertyp. Am Abend sollten Sie es mit Gedecktem Petrol versuchen (Gedecktes Lila, Pflaumenblau und Kirschrot sind ebenfalls gute Wahlmöglichkeiten). Ihre Freizeitkleidung könnte sich aus Mittelgrau und Türkisgrün zusammensetzen, aber marineblaue und blaugraue Töne sind für Sie ebenfalls empfehlenswert.

Tips für das Make-up
Grundierung: Elfenbein, Rosabeige, Kühles Beige. **Lippenstift:** Himbeerrot, Pflaumenrosa, Geranienrot, gedämpfte Malve, Lila. **Rouge:** Rosa, gedämpfte Malve, gedämpftes Lila. **Lidschatten** für graublaue Augen: *Highlighter* Gedämpftes Rosa, Champagner, Perlgrau. *Konturen* Stahlgrau, Marine, Pflaumenblau. **Lidschatten** für blaugrüne Augen: *Highlighter* Apricot, Zitrone, Zartes Mint, Champagner. *Konturen* Grau, Pflaumenblau, Efeu.

Der Gedeckte Sommertyp

Gesamteindruck:
Gedämpft und blaß

Haar: Aschblond,
Mittelbraun, Mausgrau

Hautton: Elfenbein, Beige

Augen: Gedämpftes Petrol,
Graugrün, Mittleres
Blaugrün, gedämpftes
Haselnußbraun

Der Gedeckte Sommertyp hat eine natürliche Eleganz in seiner Farbgebung, die etwas ganz Besonderes ist, aber häufig verzweifeln diese Frauen, weil sie sich wie eine «graue Maus» oder einfach uninteressant fühlen. Es stimmt tatsächlich, daß die Gedeckte Sommerfrau von sehr starken oder leuchtenden Farben nicht nur überwältigt wird, sondern in ihnen wirklich unscheinbar wirken kann. Wenn sie jedoch ineinander übergehende Farben trägt, nehmen ihr Haar und ihre Haut eine ganz neue Vitalität an. Wenn Sie ein Gedeckter Sommertyp sind, brauchen Sie sich in Ihrem Haar keine Strähnchen färben zu lassen, weil diese Palette mit den satten, ineinander übergehenden Tönen Sie immer gesund und interessant aussehen läßt.

Betrachten Sie die Gedeckte Sommerpalette auf der gegenüberliegenden Seite. Keine Farbe wirkt aggressiv. Die Farbauswahl reicht von hellen, aber selbständigen Pastelltönen wie Zartes Mint, Mittleres Blaugrün, Rosabeige und Wollweiß zu den satten Tönen von Weinrot, Amethyst und Petrolblau. Der elegante Gedeckte Sommertyp trägt keine Neonfarben.

Im Beruf schafft ein hübscher Jadeton, kombiniert mit einem satten Rosa, ein elegantes, professionelles Aussehen.

Sie werden wissen, daß Schwarz nicht besonders gut an Ihnen wirkt, es sei denn, Sie tragen es vom Gesicht entfernt, beispielsweise in Rock oder Hose. Seien Sie Sie selbst und wählen Sie alternati-

Mittelgrau

Hellgrau

Warmes Grau

Graubeige

Rosabraun

Wollweiß

Rosabeige

Kakaobraun

Rose

Orchidee

Malve

Himbeerrot

Pink

Dunkelrosa

Weinrot

Hellgelb

Zartes Mint

Blaugrün

Türkis

Jadegrün

Flaschengrün

Petrolblau

Helles Marine

Anthrazit

Zartes Lapis

Amethyst

Violett

Vergißmeinnichtblau

ve Farben für den Abend, um wunderbar auszusehen. Für unsere Zeichnung haben wir Warmes Grau verwendet, aber auch Efeu oder Flaschengrün kann in Betracht gezogen werden.

Zur Entspannung in der Freizeit ist Himbeerrot eine geeignete Wahl für die Grundgarderobe, die sich schön mit Malve, Vergißmeinnichtblau oder Kakaobraun kombinieren läßt. Wassermelone ist immer eine lebhafte Alternative für die Gedeckte Sommerfrau.

Tips für das Make-up

Grundierung: Elfenbein, Beige. **Lippenstift:** Bräunliches Rosa, Blaßrosa, Pflaumenrosa. **Rouge:** Rosabraun, gedämpftes Pflaumenblau, Malve. **Lidschatten** für gedämpfte taubenblaue oder blaugraue Augen: *Highlighter* Gedämpftes Rosa, Zartes Mint, Zitrone, Champagner. *Konturen* Petrolblau, Rauchgrau, Pflaumenblau, Marine. **Lidschatten** für graugrüne oder weiche hauselnußbraune Augen: *Highlighter* Zitrone, Opal, Apricot. *Konturen* Pflaumenblau, Rauchgrau, Kakaobraun, Jadegrün.

Der Gedeckte Herbsttyp

Gesamteindruck:
Satt und gedämpft

Haar: Mittelbraun,
Goldblond,
Mausbraun/Blond

Hautton: Beige

Augen: Haselnußbraun,
Goldbraun, Braun, Graugrün

Der Gedeckte Herbsttyp hat eine Kraft in seiner Farbgebung, die ihm selbst und anderen oft entgeht. Wenn die Vertreterin dieser Palette sehr dunkle und kühle Farben trägt, Marine beispielsweise, sieht sie blaß und uninteressant aus. Schwarz sieht an der Gedeckten Herbstfrau besonders unfreundlich aus, so daß sie oft direkt gefragt wird, ob sie sich nicht wohl fühle.

Als Gedeckter Herbsttyp müssen Sie satte, elegante Töne wählen, um gesund und vital auszusehen. Anders als die Warme Herbstfrau können Sie nicht orange- und senffarbene Töne tragen, aber die meisten Gedeckten Herbstfrauen wenden sich sowieso instinktiv von diesen Farben ab.

Betrachten Sie die Gedeckte Herbstpalette auf der gegenüberliegenden Seite. Ihre Rosatöne reichen von gedeckten Pfirsich- und Lachstönen bis zu Dunkelrosa – eine weiche Mischung aus warmen und kühlen Tönen, da Ihre Farbgebung recht neutral ist. All diese Rosatöne sehen großartig aus, wenn sie allein oder mit ihren besten, soliden Grundfarben getragen werden, beispielsweise Olivgrün, Kaffeebraun oder Graubeige.

Töne wie dunkles Marineblau oder dunkles Grau, die guten altbewährten Farben für das Geschäftsleben, eignen sich *nicht* für Sie. Aber falls Sie sie tragen müssen, sollten Sie die Wirkung mit Blusen in den Lieblingsfarben Ihrer Palette aufbessern. Sie können einen

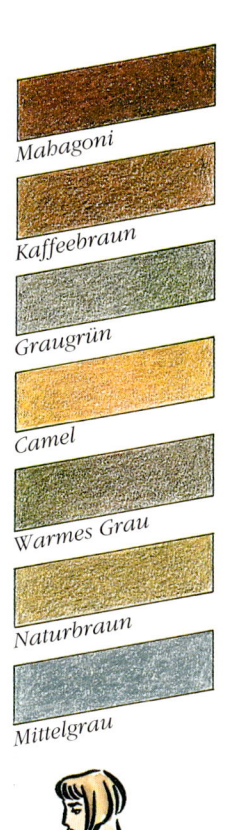

Mahagoni

Kaffeebraun

Graugrün

Camel

Warmes Grau

Naturbraun

Mittelgrau

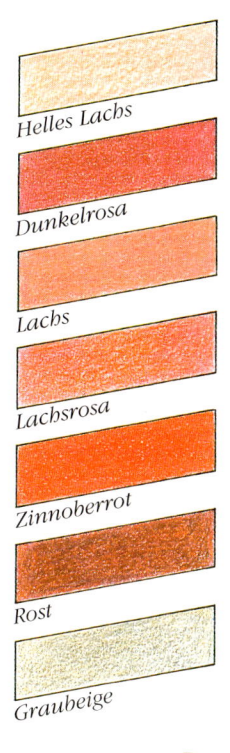

Helles Lachs

Dunkelrosa

Lachs

Lachsrosa

Zinnoberrot

Rost

Graubeige

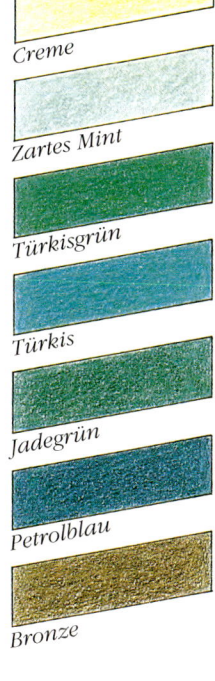

Creme

Zartes Mint

Türkisgrün

Türkis

Jadegrün

Petrolblau

Bronze

Helles Moosgrün

Olivgrün

Flaschengrün

Helles Marine

Dunkles Lapis

Violett

Aubergine

unvorteilhaften Grauton durch Helles Grau ersetzen – sieht es nicht großartig aus zusammen mit Lachs?

Für den Abend ist Ihre beste Farbe Violett. Stellen Sie sich diese Farbe an schwerem Satin, einem Wollcrêpe oder an Rohseide vor.

In der Freizeit der Gedeckten Herbstfrau ist Olivgrün der vielseitigste neutrale Farbton (großartig auch für Kostüme). Mahagoni und Bronze mit einem Schuß Creme oder Zinnoberrot ist ebenfalls eine zeitlose Kombination, die das ganze Jahr über getragen werden kann.

Tips für das Make-up
Grundierung: Elfenbein, Beige. **Lippenstift:** Kräftiges Apricot, Mahagoni, Terracotta, Ziegelrot, bräunliches Rosa. **Rouge:** Zimt, Lachsrosa, kräftiges Pfirsich. **Lidschatten** für haselnußbraune, goldbraune, braune oder graugrüne Augen: *Highlighter* Apricot, Zitrone, Champagner. *Konturen* Bronze, Moosgrün, Olivgrün, Violett, Braun, Warmes Grau.

Der Warme Herbsttyp

Gesamteindruck:
Golden und satt

Haar: Kastanienbraun, Rot, Goldblond

Hautton: Warmes Beige, Elfenbein, oft mit Sommersprossen

Augen: Goldbraun, Haselnußbraun, Warmes Grün, Petrolblau

Von den saisonalen Typen hat es die Warme Herbstfrau beim Einkauf am leichtesten; Modeschöpfer arbeiten mit Vorliebe mit satten, kräftigen Farben. Stellen Sie sich vor, an einem sonnigen Herbsttag durch einen goldenen Wald zu gehen, wenn die Blätter beginnen, ihre Farbe zu ändern, und Sie haben diese großartige Farbpalette vor sich.

Betrachten Sie die Farbauswahl der Warmen Herbstpalette auf der gegenüberliegenden Seite. Satte Töne wie Kaffeebraun, Camel und Goldbraun bilden die Grundtöne Ihrer Garderobe. Aber seien Sie bei der Verwendung dieser Farben nicht phantasielos; kombinieren Sie sie mit Zinnoberrot, mittlerem Türkisgrün oder Violett.

Sicher sind Sie sich bewußt, daß Ihre Rottöne einen gelben oder orangefarbenen Unterton haben. Töne von Weinrot oder Blaurosa sind für Sie nicht geeignet; sie lassen Sie blaß erscheinen. Es sind die warmen Rottöne, die Ihren natürlichen goldenen Glanz betonen und Ihre Sommersprossen (falls Sie welche haben) zu einem wirklichen Pluspunkt machen.

Wie können Sie die Warmen Herbsttöne am besten im Berufsleben einsetzen? Obwohl Grau und Marine in Ihrer Palette enthalten sind (siehe Seite 246), sollten Sie diese traditionellen Farben nicht tragen, wenn Sie es nicht gerade müssen. Eine bessere Kombination wäre Bronze und Zinnoberrot.

Camel

Naturbraun

Goldbraun

Sahneweiß

Kaffeebraun

Graubeige

Schokobraun

Warmes Grau

Kräftiges Apricot

Lachs

Lachsrosa

Kürbisgelb

Terracotta

Rost

Zinnoberrot

Aubergine

Gelbbeige

Goldgelb

Helles Moosgrün

Olivgrün

Bronze

Senf

Türkisgrün

Petrolblau

Flaschengrün

Dunkles Lapis

Violett

Helles Marine

Wie sieht es mit der Abendkleidung aus? Stellen Sie sich das elegante Warme Grau in einem schweren Seidenjersey vor – auch Zartes Lapis oder Petrolblau sind zwei sichere Tips, in denen Sie andere Frauen in deren «sicheren» kleinen Schwarzen in den Schatten stellen werden.

In der Freizeit sind kaffeebraune und camelfarbene Töne gute Grundfarben für Hosen, Röcke, Pullover usw. Aber warum sollten Sie nicht Ihre schöne natürliche Farbgebung mit Farben wie Senf, Terracotta und Aubergine unterstreichen?

Tips für das Make-up
Grundierung: Elfenbein, Warmes Beige. **Lippenstift:** Terracotta, Zimt, Ziegelrot. **Rouge:** Terracotta, Lachs, Paprika. **Lidschatten** für goldbraune, haselnußbraune oder warme, grüne Augen: *Highlighter* Apricot, Hellgold, Erbsengrün, Champagner. *Konturen* Bronze, Braun, Mittleres Violett, Efeu, Moosgrün.

Der Dunkle Herbsttyp

Gesamteindruck:
Lebhaft und warm

Haar: Dunkelbraun, Kastanienbraun

Hautton: Honigbraun, Bronze, Schwarz, Goldoliv, warmes Beige, Elfenbein

Augen: Sattes Olivgrün oder Haselnußbraun, Goldbraun, Schwarzbraun

Die Dunkle Herbstfrau wirkt in lebhaften, auffallenden Farben, deren Unterton vorwiegend warm ist, am aufregendsten. Die dunkle Farbgebung dieses Typs macht dunkle Töne erforderlich, die mit leuchtenden oder hellen Tönen als Kontrast getragen werden.

Betrachten Sie die Dunkle Herbstpalette auf der gegenüberliegenden Seite. Farben, die für eine Frühlings- oder Sommerfrau mit Sicherheit zu dunkel wären, lassen die Dunkle Herbstfrau dynamisch aussehen. Wie für den Gedeckten Herbsttyp ist Olivgrün ein großartiger neutraler Ton für die Dunkle Herbstfrau, aber sie wird es beherzt tragen, zusammen mit Türkisblau oder Terracotta.

Wegen der kraftvollen Farben der Dunklen Herbstpalette müssen Sie bei Ihrem Make-up besonders vorsichtig sind. Die empfohlenen Töne sind unten aufgeführt. Aber denken Sie daran, daß Sie hervorstechende Farben in Ihrer Garderobe durch Ihr Make-up ausgleichen müssen; Sie können nicht einfach ungeschminkt aus dem Haus gehen. In Tomatenrot oder Scharlachrot sehen Sie einfach zauberhaft aus, aber Ihr Make-up muß die Wirkung mit dem passenden Lippenstift vervollständigen.

Im Geschäftsleben ist ein olivfarbenes Kostüm – im Winter beispielsweise aus Gabardine, im Sommer aus Leinen – sehr vielseitig. Aber auch Ihr Tomatenrot hat eine umwerfende Wirkung, wenn es mit einer olivfarbenen Bluse getragen wird. Beide Farben bieten

Warmes Grau

Schwarzbraun

Graubeige

Schwarz

Sahneweiß

Camel

Helles Lachs

Kräftiges Apricot

Lachsrosa

Tomatenrot

Mahagoni

Scharlachrot

Terracotta

Rost

Aubergine

Goldgelb

Senf

Moosgrün

Olivgrün

Limonengrün

Bronze

Smaragdgrün

Türkisblau

Lagunenblau

Tannengrün

Marine

Petrolblau

Violett

unendliche Kombinationsmöglichkeiten mit den übrigen Tönen Ihrer Palette.

Schwarz sieht toll an Ihnen aus, aber wenn Sie das gewisse Etwas suchen, sollten Sie es mit einem schweren, dunkelbraunen Samtstoff versuchen. Schwarze und Asiatinnen bevorzugen wahrscheinlich Lagunenblau.

Eine ausgezeichnete Idee ist es, Rost, Limonengrün oder Terracotta mit einer schwarzen oder schwarzbraunen Grundgarderobe zu kombinieren; so läßt sich Ihre Freizeitkleidung leicht koordinieren.

Tips für das Make-up
Grundierung: Elfenbein, Warmes Beige, Bronze. **Lippenstift:** Terracotta, Scharlachrot, Zimt. **Rouge:** Zimt, Rot, Terracotta. **Lidschatten** für olivgrüne oder haselnußbraune Augen: *Highlighter* Apricot, Erbsengrün, Zitrone, Melone. *Konturen* Bronze, Olivgrün, Salbeigrün, Violett, Grau, Braun. **Lidschatten** für goldbraune oder schwarzbraune Augen: *Highlighter* Apricot, Zitrone, Erbsengrün. *Konturen* Grau, Efeu, Olivgrün, Violett.

Der Dunkle Wintertyp

Gesamteindruck:
Dunkel und kühl

Haar: Dunkelbraun, Schwarz, ganz dunkles Kastanienbraun

Hautton: Schwarz, kühles Braun, Oliv, kühles Beige

Augen: Dunkelbraun, Haselnußbraun, Olivgrün

Der Dunkle Wintertyp kann dunkle Farbkombinationen, die andere Jahreszeiten blaß und unscheinbar erscheinen lassen, erfolgreich tragen. Ihr braunes Haar würde nie als mausbraun bezeichnet werden – es ist von kräftiger kastanienbrauner Farbe, oder es kann wie die dunklen Hauttöne auch einen bläulichen Unterton haben. Ihre Augen sind sehr dunkel. Der Hautton kann ebenfalls nicht als zart bezeichnet werden; auch er ist kräftig – dunkelbeige, oliv oder braun.

Die einzige Möglichkeit, eine solche Farbgebung zu ergänzen, besteht in der Wahl lebhafter Primärfarben, dunkler Neutralfarben und satter, vielseitiger Farben, die entsprechend Ihrer Laune und Persönlichkeit gemischt werden können.

Im Berufsleben können Dunkle Winterfrauen mit Schwarz (das in Ihrer Garderobe eine Hauptrolle spielt), Anthrazit und marineblauen Tönen eine phantastische Wirkung erzielen. Anthrazit zusammen mit Türkis ist eine großartige Kombination. Sie können davon ausgehen, daß Schwarz bei Ihrer Abendkleidung toll aussieht; aber warum sollten Sie es bei Ihrem nächsten Einkauf nicht einmal mit einem roten Satin, Samt oder Seidenjersey versuchen? Dunkelhäutigen Wintertypen sei es geraten, Schwarz und Schwarzbraun nicht in großen Mengen zu tragen, besonders nicht in Gesichtsnähe. Sie sollten Primärfarben und kontrastierende Schattie-

Schwarz

Anthrazit

Schwarzbraun

Warmes Grau

Braunrot

Schneeweiß

Graubeige

Eisgrau

Mittelgrau

Helles Zyklam

Scharlachrot

Tomatenrot

Weinrot

Rost

Kirschrot

Zartes Mint

Zitronengelb

Türkis

Smaragdgrün

Olivgrün

Tannengrün

Türkisgrün

Lebhaftes Petrol

Klares Lapis

Lagunenblau

Violett

Kräftiges Blau

Marine

rungen wählen, um Ihre auffallenden Merkmale zum Leuchten zu bringen, nicht aber sehr dunkle Töne, die sich zu sehr mit der eigenen Farbgebung vermischen.

Für die Freizeit sind Tannengrün und Helles Zyklam für die Dunkle Winterfrau ebenfalls todsichere Tips. Aber ziehen Sie auch einen zitronengelben Jogginganzug in Betracht oder einen Pullover in Scharlachrot und anthrazitfarbene Jeans als aufregende Alternativen.

Tips für das Make-up
Grundierung: Warmes Beige, Bronze, Beige. **Lippenstift:** Scharlachrot, Weinrot, Pflaume, Mahagoni. **Rouge:** Rot, Bronze, Pflaume. **Lidschatten** für dunkelbraune, haselnußbraune oder olivgrüne Augen: *Highlighter* Apricot, Zitrone, Champagner, Mintgrün. *Konturen* Schwarzbraun, Grau, Lila, Efeu, Olivgrün, Aubergine.

Der Kühle Wintertyp

Gesamteindruck:
Klar und kühl

Haar: Silbergrau,
graumeliert, Schwarzgrau

Hautton: Elfenbein, Klares
Oliv, Kühles Beige

Augen: Dunkelbraun,
Graubraun

Wenn Sie eine Kühle Winterfrau sind, waren Sie wahrscheinlich früher eine Dunkle Winterfrau, aber jetzt, da Ihr Haar langsam ergraut und Ihre Augen und der Hautton gedämpfter werden, sollten Sie besser die wärmeren Töne vermeiden, die für den Dunklen Wintertyp wichtig sind, beispielsweise Tomatenrot, Olivgrün und Rost. Statt dessen sollten Sie jetzt die kühlen, gedeckteren Farben der Kühlen Winterpalette wählen, etwa Pflaumenblau, Himbeerrot, Lila und Kirschrot.

Betrachten Sie die Harmonie dieser Winterpalette. Anders als die Farben der übrigen Paletten, in denen einige kühle und warme Töne auftauchen, haben hier alle denselben kühlen Unterton. Da Ihr graues Haar das herausragende Merkmal ist, sind Sie am besten mit Anthrazit oder Dunkelgrau als Neutralfarbe beraten. Goldbraune oder beige Farbtöne würden Ihr Haar langweilig und leblos aussehen lassen, obwohl es in Wirklichkeit ein Pluspunkt ist.

Im Berufsleben haben es alle Winterfrauen leichter als andere Jahreszeiten. Graue und marineblaue Töne sehen wunderbar an ihnen aus und sind das ganze Jahr über erhältlich. Aber als Kühler Wintertyp müssen Sie damit rechnen, daß Sie in den traditionellen Geschäftskombinationen (dunkles Kostüm und helle Bluse, vielleicht in Marine und Weiß), älter und ziemlich streng aussehen können. Ein Kostüm in einer gedeckteren Farbe zusammen mit einer

Eisgrau

Hellgrau

Mittelgrau

Schwarz

Anthrazit

Steingrau

Schneeweiß

Warmes Grau

Rosabraun

Helles Zyklam

Lila

Dunkles Zyklam

Kirschrot

Dunkelrosa

Himbeerrot

Weinrot

Eisblau

Eispink

Zitronengelb

Türkisgrün

Tannengrün

Lagunenblau

Vergißmeinnichtblau

Königsblau

Klares Lapis

Marine

Violett

Pflaumenblau

dunkleren Bluse – beispielsweise Himbeerrot mit Steingrau – bietet einen guten Kontrast und vermittelt Autorität, ohne daß Sie unnahbar erscheinen. Andere Möglichkeiten für Kostüme sind Webstoffe in Wollweiß, Marine und Grau. Pflaumenblau oder Kirschrot sind ebenfalls gut.

Für den Abend könnte Schwarz zu streng wirken. Warum versuchen Sie es nicht einmal mit einem königsblauen Seidenchiffon, Crêpe, Jersey oder Taft? Für die Freizeitkleidung ergibt ein Klares Lapis mit Anthrazit oder Eisgrau eine sensationelle Kombination.

Tips für das Make-up
Grundierung: Elfenbein, Kühles Beige. **Lippenstift:** Himbeere, Pflaumenrosa, Erdbeere, gedämpftes Lila. **Rouge:** Dunkelrosa, Pflaumenblau, gedämpftes Lila. **Lidschatten** für dunkle oder graubraune Augen: *Highlighter* Gedämpftes Rosa, Eisgrau, Zitrone, Champagner. *Konturen* Schiefer, Pflaumenblau, Grau, Aubergine.

Der Klare Wintertyp

Gesamteindruck:
Klar und kontrastreich

Haar: Schwarz,
Dunkelbraun, graumeliert,
Silber

Hautton: Porzellan,
Elfenbein, Beige, klares Oliv

Augen: Dunkles oder
violettes Blau, klares
Haselnußbraun

Der Klare Wintertyp ähnelt dem Klaren Frühlingstyp, weist aber insgesamt betrachtet eine kräftigere Farbgebung auf. Die Frauen dieser Palette haben oft auffallende, dunkle Augenbrauen, die ihre bemerkenswerten edelsteinartigen Augen umrahmen, und wirken in den lebendigen Winterfarben und Make-up-Tönen interessanter als in jenen der helleren Frühlingspalette. Trifft diese Beschreibung auf Sie zu?

Die Farben der Klaren Winterpalette auf der gegenüberliegenden Seite sind ebenfalls auffallend. Schwarz und Anthrazit sehen großartig an Ihnen aus, wirken aber am besten, wenn sie durch die helleren Töne ausgeglichen werden. Dunkles Schokobraun ist ein aufregender neutraler Ton, sieht aber besser an Klaren Winterfrauen mit haselnußbraunen statt mit blauen Augen aus. Der Klare Wintertyp sieht phantastisch aus, wenn helle, leuchtende Farben mit dunklen kontrastieren. Die sehr blassen «Eisfarben» sind nicht einfach Pastellfarben, sondern die blassesten Schattierungen von Blau, Rosa, Veilchenblau, Gelb und Grau. Aber tragen Sie diese Farben nicht für sich allein – geben Sie sattere Töne dazu und tragen Sie zum Beispiel Eisviolett mit Violett, Eisrosa mit Anthrazit, Eisblau mit Tannengrün.

Die Klare Winterfrau hat keine Schwierigkeiten mit den in der Geschäftswelt üblichen Farben. Marineblaue und graue Töne sehen

Mittelgrau	Steingrau	Lila	Türkisgrün
Anthrazit	Eisblau	Himbeerrot	Tannengrün
Schwarz	Eisviolett	Aubergine	Veilchenblau
Warmes Grau	Eisrosa	Eisgelb	Violett
Schwarzbraun	Helles Zyklam	Sonnengelb	Kräftiges Blau
Schneeweiß	Klatschmohn	Türkisblau	Königsblau
Eisgrau	Scharlachrot	Lebhaftes Petrolblau	Marine

an Ihnen großartig aus. Ein königsblaues Kostüm mit einem feingestrickten schwarzen Pullover wird allgemein Aufmerksamkeit erregen. Schauen Sie sich nach Webstoffen um, in denen Steingrau und
Marine gemischt sind und die mit denselben Farben für sich allein
kombiniert werden können.

Am Abend sieht Schwarz gut aus. Zur Abwechslung können Sie
auch einmal in einem Türkisgrün glänzen. Versuchen Sie es auch
mit einem Hellen Zyklam, Kräftigen Blau oder Veilchenblau.

In Ihrer Freizeit sollten Sie keine schlammigen Farben tragen,
sondern den leuchtenden Kontrast aufrechterhalten. Versuchen Sie
es doch einmal mit Lebhaftem Petrol, kombiniert mit Hellem Zyklam.

Tips für das Make-up
Grundierung: Elfenbein, Kühles Beige, Porzellan. **Lippenstift:** Ro-
satöne von Kräftigem Pink bis Erdbeere, Scharlachrot, Pflaumenblau
(klar, aber nicht dunkel). **Rouge:** Rot, Pflaumenblau, Helles Zyklam.
Lidschatten für dunkle bis violettblaue Augen: *Highlighter* Rosa,
Eisviolett, Zitrone, Champagner. *Konturen* Schiefer, Pflaumenblau,
Grau. **Lidschatten** für klare haselnußbraune Augen: *Highlighter*
Apricot, Zitrone, Champagner, Zartes Mint. *Konturen* Efeu, Pflau-
menblau, Grau, Braun.

Kapitel 4

Wie Sie Ihre Farbvitamine ausspielen

Wußten Sie, daß bestimmte Farben, die Sie tragen, Sie selbst und Ihre Mitmenschen psychologisch, körperlich und ästhetisch beeinflussen können? Tatsächlich helfen bestimmte Farben, andern Menschen in verschiedenen Situationen die richtigen Reaktionen zu entlocken. Wenn Sie beispielsweise sehr müde sind, aber trotzdem Leistung zeigen und vielleicht einen Auftritt in der Öffentlichkeit haben müssen, wird ein rotes Kostüm Ihnen nicht nur einen künstlichen Energieschub geben, sondern auch die Aufmerksamkeit der Zuhörer auf Sie lenken. Und Rot ist nicht die einzige Farbe, die raffinierte Kräfte besitzt.

Bestimmte Farben können so wirkungsvoll sein, daß ich sie gerne als «Farbvitamine» bezeichne. Es gibt elf Hauptfarben bei diesen Vitaminen – Rot, Rosa, Blau, Braun, Gelb, Grün, Orange, Veilchenblau, Grau, Schwarz und Weiß. Auf den nächsten Seiten finden Sie Ratschläge, wie Sie die einzelnen Farben am wirkungsvollsten einsetzen können. Aber denken Sie daran: Es gibt Situationen, in denen Sie bestimmte Farben *vermeiden* sollten – daher führe ich diese ebenfalls auf.

Farbvitamin Rot

Umfaßt: Echte, warme, glänzende, leuchtende und kühle Variationen. Keine Töne, die zu hell sind (beispielsweise Rosa), gemischt (wie in Lila) oder zu dunkel (etwa Weinrot).

Die psychologische Kraft von Rot
Positiv: Optimistisch, selbstbewußt, bestimmt, aufregend.
Negativ: Aggressiv, beherrschend, herrschsüchtig, bedrohlich.

Nutzen Sie die emotionale und körperliche Wirkung von Rot
- Wählen Sie Rot für Gelegenheiten, in denen Sie anerkannt werden oder auffallen wollen.
- Diese Farbe kann Ihnen einen künstlichen Energieschub geben, wenn Sie müde sind.
- Ein großartiger Pluspunkt: Rot zieht das andere Geschlecht an. Aber Vorsicht: die Farbe kann überwältigen und das Gegenteil des Gewünschten bewirken.
- Um Autorität zu projizieren, ohne bedrohlich zu wirken, sollten Sie Rot als Akzent oder in Maßen tragen; zum Beispiel als Bluse zusammen mit einem neutralen grauen oder steingrauen Kostüm.

Vermeiden Sie rote Kleidung
- Wenn Sie extrem müde oder gestreßt sind, da es innere und äußere Spannungen verschärfen kann.
- Wenn Sie nicht darauf vorbereitet sind, Ihre Position zu verteidigen, da Sie mit der Farbe gerade diese Bereitschaft signalisieren.
- Wenn Sie mögliche zukünftige Verwandte treffen, da Sie ihnen Angst machen würden.
- Wenn Sie zu einem Vorstellungsgespräch gehen für eine Stelle, an der Sie interessiert sind; Sie würden den Eindruck erwecken, daß Sie nur an sich interessiert sind und nicht im Team arbeiten wollen.
- Wenn Sie den Vorsitz bei einer Mitarbeiterversammlung haben, in der die Kollegen Ideen vortragen sollen. Diese würden Hem-

mungen haben, Vorschläge zu machen, aus Angst, anderer Meinung zu sein als Sie.

● Wenn Sie im Fernsehen auftreten, da die Farbe dazu neigt, zu «bluten», das heißt an den Konturen zu verschwimmen, was ganz merkwürdig aussieht. Nur die kompliziertesten hochtechnischen Anlagen können rotgekleidete Gäste perfekt wiedergeben.

Farbvitamin Rosa

Umfaßt: Töne in Bonbonrosa, die kühl oder warm sein können, die mittleren Töne in Lachs, Koralle und Himbeerrot.

Die psychologische Kraft von Rosa
Positiv: Feminin, sanft, zugänglich, nicht bedrohlich.
Negativ: Mitleiderregend, unwichtig, übervorsichtig, wenig selbstbewußt.

Nutzen Sie die emotionale und körperliche Wirkung von Rosa
● Tragen Sie Rosa, um den strengen Busineß-Look mit einer Bluse oder einem Tuch, das ein neutrales Kostüm ergänzt, zu dämpfen.

● Für die nachmittägliche Kaffeetafel, bei Taufen und Gartenpartys, wo ein eleganter Look gefragt ist.

● Als Großmutter der Braut.

● Als Scheidungsklägerin. Sie werden das Mitleid aller Anwesenden erregen (einschließlich des Rechtsanwaltes Ihres Mannes).

Vermeiden Sie rosafarbene Kleidung
● Wenn Sie mit Ihrem Chef über eine Beförderung sprechen. Rosa ist keine Farbe für Managementaufgaben.

● Wenn Sie mit einem Kunden zu Abend essen, es sei denn, Sie beschränken die Farbe beispielsweise auf den Lippenstift.

● Wenn Sie die Rolle der Verführerin einnehmen (es sei denn, es ist ein warmes, dunkles Rosa).

Farbvitamin Blau

Umfaßt: Kräftiges Blau, Königsblau, Marineblau, klare und mittlere Blautöne; jedoch keine blassen Pastellversionen oder Aquamarintöne.

Die psychologische Kraft von Blau
Positiv: Friedlich, zuverlässig, beständig, ordentlich.
Negativ: Übermäßig tugendhaft, lästig, langweilig, konservativ.

Nutzen Sie die emotionale und körperliche Wirkung von Blau

- Die dunkelsten Blautöne strahlen am meisten Autorität aus – denken Sie nur an die Uniform von Polizisten in vielen Ländern. Wenn Sie wie eine Frau aussehen wollen, die alles unter Kontrolle hat, reicht meistens ein marineblaues oder dunkelblaues Kostüm.

- Mittelblaue Töne rufen meistens die richtige Wirkung bei potentiellen Schwiegermüttern hervor, da sie den Eindruck vermitteln, daß Sie auf deren kleinen Jungen aufpassen werden.

- Im Fernsehen gelten die mittelblauen Töne als die telegensten.

Vermeiden Sie blaue Kleidung

- Wenn Sie ein kreatives Verkaufsgespräch als Repräsentantin von Public Relations, Werbung, Design oder Marketing führen. Die Farbe Blau und Kreativität gelten allgemein als widersprüchlich.

- Wenn Sie an einer Konferenz von Bankmitarbeitern, Rechtsanwälten, Wirtschaftsprüfern oder Versicherungsvertretern teilnehmen; es sei denn, daß Sie im Hintergrund bleiben wollen.

- Bei einem Klassentreffen, wo Sie Erfolg und Selbstvertrauen ausdrücken wollen.

Farbvitamin Braun

Umfaßt: Goldene, schokofarbene, anthrazitfarbene, kakaofarbene und rosa Brauntöne.

Die psychologische Kraft von Braun
Positiv: Erdig, freundlich, gesellig.
Negativ: Übervorsichtig, langweilig, harmlos.

Nutzen Sie die emotionale und körperliche Wirkung von Braun

- Um Menschen dazu zu bringen, sich zu öffnen und freier zu kommunizieren, sollten Sie die besten Brauntöne Ihrer Jahreszeit tragen – es ist die am wenigsten bedrohliche Farbe für andere; ein heißer Tip für Journalisten beim Recherchieren!

- Als Alternative zu Grau oder Marineblau in der Geschäftswelt (besonders bei Warmen Frühlings- oder Warmen Herbstfrauen).

- Auf Familienfeiern. Braun erweckt den Eindruck, daß Sie die unerschütterliche «Mutter Erde» für Ehemann und Kinder sind, selbst wenn das gar nicht stimmt.

Vermeiden Sie braune Kleidung

- Wenn sich Ihr Unternehmen darauf vorbereitet, das Management zu entlassen, da Sie in Braun nicht den Eindruck erwecken, auf die vor Ihnen liegenden Risiken vorbereitet zu sein.

- Wenn Sie damit rechnen, Freunde mit «persönlichen Problemen» zu treffen, da diese Ihnen ihr Herz ausschütten werden (außer wenn Sie dies möchten).

- Wenn Sie eine elegante Abendveranstaltung besuchen; es sei denn, es handelt sich um einen wirklich tollen braunen Samt-, Satin- oder Spitzenstoff.

- Wenn Sie hoffen, die Aufmerksamkeit eines Menschen zu erregen, der *Sie* anzieht, da diese Farbe Ihre Aussichten einfach nicht unterstützt.

- Wenn Sie sich mit den Ehefrauen leitender Angestellter treffen, da Sie im Hintergrund verblassen.

Farbvitamin Gelb

Umfaßt: Die sonnigen, leuchtenden und bananenfarbenen Versionen bis zu Gold, aber keine Pastelltöne wie Zitronengelb.

Die psychologische Kraft von Gelb
Positiv: Fröhlich, hoffnungsvoll, aktiv, offen.
Negativ: Unkontrolliert, langweilig, stürmisch, flatterhaft.

Nutzen Sie die emotionale und körperliche Wirkung von Gelb

- Tragen Sie Gelb besonders an einem trüben Tag – das wird Sie selbst aufmuntern.
- Wenn Sie gutgelaunt sind und sich nicht verantwortungsbewußt benehmen müssen.
- Wenn Sie mit Kindern zu tun haben – diese Farbe ziehen die Kinder allen anderen vor.
- An Ihrem Geburtstag, besonders wenn Sie allein feiern.
- Am besten als Jacke, wenn man Sie in einer Menschenmenge sofort erkennen soll.

Vermeiden Sie gelbe Kleidung

- Wenn Sie über die Bedingungen einer Ehescheidung verhandeln; Gelb wirkt leichtfertig, daher sollten Sie statt dessen Ihre braunen oder rosafarbenen Vitamine zur Geltung bringen.
- Wenn Sie Ihrem Sohn oder Ihrer Tochter die «Tatsachen des Lebens» näherbringen wollen – da man Sie in Gelb nicht ernst nehmen wird.
- Wenn Sie an einer Geschäftsverhandlung teilnehmen und zu der Diskussion nichts beizutragen haben; Gelb läßt Sie hervorstechen, und Ihre Umgebung wird auf Ihren Beitrag warten.
- Wenn Sie Ihren Kreditberater um einen zusätzlichen Kredit bitten, da dies besonders risikoreich scheint.
- Wenn Sie in einem sonnigen Klima leben; alle Gelbtöne laden die Kleider im hellen Licht elektrisch auf.

Farbvitamin Grün

Umfaßt: Olivgrün, Moosgrün, Flaschengrün, Efeu, Tannengrün und die echten Grüntöne (nicht zu gelb und nicht zu blau).

Die psychologische Stärke von Grün
Positiv: Selbstbewußt, hartnäckig, überlegen, verläßlich.
Negativ: Langweilig, dickköpfig, risikoscheu, durchschaubar.

Nutzen Sie die emotionale und körperliche Wirkung von Grün
- Wenn Sie stark gestreßt und übermüdet sind, kann Grün stärken.
- Nach Tagen, an denen Sie auffallende Farben getragen haben, bringt Grün Sie wieder «auf die Erde zurück» und erzeugt ein Gefühl von Ausgewogenheit und Ausgeglichenheit.
- Dunkle Töne wie Flaschen-, Oliv- oder Tannengrün sind gute Alternativen für das Berufsleben.
- Tragen Sie Grün am Fest von Umweltschutzorganisationen!

Vermeiden Sie grüne Kleidung
- Wenn Sie Geld für einen guten Zweck sammeln. Untersuchungen haben ergeben, daß die Menschen selbst bei Sammlungen für den Umweltschutz einfach an grüngekleideten Personen vorübergehen oder eine faule Ausrede finden, um nichts zu spenden.
- Wenn Sie für eine politische Bewegung (Entschuldigung, für «die Grünen») werben. Die Farbe läßt keine neuen Ideen vermuten, sondern ziemlich altmodisches, konservatives Denken.
- Wenn Sie abends die Blicke auf sich lenken wollen; es sei denn, Sie tragen ein smaragdgrünes Seiden- oder Satinkleid.
- Wenn Sie als Unternehmerin bei einer Bank oder einem anderen Geldgeber vorsprechen. Sie werden niemanden überzeugen können, daß Sie die Vision oder gar die Dynamik für Erfolg haben.

Farbvitamin Orange

Umfaßt: Echtes Orange, Kürbis, Mandarine, leuchtendes Pfirsich.

Die psychologische Kraft von Orange
Positiv: Vital, lustig, begeisternd, umgänglich, aufgeschlossen.
Negativ: Oberflächlich, gewöhnlich, flatterhaft.

Nutzen Sie die emotionale und körperliche Wirkung von Orange

- Tragen Sie Orange nur, wenn Sie ein Warmer Frühlings- oder Herbsttyp sind, und dann in wohlüberlegten Dosierungen.

- Wenn Sie in der Dunkelheit gesehen werden wollen; wählen Sie einen orangefarbenen Jogginganzug oder eine orangefarbene Jacke, wenn Sie Fahrrad fahren.

- Wenn Sie eine belebende Farbe suchen und bei der Arbeit nicht «unsichtbar» bleiben wollen, etwa als Laborantin, Technikerin oder Diskjockey.

Vermeiden Sie orangefarbene Kleidung

- Wenn Sie etwas Geschäftliches erledigen; Orange ist die am wenigsten professionelle Farbe.

- Wenn Sie zum Kaffee eingeladen sind, egal, in welcher Umgebung; dies ist sogar für Orange ein zu eleganter Anlaß.

- Wenn Sie eine Schlankheitskur machen, da Sie in Orange eher impulsiv handeln und die Wahrscheinlichkeit abnimmt, daß Sie die Selbstkontrolle bewahren (schauen Sie sich die Inneneinrichtung bei MacDonald's an).

- Wenn Sie elegant aussehen wollen, da Orange deklassiert und an manchen saisonalen Typen geradezu billig aussieht.

Farbvitamin Veilchenblau

Umfaßt: Mischungen aus Rot und Blau von Zartem Lapis, Klarem oder Mittlerem Violett bis hin zu Violett, Pflaumenblau und Indigo.

Die psychologische Kraft von Veilchenblau
Positiv: Phantasievoll, empfindsam, intuitiv, außergewöhnlich, selbstlos.
Negativ: Sonderbar, unpraktisch, unreif, überheblich.

Nutzen Sie die emotionale und körperliche Wirkung von Veilchenblau

- Tragen Sie Violett im Geschäft, wenn Sie Selbstvertrauen und Individualität ausdrücken müssen. Mittlere bis dunkle Farbtöne sind für das Berufsleben geeignet und wirken professionell.

- Wenn Sie für ein altes Problem eine neue Lösung vorschlagen. Bei allen Gelegenheiten, in denen Diplomatie gefragt ist.

- Als Alternative für Schwarz für den eleganten Look am Abend, um charmant und verführerisch zu wirken.

Vermeiden Sie veilchenblaue Kleidung

- Wenn ein zurückhaltendes und beruhigendes Auftreten am angemessensten ist.

- Wenn Sie sich in einem Vorstellungsgespräch um einen Platz in einem Management-Trainingsprogramm bemühen. Lila wirkt zu individualistisch und nicht-konformistisch; wer will schon eine aufsässige Studentin?

- Wenn Sie als Wirtschaftsprüferin einen Konkurs zu verwalten haben. In Lila vergrößern Sie die Angst der Betroffenen.

- Wenn Sie Lebensversicherungen verkaufen. Lila strahlt alles andere als Bedürfnis nach Sicherheit aus.

- Wenn Sie an Ihrem ersten Abendessen als Frau eines leitenden Angestellten teilnehmen und «dazugehören», nicht aber «hervorstechen» wollen.

- Wenn Sie unter Depressionen leiden. Diese Farbe macht Sie noch niedergeschlagener.

Farbvitamin Grau

Umfaßt: Mittlere Töne bis Anthrazit und Zinn, Perlgrau und Taupe (Graubeige).

Die psychologische Kraft von Grau
Positiv: Seriös, neutral, ausgewogen.
Negativ: Unverbindlich, irreführend, unbestimmt, langweilig.

Nutzen Sie die emotionale und körperliche Wirkung von Grau

- Im Berufsleben ist Grau die sicherste Wahl für Kostüme. Weniger autoritär als Marine oder Schwarz, präsentiert Grau einen schicken, professionellen Look, während es gleichzeitig die diskreteste Farbe ist.

- Setzen Sie einen starken Akzent dazu, beispielsweise mit einer roten, violetten oder lachsfarbenen Bluse, um Innovation und Kreativität auszustrahlen; dabei wirken Sie immer noch professionell.

- Bei einem Einstellungsgespräch, aber nur mit dem Weiß Ihrer Jahreszeit, wenn Sie auf Nummer Sicher gehen müssen.

- Als Vermittler bei wichtigen und belanglosen Streitfällen.

- Wenn Sie eine ausgewogene, unparteiische Haltung einnehmen wollen.

Vermeiden Sie graue Kleidung

- Wenn Sie auffallen wollen, da Sie in einem grauen Kostüm im Hintergrund verschwinden.

- In den kreativen Berufen, außer bei Meetings mit konservativen Kunden; aber selbst dann sollten Sie eine Ihrer leuchtenden Farben als Bluse oder Tuch tragen.

- Wenn Sie mit Kindern arbeiten – diese müssen jederzeit wissen, woran sie sind, und Grau jagt ihnen Angst ein. (Kinder reagieren am besten auf Primärfarben.)

- Wenn Sie als «Katalysator» fungieren müssen, damit etwas passiert; Grau hält Sie zurück.

Farbvitamin Schwarz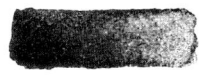

Schwarz ist die Abwesenheit von Farbe aufgrund der völligen Absorption des Lichts.

Nutzen Sie die psychologische Stärke von Schwarz
Positiv: Feierlich, raffiniert, geheimnisvoll, stark.
Negativ: Düster, reserviert, negativ, leblos.

Nutzen Sie die emotionale und körperliche Wirkung von Schwarz
- Als Zeichen von Respekt, besonders in Trauerfällen, aber auch in Kulturen mit anderen sozialen und moralischen Einstellungen gegenüber Frauen (beispielsweise in islamischen Ländern).
- Für eine hervorstechende Wirkung und als Kontrast zu einer anderen Farbe, zum Beispiel ein schwarzer Rock zu einer roten Jacke.
- Um Menschen auf Distanz zu halten; wir gehen in der Regel nicht bereitwillig auf jemanden zu, der Schwarz trägt.
- Am Abend bei einem offiziellen Abendessen oder einer feierlichen Veranstaltung, wenn Sie auf keinen Fall auffallen wollen. Das kleine Schwarze ist wahrscheinlich meist die leichteste Wahl, aber es verbessert nicht Ihre Chance, bemerkt zu werden, es sei denn, Schwarz ist in Ihrer Palette vertreten.
- Tragen Sie Schwarz, wenn es zu Ihrer Jahreszeit gehört, als Wäsche in den feinsten Stoffen, die Sie sich leisten können, und in einem bezaubernden Design, das Ihrem Körper schmeichelt.

Vermeiden Sie schwarze Kleidung
- Wenn Sie gerne andere Menschen treffen und den Wunsch haben, daß diese sich Ihnen öffnen; das trifft besonders dann zu, wenn Sie mit älteren Menschen oder Kindern zusammen sind.
- Als Gast bei einer Hochzeit: Schwarz ist düster, würdevoll, keinesfalls froh.
- In Gesichtsnähe, es sei denn, daß Ihre natürliche Farbgebung so stark ist, daß Sie es sich leisten können (in Ordnung für Dunkle

Herbsttypen, Wintertypen und Klare Frühlingstypen). Falls Sie doch darauf bestehen, müssen Sie mindestens eine Stunde für Ihr Make-up aufwenden, um lebendig auszusehen.

- Im Fernsehen. Die Farbe «enthauptet» Sie auf der Stelle und erdrückt Sie. Die Augen des Zuschauers wenden sich von Ihrem Gesicht ab und haften auf der Kleidung.

- Wenn Sie wenig Zeit für Kleiderpflege haben; an Schwarz sieht man jedes Staubkorn, Katzenhaar und jeden Fussel.

Farbvitamin Weiß

Die Farbe entsteht durch die Brechung sichtbarer Sonnenstrahlen.
Umfaßt: Schneeweiß, Wollweiß und Eierschalentöne.

Die psychologische Kraft von Weiß
Positiv: Rein, klar, frisch, futuristisch.
Negativ: Nüchtern, «farblos», kalt, neutral.

Nutzen Sie die emotionale und körperliche Wirkung von Weiß

- Wenn es Ihr Wunsch ist, den Eindruck von tadelloser Sorgfalt und Hygiene zu erwecken, erreichen Sie dies mit Weiß (immer saubere Kleidung vorausgesetzt).

- Um einen starken Kontrast zu schaffen zu dunklen Tönen wie Marine, Anthrazit oder Schwarz, die Autorität ausdrücken.

- Als Braut (insbesondere beim ersten Mal).

- Für ein progressives Image, das Aufmerksamkeit erregen soll.

Vermeiden Sie weiße Kleidung

- Wenn Sie nicht viel Zeit für die Kleiderpflege haben, da man jeden Fleck sieht.

- Als komplettes Outfit am Abend, es sei denn, Sie halten sich im Tennisklub oder in der Nähe des Äquators auf und wollen kühl aussehen und sich auch so fühlen.

- In schmutzigen Städten, wo weiße Kleidung täglich gewaschen werden muß.

VITAMINE FÜR DEN TAG,
DER VOR IHNEN LIEGT

Jeden Morgen sollten Sie Ihren Kleiderschrank öffnen und sich instinktiv von Ihrem Gefühl leiten lassen: Wie fühlen Sie sich? Stecken Sie voller Leben und Optimismus? Wenn das der Fall ist, sollten Sie vielleicht nicht Ihre leuchtendsten Farben tragen, da Sie Ihre Mitmenschen möglicherweise den ganzen Tag über in den Schatten stellen. Wenn Sie sich morgens müde und lustlos fühlen oder wenn Sie niedergeschlagen sind, ist Marine die letzte Farbe, die Sie tragen sollten. Wählen Sie statt dessen kräftige Farben, Gelb oder Grün, um Ihr Selbstvertrauen zu steigern.

Neben Ihrer Stimmung gibt es noch andere Faktoren, die bedacht sein wollen, bevor Sie Ihre Farbvitamine auswählen.

- **Werden Sie im Scheinwerferlicht stehen?** Oder können Sie es sich leisten, ganz mit dem Hintergrund zu verschmelzen? Wenn Sie an einem wichtigen Meeting teilnehmen, etwas vorzeigen möchten oder versuchen, die Aufmerksamkeit einer Zuhörerschaft auf sich zu lenken, brauchen Sie die stärksten, leuchtendsten Farben aus Ihrer Palette.

- **Praktische Erwägungen:** Dunklere Farben sind immer strapazierfähiger als helle, aber mittlere bis helle Töne können sehr effektiv sein, vorausgesetzt, Sie ziehen Schmutz nicht an.

- **Individualität:** Einige Farben drücken starke Persönlichkeit und Charakter aus. Sie können mit Ihrer Garderobe einzigartig aussehen oder sich anpassen. Wir haben alle einmal einen Tag, an dem wir das eine oder das andere tun müssen.

- **Symbolische Botschaften:** Sozialisten und Konservative verkünden ihre Überzeugung, wenn sie Rot oder Blau tragen. Sie können auch Ihre Sorge um die Umwelt ausdrücken, indem Sie Grüntöne tragen.

Vielleicht gibt es Farben, die Sie grundsätzlich nie tragen. Viele Frauen vermeiden Rot, und andere sind der Meinung, daß Grün Unglück bringe. Eine Abneigung gegen Braun oder Grau mag auf schlechte Erinnerungen an frühere Zeiten oder an die verhaßte Schuluniform zurückzuführen sein.

Wenn Sie noch nie eine dieser Farben getragen haben, aber es jetzt versuchen wollen, sollten Sie in kleinen Schritten vorgehen. Die berufstätige Frau, die einen wichtigen Termin hat, ist vielleicht der Meinung, daß eine kleine Prise Rot erforderlich ist. Aber wenn Sie diese Farbe noch nie getragen haben, sollten Sie es mit etwas Rot in einer Bluse oder mit einem roten Taschentuch versuchen, statt gleich ein rotes Kostüm zu tragen. Ansonsten könnte Ihr Adrenalin überhandnehmen, und Sie würden vergessen, wovon Sie reden. Wenn Sie Farben besser kennenlernen und sie einzusetzen verstehen, können Sie Ihre Farben als Vitamine in größeren Dosen anwenden: die kühne gelbe Jacke, das weiße Kostüm, der orangefarbene Overall oder das lilafarbene Abendkleid kommt hier zum Zug. Wichtig für Ihre Entscheidung ist ein harmonisches Verhältnis zwischen der Kleidung, in der Sie gut *aussehen,* und der, in der Sie sich am wohlsten *fühlen*.

Kapitel 5

Bringen Sie Ihre Vorzüge zur Geltung

Die Farbe macht nur einen Teil der Herausforderung bei der Wahl von Kleidern aus, in denen Sie am besten aussehen und die Ihnen helfen, einen erfolgreichen persönlichen Stil zur Geltung zu bringen. Sie müssen auch verstehen, welche Schnitte, Stoffe, Muster, Strukturen und Proportionen für Ihr Äußeres schmeichelhaft sind.

Denken Sie an Ihren Lieblingsrock. Warum sieht er immer gut aus und sitzt bequem? Warum bringt ein bestimmtes Kleid Ihnen immer Komplimente ein? Eines ist sicher: Ihre erfolgreichsten Kleidungsstücke sind nicht unbedingt die teuersten, die in Ihrem Schrank hängen; vielleicht waren es sogar Sonderangebote, die Sie zufällig gewählt haben, aber die zu vertrauten Freunden geworden sind, die Sie gerne immer wieder anziehen.

Wenn Sie das Design, den Stoff und die Details dieser Lieblingsstücke analysieren, werden Sie eine Vorstellung davon bekommen, welche Kleidungsstile am besten zu Ihnen passen. Umgekehrt gilt: Wenn Sie Kleidungsstücke haben, die nie richtig wirken oder in denen Sie sich nicht wohl fühlen und die Sie – selbst wenn Sie sie nach mehreren Wochen wieder einmal anprobieren – schnell wieder ausziehen, sollten Sie sich fragen: warum? Ist es die Farbe, der Schnitt, der Stoff, oder sind es alle drei Punkte zusammen?

MODE FÜR SICH SELBST INTERPRETIEREN
Selbst wenn klar ist, warum Ihre Lieblingsstücke als Sieger hervorgehen, werden Sie sich nicht nur auf diese Stoffe und Formen beschränken wollen, und das müssen Sie auch nicht. Mit einigen Grundkenntnissen über Formen, Proportionen, Längen, Stoffe und Details, die Ihnen stehen, können Sie jede neue Modeidee selbst interpretieren. Frauen jeden Alters, von 16 bis 60 und darüber, können Spaß an der Mode haben und aktuell gekleidet aussehen.

WESENTLICHE DETAILS

Um zu verstehen, welcher Stil Ihnen entspricht, müssen wir folgende Punkte analysieren:

- **Körperform:** Wie eckig oder kurvig sind Sie, und was sollte betont werden?
- **Proportionen:** Wie ausgewogen ist Ihr Körper; an welchen Stellen sind Sie lang oder kurz?
- **Größe und Knochenbau:** Sind Sie vom Maßstab her zierlich, durchschnittlich oder groß?

Die ehrlichen Antworten werden Ihnen helfen zu verstehen, warum bestimmte Röcke, Hosen, Jacken und so weiter Ihnen wirklich gut stehen. Sie dienen als Richtlinie, wenn Sie einen neuen Stil ausprobieren, um Ihren Look vielseitiger zu gestalten. Wenn Sie Ihre persönliche Körperform, Ihre Proportionen, Größe, Gesichtsform und Ihren Knochenbau verstehen und unterstreichen können, können Sie neue Modeideen auch selbstbewußt interpretieren.

VERGESSEN SIE DIE WAAGE

Das Gewicht ist bei der Einschätzung Ihrer Körperform nicht das Wichtigste. Zusätzliche Pfunde verändern nicht die Tatsache, daß Sie beispielsweise eckig oder kurvig sind. Aber wenn Sie eine eckige Körperform haben, werden Sie «weicher» erscheinen, wenn Sie zunehmen, und Ihr im Grunde klarer Stil muß etwas aufgelockert werden.

Denken Sie an Elizabeth Taylor. In den letzten Jahren reichte ihre Größe von 36 bis 46. Aber selbst wenn sie sehr schlank ist, bleibt sie kurvig, und selbst wenn sie zunimmt, gleicht ihre Figur immer noch einer Sanduhr – wenn sie auch etwas rundlicher und weniger klar definiert erscheint. Liz wird nie eine eckige Figur haben, so daß ihr klare, strenge Entwürfe sicher nicht stehen. Ihr Körperbau ist im wesentlichen weich und kurvig.

Warum war das Hochzeitskleid von Prinzessin Diana so enttäuschend und jenes der Herzogin von York eine solche Augenweide? Diana war schlecht beraten, ihre eleganten Linien unter mehreren Schichten von zahllosen Rüschen zu verbergen. Sie sah ganz verlo-

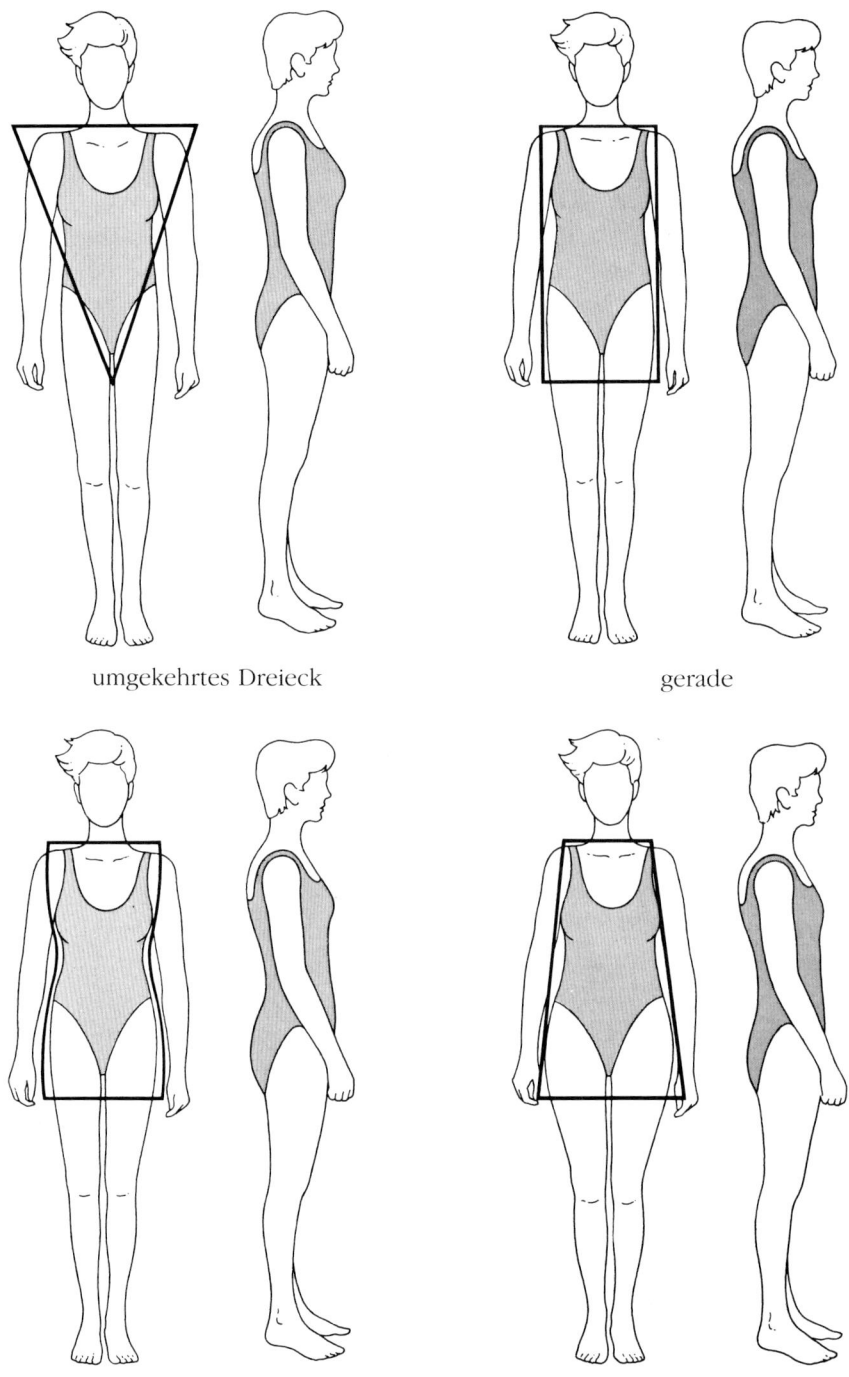

umgekehrtes Dreieck

gerade

abgerundet und gerade

eckige Birnenform

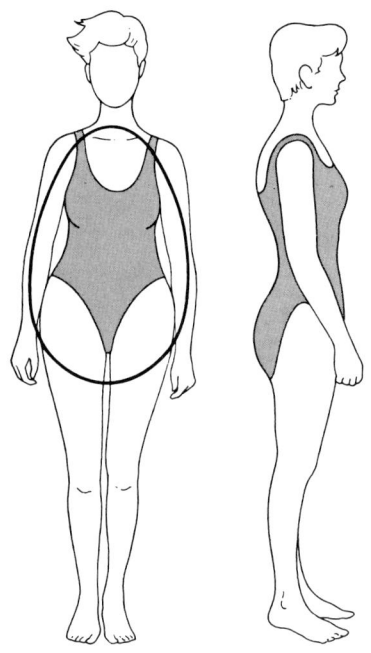

kurvige Birnenform

Sanduhr

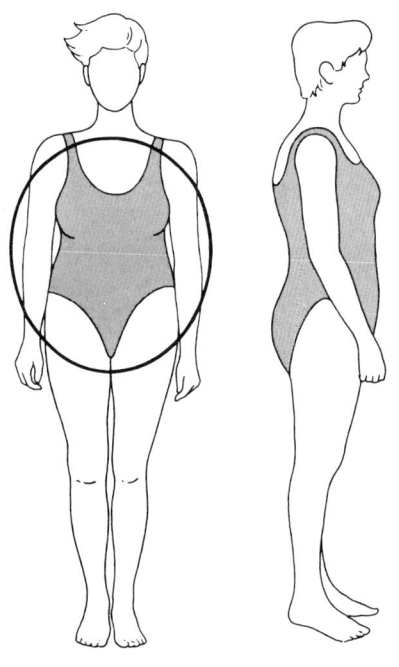

rund

IHRE KÖRPERFORM

Menschliche Körper scheint es in allen möglichen Formen und Größen zu geben, aber sie lassen sich innerhalb der hier aufgeführten Auswahl an grundlegenden Körpertypen identifizieren, die von der sehr eckigen Frau (deren Schultern breiter sind als ihre Taille) über die Frau, die gerade ist (mit ziemlich gleichmäßigen Schulter- und Hüftmaßen), zu den «birnenförmigen» und «Sanduhr»-Figuren (die eckig oder kurvig sein können) und schließlich zu der weichen, rundlichen Frau reichen.

ren aus. Fergie dagegen hat eine rundlichere Figur und wirkte in dem Kleid mit dem weichen Faltenfall und der betonten Taille großartig.

Ihre Körperform wird durch Ihren Knochenbau und durch die Verteilung der Muskeln und des Fettgewebes um die Knochen herum bestimmt. Ihre Form kann durch Sport, ein Ungleichgewicht der Hormone, das Alter und natürlich durch Schwangerschaft und Schönheitsoperationen verändert werden. Aber die meisten behalten im großen und ganzen ihre Grundform vom Ende des Teenageralters an.

KLEINE TRICKS BEI DER KLEIDUNG

Seit Jahren habe ich Frauen jeder Form und jeden Gewichts beraten, und so kann ich Ihnen versichern, daß Sie nicht unbedingt abnehmen müssen, um gut auszusehen. Sie *müssen* sich jedoch mit Ihrem Körper abfinden und sich so akzeptieren, wie Sie sind. Warum wollen Sie versuchen, wie das Topmodell aus der Modeindustrie zu wirken, wenn diese sich sowieso ständig ändert? Wegen Ihres Gewichts sollten Sie sich nur sorgen, wenn es Ihre Gesundheit negativ beeinflußt und Ihre Fähigkeit zum Lebensgenuß behindert.

Statt sich zu wünschen, anders zu sein, sollten Sie sich darauf konzentrieren, das Beste aus dem zu machen, was Sie haben. Lernen Sie Ihre Figur «auszugleichen», indem Sie ein paar Tricks einsetzen, die wir Imageberaterinnen jeden Tag selbst anwenden. Wir haben gelernt, unsere Vorzüge ins rechte Licht zu rücken und unsere Fehler auf ein Minimum zu begrenzen. Jetzt haben Sie die Chance zu lernen, wie Sie es genauso machen können. Ich möchte Ihnen die Richtlinien von CMB vorstellen, mit denen Sie Ihre Körperform identifizieren können, zusammen mit einigen Ratschlägen, wie Sie aus Ihren natürlichen Vorzügen den besten Nutzen ziehen können.

WELCHES IST IHRE FORM?
Wie stellen Sie fest, welche der sieben abgebildeten Körperformen auf der vorhergehenden Doppelseite der Ihren entspricht? Als erstes müssen Sie Ihre Silhouette, den Umriß Ihres Körpers, von vorne und von der Seite einschätzen. Dazu tragen Sie am besten wenig Kleidung (ein Bade- oder Gymnastikanzug eignet sich am

besten) und betrachten sich in einem Spiegel, der Ihre ganze Figur zeigt. Schauen Sie Ihr Spiegelbild zuerst sorgfältig von vorne an. Wo liegt die Betonung?

- Wie gerade, abgerundet oder abfallend sind Ihre Schultern? Leicht abfallende Schultern deuten auf eine kurvige Birnenform hin, während weiche und abgerundete Schultern auf eine runde Körperform schließen lassen.
- Sind Ihre Schultern schmaler als Ihre Hüften? Wenn ja, sollten Sie die eckige oder kurvige Birnenform in Betracht ziehen.
- Ist Ihre Taille klar definiert oder bildet sie eher eine Linie mit den Hüften? Legen Sie Ihre Hände seitlich an die Taille und lassen Sie sie über Ihre Hüften gleiten. Spüren Ihre Hände eine Rundung, wenn Sie von Ihrer klar umrissenen Taille über die Hüften fahren? Oder bildet Ihre Taille eine Linie mit den Hüften?
- Sind Ihre Hüften flach oder kurvig? Kurvige Hüften deuten auf eine kurvige Birnenform, eine Sanduhr-Figur oder eine runde Körperform hin.

Drehen Sie sich jetzt zur Seite. Wo liegt die Betonung? Alle Frauen haben genau abgegrenzte Brust- und Polinien, aber wie sind die Ihren?

- Wenn Ihr Busen stärker hervortritt als Ihre Hüften, sollten Sie das umgekehrte Dreieck in Betracht ziehen.
- Wenn Ihr Busen kleiner ist als Ihre Hüften, neigen Sie eher zur Birnenform.

Wie kurvig und betont ist Ihr Po?

- Ein flacher Po deutet auf eine gerade/eckige Form hin.
- Ein kurviger Po legt eine Birnenform, eine Sanduhr-Figur, eine abgerundete gerade oder runde Körperform nahe.

Wir wollen jede Form für sich betrachten, um zu entscheiden, welche grundlegende Figur der Ihren am nächsten kommt.

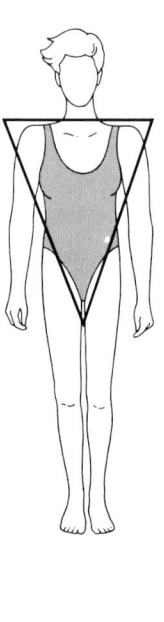

DIE UMGEKEHRTE DREIECKSFORM

Diesen Typ gibt es in zwei Variationen. Zum einen gehören dazu sehr eckige Frauen mit jungenhafter oder athletischer Figur, deren Schultern breiter sind als die Hüften. Viele Frauen haben diesen Look für sich durch sportliche Übung geschaffen; Prinzessin Stephanie von Monaco und Grace Jones sind zwei Beispiele.

Die andere Version ist die breitschultrige Frau mit «großer Oberweite», deren Busen stärker hervorsticht als die Hüften und deren Hüften und Po flach, nicht kurvig sind. Victoria Principal ist ein gutes Beispiel.

Eine Frau mit der umgekehrten Dreiecksform sieht in einem scharf umrissenen, flotten Kleidungsstil am besten aus. Da die Schultern bereits einen dramatischen Eindruck schaffen, sollten Sie sie nicht noch mit Schulterpolstern und Epauletten stärker betonen. Wenn Sie einen vollen Busen haben, sollten Sie Accessoires in diesem Bereich auf ein Minimum beschränken.

Die breiten, geraden Schultern müssen mit der schmaleren unteren Hälfte ausbalanciert werden. Zu diesem Zweck sollte die Struktur der Stoffe für Blusen, Oberteile und Jacken enggewebt und fest sein. Lockerer gewebte Stoffe würden Sie zu Ihrem Nachteil breiter erscheinen lassen.

Beim umgekehrten Dreieck sollte die Figur mit einfachen Linien ergänzt werden, und für diese Wirkung sollte Farbe anstelle von Mustern gewählt werden. Kleine Muster lenken von Ihren dramatischen Linien ab, genau wie Kräuselfalten an der Taille, die Sie schwer erscheinen lassen. In einer einfachen Jacke mit einem geraden Rock oder Leggings sehen Sie großartig aus.

Weil eine Frau mit dieser Figur oft einen athletischen Körperbau hat, kann sie Bein zeigen und kurze Röcke tragen oder solche, die interessante Einzelheiten am Saum aufweisen, beispielsweise Schlitze, unten ausgestellte Röcke oder Röcke mit kontrastierendem Besatz. Da die obere Hälfte die Figur beherrscht, schmeichelt ein leichter Absatz oder ein flacher Schuh dieser Frau am meisten.

DIE GERADE KÖRPERFORM

Von vorne betrachtet, liegen Schultern und Hüften bei dieser Figur in etwa auf einer Linie. Das Taillenmaß unterscheidet sich höchstens um etwa 15 cm vom Hüftmaß. Wenn Sie meinen, dieser Gruppe anzugehören, sollten Sie Ihre Hände an die Hüften legen und sie nach unten gleiten lassen. Sie werden sich flach anfühlen, das heißt, Ihre Hände werden über Ihren Hüften keine Kurve beschreiben.

Gerade Körperformen gibt es in schlanker und stattlicher Ausführung. Prinzessin Diana hat eine gerade Körperform, genau wie die Schauspielerin Victoria Wood.

Betrachten Sie sich von der Seite. Wenn Ihr Po flach ist, haben Sie wahrscheinlich eine gerade Körperform. Wenn der Rücken kurvig ist und der Po abgerundet, fallen Sie in die Kategorie der abgerundeten, geraden Form.

Eine Frau mit dieser Körperform sieht gut aus in enggewebten Stoffen wie Wollgabardine, Leinen und Thai-Seide, sowohl in scharf strukturierten als auch in unstrukturierten Stoffen. Der Trick liegt darin, die Taille nicht zu stark zu betonen. Jacken oder Kleider, die die Taille leicht, aber nicht übertrieben andeuten, sehen gut an ihr aus.

Zu Ihren flachen Hüften und zum flachen Po passen (bei Röcken und Hosen) am besten Taillen, die ein Minimum an Falten aufweisen, wenn solche überhaupt vorhanden sind. Wählen Sie statt dessen gerade Abnäher. Flache Falten sind ebenfalls gut.

Wenn Sie starkes Untergewicht haben und eine gerade Körperform, sollten Sie den Ratschlägen oben folgen, aber Sie können mehrere Stücke aufeinanderschichten, damit Sie etwas voller wirken und ein gesundes, interessantes Aussehen haben. Knappe, enge gerade Entwürfe wirken an einem sehr schlanken Körper nicht sehr schön.

Die Ärmel sollten gerade und klar geschnitten sein und sich verjüngen. Ein eingesetzter Ärmel ist sehr bequem und erzeugt eine gerade Schulterlinie, die Ihren Körperbau ergänzt.

DIE ABGERUNDETE GERADE KÖRPERFORM

Dies ist eine modifizierte Version der geraden Körperform, da sie dieselbe gerade Schulterlinie, aber eine deutlichere Taille hat. Prinzessin Caroline von Monaco hat gerade Schultern, aber mit ihrer schmalen Taille sieht sie sehr aufregend aus, wenn sie weichere Röcke trägt. Auch Madonna hat eine abgerundete gerade Körperform.

Obwohl man sich bei der abgerundeten geraden Körperform nach dem Großteil der Ratschläge für Stoffe und Schnitte für die gerade Körperform richten kann, läßt sich mehr aus der betonten Taille machen. Gürtel sind das wichtigste Accessoire. Je größer der Unterschied zwischen Taille und Hüften ist – 18 cm oder mehr –, desto lockerer sollte die Taille von Röcken oder Hosen fallen. Keller- und weiche Kräuselfalten sollten maßvoll (seitlich am Bauch) eingesetzt werden. Der Sarong-Stil sieht bei dieser Frau großartig aus.

Anders als bei kurvigeren Frauen sollten Stoffe, Entwürfe und Schnitt bei diesem Typ stärker definiert sein. Webstoffe von enger bis mittlerer Webart sind besser als sehr lockere Stoffe, die aus ihren im wesentlichen geraden Linien nicht das Beste machen. Doppelgestrickte Stoffe in einfachen, sauberen Entwürfen sehen an der Frau mit abgerundeter, gerader Körperform großartig aus, genau wie Wollcrêpe für Kostüme und Kleider. Jerseys in einfachen Schnitten ohne zu viel Volumen sind schmeichelhaft, da sie die Taille definieren und Bewegung gestatten – was für alle Frauen an den Stellen, an denen sie kurvig sind, wichtig ist.

Bei Jacken sind auf Figur gearbeitete Schnitte für die abgerundete gerade Körperform am besten, aber wenn Sie legerere Entwürfe besonders gerne haben, ist die einfache, unstrukturierte Jacke, die mit einem Gürtel geschlossen oder offen getragen wird, um die Taille zu betonen, eine empfehlenswerte Möglichkeit.

DIE ECKIGE BIRNENFORM

Schmale Schultern und breite Hüften beschreiben die traditionelle Birnenform, aber es gibt eckige und kurvige Variationen.

Zur eckigen Birnenform gehören schmale Schultern, aber diese sind gerade, nicht abfallend. Von der Seite her betrachtet sind Bauch und Po flach. Der Verlauf von den Hüften zu den Schenkeln ist ebenfalls gerade und flach. Penelope Keith und Nancy Reagan sind gute Beispiele für diese traditionelle Birnenform, die in einfachen Entwürfen besser aussieht als in zu vielen Rüschen und Falten.

Das wichtigste Accessoire für alle Birnenformen sind Schulterpolster, die die Schultern mit den Hüften ins Gleichgewicht bringen.

Die Frau mit eckiger Birnenform verwendet gerade Schulterpolster, keine gekrümmten. Nach dem aktuellen Trend sollten sie nicht zu übertrieben sein. Andere Tricks für die Verbreiterung der Schulterlinie sind Puff- oder gefaltete Ärmel, Epauletten oder Tücher und Schals, die über den Schultern getragen werden. Ein hohes oder spitzes Revers an Jacken führt auch zu einer verbreiternden Wirkung.

Befolgen Sie die Ratschläge für Stoffe und Details, die auch für die abgerundete gerade Körperform gelten, aber der Taillenfall muß noch lockerer sein. Sie haben wahrscheinlich schon gelernt, sich mit der Tatsache abzufinden, daß all Ihre Röcke und Hosen in der Taille locker sind, damit sie über Ihre breiteren Hüften passen. Wählen Sie nie die umgekehrte Möglichkeit – eine bessere Paßform in der Taille, so daß der Stoff sich über den Hüften spannt. Sie sollten lieber etwas Zeit oder Geld aufwenden und den überschüssigen Stoff an der Taille für eine richtige Paßform enger nähen lassen.

Um eine ausgewogene Form zu kreieren, sollten Sie Jacken wählen, die dieselbe Größe haben wie Ihr Po (vorausgesetzt, sie hängen nicht zu sehr von den Schultern herab). Auch durch Übereinandertragen mehrerer Schichten (z.B. Blusen) erreichen Sie oben, wo Sie es brauchen, mehr Volumen.

DIE KURVIGE BIRNENFORM

Wie bei der eckigen Birnenform ist der obere Bereich schmaler, während die Hüften breiter sind. Der wichtigste Unterschied besteht darin, daß die Silhouette von vorn und von der Seite betrachtet kurviger ist. Die Herzogin von York (Fergie) und Meryl Streep sind gute Beispiele für diese Körperform.

Wenn Ihre Schultern, von vorne betrachtet, kurvig oder abfallend sind und wenn Ihre Hüften sich eher rundlich als flach anfühlen, wenn Sie Ihre Hände darüber gleiten lassen, dann haben Sie eine kurvige Birnenform.

Auch Sie müssen Ihre Figur mit Schulterpolstern ausgleichen, aber Sie sollten gekrümmte Polster wählen, keine geraden.

Wenn Sie sich von der Seite betrachten, werden Sie feststellen, daß Ihr Po rundlich ist. Daher sollten weiche Falten die Taille umspielen. Achten Sie darauf, daß Sie keine Kleidungsstücke kaufen, bei denen die Falten um die ganze Hüfte herum verlaufen, da Sie dies breiter erscheinen ließe, als Sie sind.

Breite Halsausschnitte kreieren einen erweiternden Eindruck an den Schultern. Schön fallende schräge Ausschnitte verleihen Ihnen, wenn sie großzügig geschnitten sind, einige Weichheit, die Ihrer Figur schmeichelt und sie ausbalanciert. Vermeiden Sie enganliegende Oberteile, die den Unterschied zwischen der oberen und der unteren Körperhälfte stark betonen.

Ihre besten Stoffe sind weicher und lockerer gewoben als die bei den vorhergehenden geraden Körperformen. Wollcrêpe, Jersey und Challis beispielsweise geben Ihnen die nötige Bequemlichkeit. Starre Stoffe lassen Sie schwerer erscheinen, als Sie tatsächlich sind.

Da Sie ein kurviger Körpertyp sind, sollten Ihre Muster weich sein, beispielsweise Blumenmuster, kurvige abstrakte Muster, Paisley-Muster usw.

Die Ratschläge für die beiden auf den folgenden Seiten beschriebenen kurvigen Körperformen gelten auch für Sie.

Hier haben wir die Phantasiefrau vieler Männer vor uns und die entsprechende Figur, auf die viele Frauen neidisch sind. Aber die Sanduhr-Figur hat auch ihre Probleme; jene, die diese Figur haben, wissen dies nur allzu gut. So ist es sehr schwer, Kostüme oder Kleider, die professionell aussehen, für diese Körperform zu finden.

Von vorne und von der Seite sehen Sie Kurven. Die Schulterlinie ist weich, die Taille deutlich umrissen, die Hüften rundlich, Po und Busen betont (nicht unbedingt groß) und kurvig. Paula Yates und Dolly Parton haben beide Sanduhr-Figuren.

Der Frau mit dieser Figur ist bei Design und Stoff zu Vorsicht geraten. Der Schnitt ihrer Kleidung muß weich und locker sein. Sie sollte eingesetzte Ärmel vermeiden (es sei denn solche aus weichem Stoff) und sich statt dessen für gekräuselte Ärmel, Raglanärmel oder lockere Ärmelformen entscheiden. Die Revers von Jacken sind mit Vorteil nicht spitz, sondern abgerundet, wie etwa bei einem Schalkragen. Die Halsausschnitte sollten schön fallen und rund, überkreuzt oder gekräuselt sein. Die Falten sind weich, nicht starr.

Diese Frau muß ihre Taille – die mindestens 25 cm weniger Umfang hat als ihre Hüften – betonen. Andernfalls sieht sie dicker aus, als sie tatsächlich ist. Die Taille ist immer locker, da die Hüften kurvig sind. Gerade Abnäher oder eine körpernah geschnittene Taille läßt diesen Typ dick aussehen.

Die vollbusige Sanduhr-Figur sollte keine lockeren, herunterhängenden Oberteile tragen, da diese sie unelegant und dicker aussehen lassen, als sie tatsächlich ist.

Wie Vertreterinnen der kurvigen und rundlichen Körperform wählt die Sanduhr-Frau weiche Entwürfe mit Blumen-, Pünktchen-, Paisley- und weichen abstrakten Mustern. Diese sind für ihre Kurven viel schmeichelhafter als Streifen oder Karomuster.

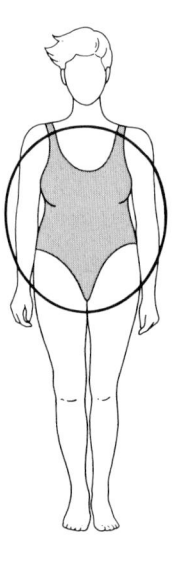

DIE RUNDE KÖRPERFORM

Die runde Körperform ist in den meisten Fällen eine übergewichtige Sanduhr-Figur. Als Elizabeth Taylor zu Beginn der achtziger Jahre stark an Gewicht zunahm, veränderte sich ihre Figur von der Sanduhr-Form hin zur runden Form. Die runde Körperform braucht einen lockeren, unstrukturierten Look, der nie eng und definiert sein darf. Frauen dieses Typs sollten immer darauf achten, daß Sie ihre Kleidung in einer Größe kaufen, die für die richtige Paßform sorgt. Roseanne Barr ist ein weiteres Beispiel für diese Form.

Wenn auch Sie zu dieser Gruppe gehören, müssen Sie es wie die gerade Körperform vermeiden, die Aufmerksamkeit auf Ihre Taille zu lenken. Längere Jacken und tief angesetzte Taillen sind am attraktivsten. Die rundliche Schauspielerin Dawn French zeigt, wie toll ein längerer, überweiter Pullover zusammen mit Leggings an dieser Figur aussehen kann. Betonen Sie Ihre Schulterlinie, die der Konzentrationspunkt sein sollte, von dem all Ihre Kleidungsstile ausgehen. Oberteile, Jacken und Kleider sollten in einer einfachen, unstrukturierten, geraden Linie von den Schultern herabfallen. Hüten Sie sich vor zu starken Falten, Strukturen, Stoffen und Mustern, da diese Sie schwerer erscheinen lassen.

Schulterpolster können eine große Hilfe für Sie sein, um den Oberkörper mit der unteren Hälfte in Harmonie zu bringen. Eine lockere Taille ist wichtig, wobei weiche Falten Ihnen die Bewegung geben, die Sie brauchen. Lange Blusen, Pullover und Jacken machen schlank, wenn sie zusammen mit Röcken getragen werden.

Die Frau mit runder Körperform hat oft eine kurze Taille, aber das bedeutet meistens, daß sie zusätzliche Beinlänge hat, mit der sie arbeiten kann. Röcke, die diagonal zur Stoffrichtung geschnitten sind, oder weichere Hosenröcke mit längeren Jacken lenken das Auge von Ihrem breitesten Punkt – der Mitte – ab.

Die Betonung des Ausschnitts mit weichen Kragen, attraktiven Ketten und Schals hilft ebenfalls, die Aufmerksamkeit von der Mitte abzuziehen und sie dorthin zu dirigieren, wo Sie sie haben wollen – im Gesicht.

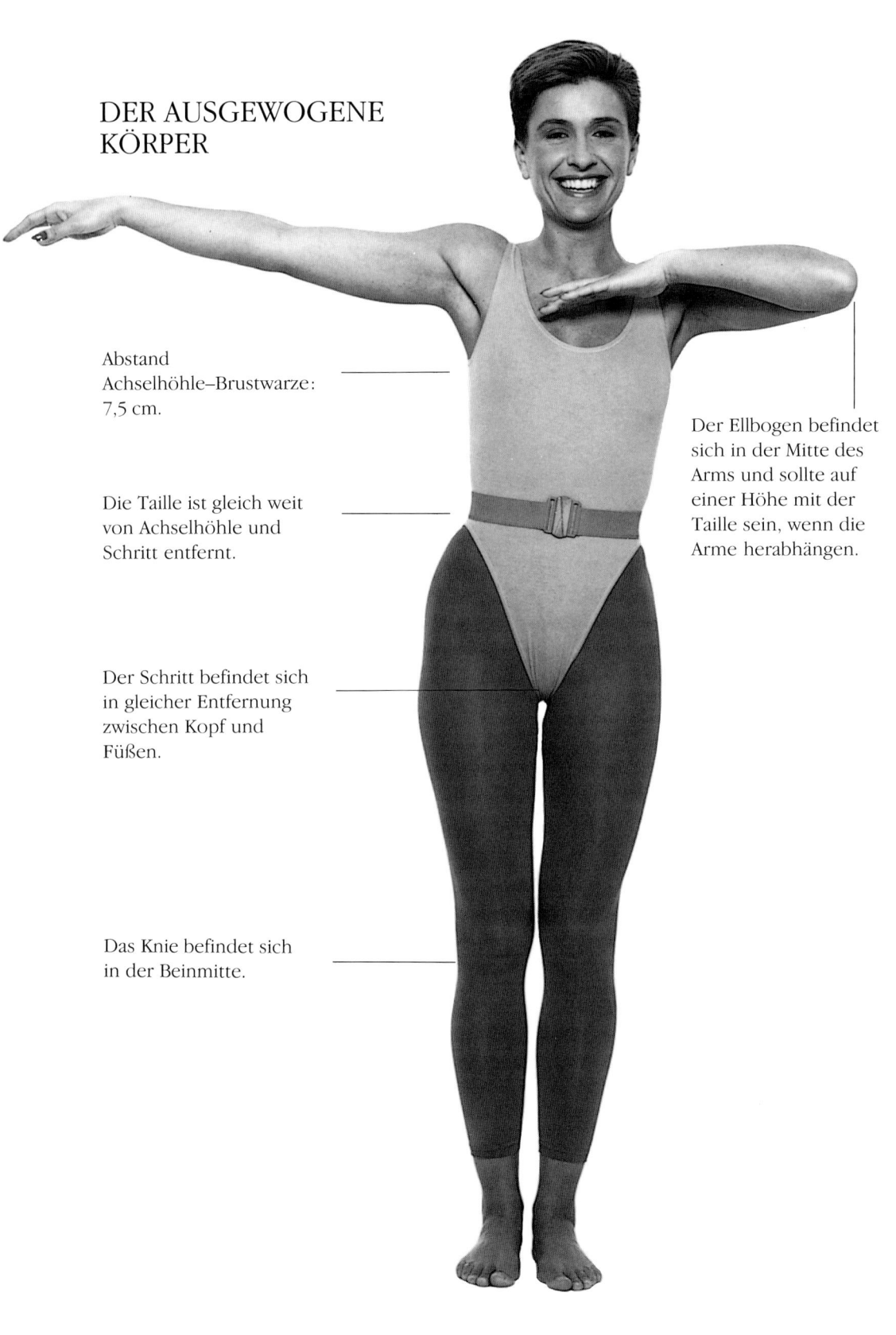

DER AUSGEWOGENE
KÖRPER

Abstand
Achselhöhle–Brustwarze:
7,5 cm.

Die Taille ist gleich weit
von Achselhöhle und
Schritt entfernt.

Der Schritt befindet sich
in gleicher Entfernung
zwischen Kopf und
Füßen.

Das Knie befindet sich
in der Beinmitte.

Der Ellbogen befindet
sich in der Mitte des
Arms und sollte auf
einer Höhe mit der
Taille sein, wenn die
Arme herabhängen.

PROPORTIONEN

Haben Sie sich jemals gefragt, warum manche Kleiderstile Sie an der Taille dicker erscheinen lassen als andere und warum einige Jacken gut aussehen, während Sie in andern wie ein zusammengedrückter Pilz wirken? Oder sind Sie frustriert, wenn Sie mit einer Freundin einkaufen gehen, die dieselbe Größe trägt wie Sie, aber in langen Röcken toll aussieht, während sie an Ihnen einfach schrecklich wirken?

Die Antwort sind die «Proportionen» – das heißt die Verteilung des Raumes zwischen Kopf und Zehen. Einige von uns haben einen langen Oberkörper, andere dagegen einen recht kurzen. Einige haben kurze Beine, während bei anderen die Beine nie zu enden scheinen.

Anders als beim Gewicht oder bei der Spannkraft der Muskeln können Sie durch körperliche Betätigung nichts tun, um die Proportionen, mit denen Sie geboren wurden, zu ändern. Statt dessen müssen Sie lernen, mit Ihren speziellen Proportionen fertigzuwerden und zu erkennen, welcher Stil, welche Längen und Schnitte Ihnen am ehesten schmeicheln. Wenn Sie sich die folgenden einfachen, aber wirkungsvollen Tricks aneignen, sind Sie in der Lage, die aktuelle Mode so für sich anzupassen, daß sie Ihnen entspricht – unabhängig von Ihren Proportionen.

WIE GLEICHMÄSSIG PROPORTIONIERT SIND SIE?
Sie werden Ihre Proportionen gut kennenlernen, wenn Sie barfuß und in Unterwäsche vor einem großen Spiegel stehen und Höhe sowie Position von Schultern, Achselhölen, Taille und Schritt mit einem alten Lippenstift auf dem Spiegel markieren. Wenn Ihnen dies schwerfällt, bitten Sie eine Freundin darum.

TAILLE UND RUMPF
Wenn der obere und der untere Teil Ihres Körpers ausgewogen sind, befindet sich der Schritt in halber Höhe (also in gleicher Entfernung zum Scheitel wie zum Boden). Eine ausgewogene Taille liegt entsprechend in der Mitte zwischen Achselhöhle und Schritt. Wenn die Taille darüber liegt, ist sie kurz; liegt sie unter dieser Mittelmarkierung, haben Sie eine lange Taille.

DIE BEINE

Wenn Ihre Beine gleichmäßig proportioniert sind, sollten Ihre Knie sich in der Mitte zwischen Boden und Beinansatz befinden (spreizen Sie das Bein ab, und Sie sehen den Punkt unterhalb der Hüfte, an dem das Bein ansetzt). Wenn die Beine oberhalb der Knie lang sind, haben Sie bei den Rocklängen größere Auswahlmöglichkeiten.

Wenn Sie in den Proportionen irgendwo zu kurz kommen, gibt es bestimmt an anderer Stelle einen Ausgleich. Wenn Sie beispielsweise eine kurze Taille haben, sind Ihre Beine proportional länger. Wenn Sie eine schöne, lange Taille haben, kommt dafür die Länge Ihrer Beine zu kurz.

Die gute Nachricht für Sie: eine Ungleichmäßigkeit in den Proportionen kann ausgeglichen und sogar zu einem Vorzug gemacht werden, wenn Sie wissen, wie Sie Ihre Proportionen mit dem Kleidungsstil, den Sie tragen, ergänzen können.

LANGE BEINE UND KURZER RUMPF

Wir wollen uns zuerst auf den Pluspunkt bei Ihren Proportionen konzentrieren, das heißt auf Ihre langen Beine. Sie sind die Frau, die für schöne lange Röcke wie geschaffen ist: Wo Sie Länge haben, müssen Sie das Interesse wecken. Röcke, die diagonal geschnitten oder ausgestellt sind, solche mit Schlitz oder scharfen Falten, lange Sarongs oder Hosenröcke sind wie geschaffen für Sie, genau wie Röcke mit Details am Saum. Wenn Sie eine kurze Taille haben, sehen Längen, die bis zur Mitte der Wade reichen, nur gut aus, wenn Sie sie mit kurz geschnittenen Jacken kombinieren, so daß Ihre Beine länger scheinen.

Wenn Sie jedoch kurze Röcke mögen, gibt es keinen Grund, warum Sie sie nicht tragen sollten. Aber denken Sie daran, daß Ihre Beine bereits auffallen, daher sollten Röcke nicht zu weit über Ihr Knie nach oben gehen; Röcke, die zur Mitte der Oberschenkel reichen, können an Ihnen sehr gewagt wirken.

Vermeiden Sie hochhackige Schuhe, da diese den Eindruck erwecken, Ihre Beine seien nicht mit dem Rest Ihres Körpers im Einklang. Wählen Sie statt dessen niedrige Absätze oder flache Schuhe.

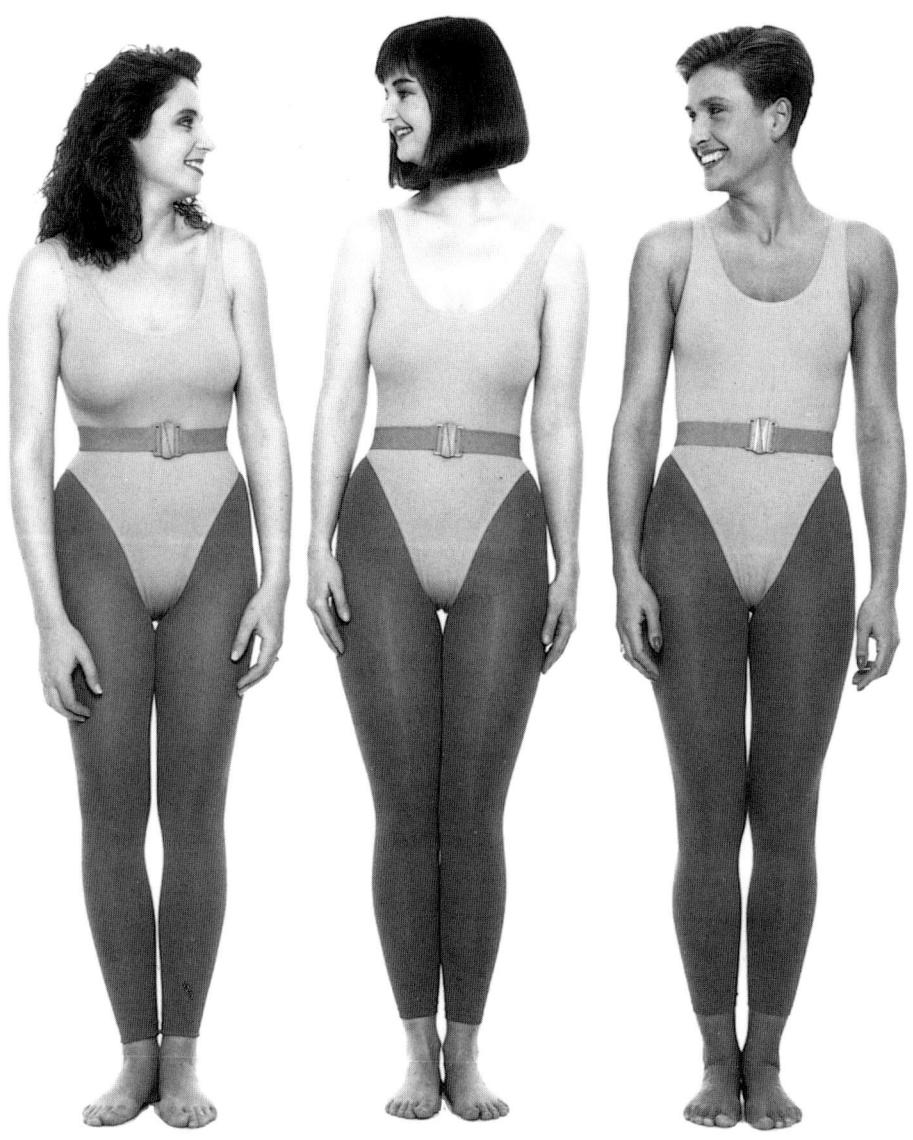

Figur mit kurzer Taille
Wenn Sie wie Lisa gebaut sind, ist Ihre Taille kurz, aber Sie haben schöne, lange Beine. Sie müssen versuchen, die Aufmerksamkeit von Ihrer Taille abzulenken. Auf Seite 125 sehen Sie, wie Lisa dies erreicht.

Figur mit langer Taille
Wenn Ihr Körperbau wie jener Sarahs ist, haben Sie viel Platz für Gürtel und Details an der Taille, die Ihr Pluspunkt ist. Sie besitzen jedoch kurze Beine. Auf Seite 127 sehen Sie, wie Sarah ihren Look optimal gestaltet.

Ausgewogene Figur
Diese Kategorie hat die beste Auswahl an schmeichelhaften Kleidungsstilen. Schlagen Sie auf Seite 120 nach, um festzustellen, ob auch Sie wie Joanna eine ausgewogene Figur haben.

Stimulieren Sie das Interesse Ihrer Umgebung durch die Wahl Ihrer Strumpfwaren. Am elegantesten wirken diese, wenn sie auf die Farbe des Saums abgestimmt sind, aber Sie können auch Muster in Betracht ziehen, um Ihre langen Beine zusätzlich zu betonen. Ihr Ziel ist es, die Aufmerksamkeit neben Ihrem Gesicht auf die untere Körperhälfte zu richten und von Ihrem kürzeren Mittelteil abzulenken.

Bei einem kürzeren Rumpf bedarf es nur einiger Tricks, um dort mehr Länge vorzutäuschen. Vermeiden Sie breite Gürtel und jede Art von Überladenheit an der Taille. Längere Jacken «verlängern» den Rumpfbereich und lassen Sie gleichzeitig dünner erscheinen. Weiche, unstrukturierte Jacken, die in der Mitte der Schenkel enden (vorausgesetzt, Ihre Hüften sind nicht zu breit) oder bis zu den Knien reichen, sehen toll aus.

KURZE BEINE UND LANGER RUMPF

Sie sollten Ihre Bemühungen ganz auf die obere Hälfte, auf Ihren Rumpf, konzentrieren, dort wo Sie länger sind, und die Aufmerksamkeit auf die Taille oder den Teil darüber lenken. Gürtel sind Ihr wichtigstes Accessoire; seien Sie so mutig wie nur möglich – natürlich abhängig davon, wie schlank Ihre Taille ist.

Wechseln Sie langweilige Knöpfe an Ihren Jacken aus und ersetzen Sie sie durch interessantere, die Ihren langen Rumpf «unterbrechen». Kurze Jacken von Bolero- bis Hüftlänge sind am besten.

Um Ihre kurzen Beine zu verlängern, sollten Sie daran denken, daß kürzere Röcke am besten sind (sie sollten knapp über dem Knie enden), aber auch Minimode kann attraktiv wirken, je nach der Straffheit Ihrer Muskeln, Ihrem Alter und der Gelegenheit. Wenn Sie längere Röcke bevorzugen, sollten Sie darauf achten, daß Sie noch viel Bein zeigen. Selbst wenn knöchellange Röcke modern sind, sollten Ihre Röcke über der Mitte der Wade enden, damit sie wohlproportioniert aussehen.

Wählen Sie Ihre Strumpfwaren vom Ton her abgestimmt auf Ihre Röcke und Schuhe; vermeiden Sie helle oder gemusterte Strumpfhosen, die zu viel Aufmerksamkeit auf Ihre kurzen Beine lenken würden. Ihr Ziel sollte es immer sein, den Eindruck von Länge zu erwecken.

KURZE TAILLE

FALSCH RICHTIG

FALSCH

Lisa hat eine kurze Taille und sollte statt der kurzgeschnittenen Jacke wie auf dem Foto lieber eine längere Paßform wählen. Breite oder kontrastierende Gürtel wirken im Taillenbereich, wo nicht viel Raum vorhanden ist, störend. Wenn Ihre Taille kurz ist, sollten Sie daher Gürtel wählen, die nicht zu breit und vom Ton her auf die Kleiderfarbe abgestimmt sind.

Kurze Röcke sehen an Frauen, die so tolle Beine haben wie Lisa, großartig aus. Aber Sie sollten daran denken, daß es anstößig aussehen kann, wenn Sie bei langen Beinen mehr zeigen als auf dem Foto. Lange Röcke stehen Ihnen phantastisch!

RICHTIG

Lisa trägt denselben Rock, aber eine andere Jacke. Sie sehen, was für eine streckende Wirkung entsteht, wenn Lisa die Linie verlängert. Nachdem der störende Gürtel an der Taille entfernt ist, wirkt sie ausgewogener.

LANGE TAILLE

FALSCH   RICHTIG

FALSCH

Sarah ist einen Meter siebzig groß und hat eine lange Taille, aber ihre Arme und Beine sind recht kurz für ihre Statur. Die Länge des Rockes, der bis zur Wadenmitte reicht, wirkt zusammen mit dieser Jacke überhaupt nicht vorteilhaft. Sarah sieht in kürzeren Röcken immer besser aus.

RICHTIG

Kurze Jacken lenken die Aufmerksamkeit auf den Taillenbereich, wo Platz für breite Gürtel ist. Wählen Sie sie in kontrastierenden Farben oder Ton in Ton zur unteren Hälfte, was eine streckende Wirkung hat. Lockere, kastenförmige Kleidungsstile wirken an Frauen mit langer Taille großartig, aber Sie sollten auch auf Figur gearbeitete Kleider mit Gürteln oder Falten berücksichtigen. Wenn Sie lange Jacken mögen, sollten Sie sie in Siebenachtel- oder Neunzehntellänge wählen und mit einem kurzen Rock tragen, der unten etwas hervorschaut. Eine lange Jacke mit einem langen Rock läßt Sie kürzer erscheinen.

GRÖSSE UND KNOCHENBAU

Neben der richtigen Einschätzung der Proportionen müssen Sie auch die Bedeutung von Größe und Knochenbau bei der Entwicklung eines Stils verstehen. Denken Sie einmal kurz an Ihre Pullover. Vielleicht besitzen Sie enggewebte, engmaschige Pullover neben locker gewebten, flauschigen. In welchem Stil fühlen Sie sich wohler? Lassen die feingestrickten Pullover Sie dicker erscheinen? Sehen die großen Pullover im lockeren Stil bequemer aus und fühlen Sie sich wohler darin? Oder fühlen Sie sich in den überweiten, flauschigen überwältigt, während Ihnen feinere Strickwaren mehr Wohlbefinden geben?

Die richtige Strukturmenge und die Art des Gewebes, in dem wir am besten aussehen, hängt von unserem Knochenbau und unserer Größe ab sowie von unserer Körperform. Einige haben grobe Knochen, andere dagegen sehr zierliche oder kleine; wieder andere besitzen einen durchschnittlichen Knochenbau. Messen Sie den Umfang Ihres Handgelenks, um den Maßstab Ihrer Knochen zu bestimmen, immer über dem Knochen. Wahrscheinlich ist es leichter, wenn dies jemand für Sie übernimmt.

Feiner Knochenbau: 14 cm oder weniger

Mittlerer Knochenbau: 14 bis 16 cm

Grober Knochenbau: 16 cm und mehr

Als nächstes wollen wir Ihre Größe heranziehen, um zu bestimmen, ob Sie klein, mittelgroß oder groß sind.

Zierlich, unter 1,60 Meter: kleiner Maßstab

Durchschnitt, 1,60 bis 1,65 Meter: mittlerer Maßstab

Groß, über 1,65 Meter: großer Maßstab

GESAMTBETRACHTUNG

Wenn Sie einen groben Knochenbau haben und groß sind, können Sie mehr Struktur und größere Drucke tragen als kleinere Frauen. Viele Frauen haben jedoch durchschnittliche oder sogar feine Knochen; sie müssen vorsichtig sein und dürfen es nicht übertreiben mit großen Drucken und sehr kühnen Accessoires, die viele große

Frauen so schön tragen können. Hier gilt es, das richtige Gleichgewicht zu finden. Wenn große, feinknochige Frauen Entwürfe in
einem kleinen Maßstab tragen (beispielsweise ein winziges Blumenmuster), lassen diese sie nur noch größer erscheinen. Sie können diesen Effekt an unserem großen Modell (Anna) auf Seite 132
sehen.

Umgekehrt wissen zierliche Frauen mit feinen Knochen, daß es
leicht ist, von Drucken, die zu massig oder schwer für ihren zierlichen Körper sind, erdrückt zu werden. Das großgemusterte Kleid,
das unser zierliches Modell (Teoh) auf Seite 134 trägt, überwältigt
sie völlig.

Alles, angefangen bei den Stoffen bis zu den Accessoires – Ohrringe, Gürtel, Handtaschen und Schuhe –, sollte zu Ihrem zierlichen
Maßstab passen.

Wenn Sie jedoch klein sind und mittelschwere bis grobe Knochen haben, müssen Sie etwas mehr Struktur hinzufügen. Daher
sollten Sie etwas stärkere Drucke wählen und größere Accessoires
tragen, um ausgewogen auszusehen.

TESTEN SIE IHREN MASSSTAB
Jetzt, da Sie wissen, daß Ihr Maßstab klein, mittel oder groß ist, sollten Sie einige Zeit im Kaufhaus verbringen und neue Möglichkeiten
ausprobieren. Vergleichen Sie Ohrringe, Gürtel, Handtaschen und
Tücher in verschiedenen Größen miteinander und probieren Sie
einige zu Ihrer Kleidung aus. Sie werden feststellen, daß der Unterschied, den diese Stücke bei Ihrer Gesamtwirkung ausmachen, ganz
offensichtlich ist.

Teoh und Anna Rücken an Rücken

GROSSER MASSSTAB

FALSCH   RICHTIG

ANNA

FALSCH
Große Frauen wie Anna wirken noch größer, wenn sie kleine Muster tragen und Accessoires verwenden, die für ihr dramatisches Erscheinungsbild zu unbedeutend sind.

RICHTIG
Zeigen Sie Mut! Annas auffallende Statur macht größere, kühnere Entwürfe erforderlich. Nur Frauen mit einem großen Maßstab können diese mit Erfolg tragen.

ZIERLICH

FALSCH

RICHTIG

TEOH

FALSCH
Zierliche Frauen müssen bei der Wahl von Mustern vorsichtig sein. Mittlere bis große Entwürfe können sie überwältigen, so daß das Ergebnis unbefriedigend ist. Dieses Kleid paßt zu Teoh, aber das Muster ist viel zu groß. Sie sieht wie eine kleine Dame in einem zu großen Kleid aus.

RICHTIG
Es ist besser, Muster nur in Maßen einzusetzen, wenn Sie zierlich sind, beispielsweise nur in einer Jacke oder in einem Tuch über einem einfarbigen Oberteil. Sie ziehen die Aufmerksamkeit auf Ihr Gesicht, wenn Sie Drucke kreativ an Ihrem Oberkörper einsetzen.

Tricks mit Farben

Sie können auch Farben einsetzen, um die Aufmerksamkeit auf bestimmte Bereiche und Merkmale zu richten und von anderen abzulenken. Einige Farben wirken diskret und lenken die Aufmerksamkeit nur langsam auf sich, während andere hervorspringen und ins Auge fallen.

Vor allen Dingen wollen Sie ja die Aufmerksamkeit auf Ihr Gesicht lenken, das Zentrum der Kommunikation mit anderen, den Spiegel Ihrer Persönlichkeit. Ich gehe davon aus, daß Sie Make-up tragen, das Ihre natürliche Farbgebung unterstreicht, und möchte, daß Sie sich auf die Farben konzentrieren, die Sie oberhalb der Taille tragen. Die Farben Ihrer Blusen, Pullover, Tücher und Jacken werden sofort und direkt auf Ihr Gesicht reflektiert. Wählen Sie Ihre Lieblingstöne aus der Palette Ihrer Jahreszeit, wenn Sie Ihre ersten Investitionen machen, und kaufen Sie Stücke, die zu den neutraleren Farben Ihrer Röcke oder Hosen unterhalb der Taille passen.

Helle Farben wie Pastellfarben und Weiß «treten hervor». Wenn Sie diese Töne unterhalb der Taille tragen, können Sie dicker wirken, als Sie sind. Dunklere Töne haben die gegenteilige Wirkung, sie «treten zurück» und können die Illusion vermitteln, daß Sie schlanker sind. Aber hören Sie nicht auf die oft zitierte Redensart: Schwarz macht schlank. Wenn Sie sich aus diesem Grund ganz in Schwarz kleiden und dieser Ton nicht in Ihrer jahreszeitlichen Palette enthalten ist, sehen Sie blaß und müde aus, und die Aufmerksamkeit wird auf den unteren Teil Ihres Körpers gelenkt, auf eine Farbe, die Sie überwältigt — genau an die Stelle, an der Sie *keine* Aufmerksamkeit suchen.

Ein leuchtender, kontrastierender Gürtel lenkt die Aufmerksamkeit auf die Taille. Wenn Ihre Taille schlank ist und ein Pluspunkt, sind Gürtel genau das Richtige für Sie. Strumpfwaren in hervorstechenden Farben locken ebenfalls die Blicke an, daher sollten Sie leuchtende Farben nur dann kaufen, wenn Ihre Beine eine schöne Form haben.

Farben können Ihren Maßstab vorteilhaft zur Geltung bringen oder ungünstige Proportionen verschärfen. Wenn Sie zierlich sind und separate Farbblocks bei einer Jacke, Bluse, Strumpfhose und einem Rock tragen, werden Sie in kleinere Stücke «zerlegt», die Sie viel kleiner erscheinen lassen, als wenn Sie verschiedene Töne einer Farbe tragen. Ziehen Sie ein einfarbiges Kleid oder eine vom Ton her passende Bluse und einen Rock an, und tragen Sie dazu eine andersfarbige Jacke. Wenn Sie zierlich sind, sollten Sie die Strumpffarbe immer der Farbe des Rocks und der Schuhe anpassen, um Ihre Beine zu «verlängern».

Großen Frauen steht mehr Länge zur Verfügung, mit der sie arbeiten können, daher können sie mutiger sein und mehrere unterschiedliche Farbblöcke einsetzen. Wenn Sie groß sind, helfen eine kontrastierende Bluse und ein Rock mit einer Jacke in einer Komplementärfarbe, die Wirkung Ihrer Größe etwas zurückzunehmen. Wenn Sie jedoch Ihre mächtige Statur betonen wollen, wählen Sie die Schattierungen einer Farbe, die Sie dann am ganzen Körper tragen. Am leichtesten läßt sich die Länge unterbrechen, wenn Sie einen schicken, kontrastierenden Gürtel und/oder eine entsprechende Strumpfhose tragen (sie sollte heller als der Kleidersaum sein).

Strategien zum Ausgleich

Wie Sie gesehen haben, können die meisten Figurprobleme mit ein paar einfachen, ausgleichenden Tricks beseitigt werden. Wenn Sie in einem Bereich etwas kurz geraten sind, etwa in der Taille, sollten Sie nicht die Blicke darauf lenken, damit diese länger und ausgewogener erscheint. Zonen, die sich nicht ausgleichen lassen, können Sie verschleiern. Schulterpolster mögen gerade nicht in Mode sein, aber Sie können Frauen mit abfallenden Schultern verwandeln, indem sie sie größer und schlanker erscheinen lassen.

Mit dem folgenden Leitfaden von COLOR ME BEAUTIFUL können Sie schnell nachschlagen, wie Sie Ihre Vorzüge hervortreten und Ihre kleinen Fehler in den Hintergrund treten lassen.

PROBLEM	WAS SIE VERMEIDEN SOLLTEN	WORAUF SIE ACHTEN SOLLTEN
Langer Hals	Offene, tiefe, kahle Ausschnitte. Lange Ketten verschärfen die Wirkung genau wie Kurzhaarfrisuren.	Hohe Stehkragen. Wenn sie offen getragen werden, sollten Sie mit einer kurzen Kette oder einem Tuch gefüllt werden. Lange, volle Frisuren wirken bei Stehkragen am schönsten.
Kurzer Hals	Hohe Kragen, z. B. Polo-, Mandarin-, Rollkragen oder zuviel Betonung durch Tücher oder Ketten. Lange Frisuren betonen den Mangel.	Offene Ausschnitte: V-, Boot- oder eckige Ausschnitte, wenn das Gesicht eckig ist; in Falten gelegt, rund oder überkreuzt, wenn das Gesicht rundlich ist. Kürzere Frisuren, die hinten winkelförmig sind, täuschen Länge vor und ermöglichen eine elegante Korrektur.
Dicker Hals	Abgerundete Ausschnitte und kurze Ketten. Durch Tücher entsteht eine unnötige und unerwünschte Betonung der Halspartie.	Revers oder offene, nach oben gestellte Kragen; schmale V-Ausschnitte.

PROBLEM	WAS SIE VERMEIDEN SOLLTEN	WORAUF SIE ACHTEN SOLLTEN
Breite Schultern	Schulterpolster, unnötige Details wie Epauletten, Bootausschnitte oder trägerlose Ausschnitte verstärken die Schulterbreite zusätzlich.	Raglan- oder capeartige Ärmel, V-Ausschnitte; lange Ketten, um die horizontale Schulterlinie aufzubrechen.
Abfallende oder zu schmale Schultern	Capeartige Ärmel oder Raglanärmel; trägerlose, tiefe oder schmale V-Ausschnitte.	Schulterpolster, Epauletten, Puffärmel. Boot- oder geschlitzte Ausschnitte korrigieren diesen Mangel.
Lange Arme	Dreiviertelärmel oder Ärmel, die knapp über dem Handgelenk enden. Alles, was zu eng anliegt.	Kurze, angeschnittene Ärmel, breite Manschetten. Tragen Sie viele Armreifen auf einmal, vorausgesetzt natürlich, daß es zu der Gelegenheit paßt.
Kurze Arme	Ärmel, die über den Handgelenkknochen reichen; angeschnitten oder kurz. Auffällige Manschetten, besonders in einer Kontrastfarbe. Weite Ärmel oder auch unnötige Armreifen.	Dreiviertelärmel, die nach oben geschoben oder umgeschlagen werden. Nicht länger als der Handgelenkknochen.

PROBLEM	WAS SIE VERMEIDEN SOLLTEN	WORAUF SIE ACHTEN SOLLTEN
Kleiner Busen	Offene oder tiefe Ausschnitte. Enganliegende oder knappe Oberteile.	Zusätzliche Details wie Taschen, Revers; interessante Muster; horizontale Designs. Schichten und ein lockerer Sitz geben die Illusion von großzügigeren Kurven.
Großer Busen	Hohe Ausschnitte und Kragen, zu viele Details und Besatz, z. B. Taschen; kurze Ärmel; kurze Jacken; Röcke mit hoher Taille; enge Hüftsattel, Gürtel in einer Kontrastfarbe	Offene und V-Ausschnitte; Schulterpolster oder Designs für breite Schultern. Großzügiger Stoffall am Oberteil. Tiefangesetzte Taillen bei Kleidern. Kasackblusen. Mäßig breite Gürtel in derselben Farbe wie das Oberteil.
Lange Taille	Lange Jacken, beispielsweise dreiviertellang, niedrig angesetzte Taillen, Gürtel in derselben Farbe wie das Oberteil.	Kurzgeschnittene Bolerojacken oder Jacken in Siebenachtel- oder Neunzehntellänge, die den Rock gerade eben hervorschauen lassen. Breite Gürtel, in derselben Farbe wie das Unterteil, wenn die Taille dies zuläßt. Empire- und hohe Taillen.

PROBLEM	WAS SIE VERMEIDEN SOLLTEN	WORAUF SIE ACHTEN SOLLTEN
Kurze Taille	Kurzgeschnittene Jacken, Bolerojacken; Hosen und Röcke mit hoher Taille, breite Gürtel.	Längere Jacken (die unter der Hüftlinie enden), Kleider mit niedrig angesetzter Taille, Kasackblusen und schmale Gürtel in der Farbe des jeweiligen Oberteils sind bei kurzer Taille zu empfehlen.
Breite Hüften	Rundherum gekräuselte Taille mit weiten Falten; steifer, enganliegender Stoff; Details und Muster auf den Hüften, etwa Taschen.	Abhängig von Ihrer Proportion entweder längere oder kürzere Jacken, die den Hüftbereich nicht zusätzlich betonen. Leichter Faltenwurf an der Taille seitlich vom Bauch ist zu empfehlen, aber vermeiden Sie auf jeden Fall Falten über den Hüften. Röcke mit Nähten, die entlang der Mitte verlaufen, lassen die Hüfte schmaler erscheinen und sind daher ratsam.

PROBLEM	WAS SIE VERMEIDEN SOLLTEN	WORAUF SIE ACHTEN SOLLTEN
Breiter Po	Shorts, Hosen, gerade, enge Röcke; kurze, taillierte Jacken.	Röcke mit Taillenfalten, die aber locker (nicht weit) über dem Po verlaufen. Längere Jacken, die unter dem Po enden; die Blousonform oder unstrukturierte Jacken sind am besten. Lenken Sie die Aufmerksamkeit durch den Einsatz von Farbe auf die obere Körperhälfte.
Starke Oberschenkel	Enge oder kurze Röcke, Leggings oder Shorts.	Leichte Bundfalten bei Röcken und Hosen. Hosenröcke können bequem und schmeichelhaft sein.
Schwere Beine	Kurze Röcke, kontrastierende, farbige oder helle Strumpfwaren. Flache Schuhe.	Längere Röcke, die an der natürlichen Einbuchtung unter dem Knie enden oder bis knapp über den Fußknöchel reichen – abhängig von der Größe. Strumpfwaren, die zum Schuhton passen, am besten mittel bis dunkel (aber nicht blickdicht). Einfache Schuhe mit leichtem Absatz.

PROBLEM	WAS SIE VERMEIDEN SOLLTEN	WORAUF SIE ACHTEN SOLLTEN
Dünne Beine	Kurze Röcke, kontrastierende oder farbige Strumpfwaren. Pfennigabsätze.	Längere Röcke oder Hosenröcke. Hellere Strumpfwaren lassen die Beine voller erscheinen, sollten aber zur Saumlinie oder zum Schuh passen. Schuhe mit niedrigem oder flachem Absatz sind am besten.
Kurze Beine	Lange oder weitgeschnittene Röcke, weite Hosen, knielange Hosen, Umschläge. Flache Schuhe oder Pfennigabsätze. Lange Jacken.	Monochrome Farbabtönung oder eine Gesamtfarbe. Stimmen Sie die Strumpfwaren auf den Saum und die Schuhe ab. Niedrige bis mittelhohe Absätze sind am besten. Kürzere Röcke (von den Beinen abhängig), Shorts, kurze Hosen, kurze Jacken.

Kapitel 6

Der letzte Schliff

Es macht wenig Sinn, Zeit, Mühe und Geld für die Zusammenstellung einer schicken Garderobe aufzuwenden und die Kleidungsstücke aufeinander abzustimmen, wenn Sie ihr nicht den letzten Schliff verleihen. Aufmerksamkeit bei Make-up, Frisur und Körperpflege ist äußerst wichtig.

Das Make-up aufpolieren

Wenn Sie sich am Wochenende oder im Urlaub zu Hause entspannen, ist es gut, der Haut und sich selbst einmal eine Pause zu gönnen und auf Make-up zu verzichten. Aber normalerweise sehen alle Frauen besser aus und fühlen sich wohler, wenn sie «ihre» Farben tragen, um Hautton, Augen und Haarfarbe zu betonen.

Wenn Sie die Vorstellung hassen, eine Grundierung aufzutragen, oder meinen, mit Make-up «aufzufallen», verwenden Sie wahrscheinlich die falschen Produkte und Töne. Heute sind Kosmetika leicht und lassen sich einfach auftragen, und es gibt gute Produkte in allen Preisklassen. Außerdem sehen sie viel natürlicher aus als früher.

In den Image-Seminaren für Unternehmen zeige ich den Frauen, wie sie ein wirkungsvolles, natürliches, professionelles Make-up für jeden Tag in etwa zehn Minuten erreichen. Wenn Sie die sieben Schritte unten befolgen, müssen Sie nur ab und zu nachpudern und die Lippen nachschminken, um acht Stunden lang und länger frisch auszusehen!

Ich muß wohl nicht extra betonen, daß Sie Ihr Make-up immer mit einem ganz sauberen Gesicht beginnen und mit einer leichten Feuchtigkeitscreme, wenn Sie unter trockener Haut leiden. Setzen Sie sich vor einen gutbeleuchteten Spiegel — Tageslicht ist viel besser als künstliches Licht.

1. SCHRITT: ABDECKEN

Viele Frauen haben Schatten im Gesicht, die sie müde und abgespannt erscheinen lassen, selbst wenn sie genug geschlafen haben. Diese Schatten tauchen mit dem Alter auf (sie treten zum ersten mal Ende zwanzig auf) und können als Ursache Vitaminmangel, allgemeine Vernachlässigung oder einen stressigen Lebensstil haben. In manchen Fällen sind sie auch vererbt.

Schauen Sie in den Spiegel, um festzustellen, wo sich in Ihrem Gesicht dunkle Flecken, Bereiche oder Linien befinden. Wir fangen damit an, diese heller zu tönen, damit sie zum übrigen Hautton passen.

- Zum Abdecken wählen Sie eine Grundierung, die heller als Ihr Hautton ist, und tupfen diese leicht auf die Schattenbereiche. Lassen Sie die Grundierung eine Minute lang einwirken und beginnen Sie dann, sie sanft mit dem Ringfinger einzumassieren (dieser Finger ist bei der Berührung am zartesten).

- Bei dunkleren Ringen und Schatten verwenden Sie eine dickere Grundierung oder ein Abdeckmittel in einem noch helleren Ton und decken den gesamten Bereich ab. Tragen Sie die Grundierung mit einer weichen Naturborstenbürste, einem Schaumstoff-Applikator oder dem Ringfinger auf.

2. SCHRITT: GRUNDIERUNG

Erliegen Sie nicht der Versuchung, die Grundierung auszulassen; ohne diese Grundlage hält Ihr Make-up nicht länger als eine Stunde. Außerdem hilft die Grundierung, den Ton und die Struktur Ihrer Haut auszugleichen. Genau wie ein Künstler seine Leinwand vor dem Malen mit einer neutralen Lasur als Grundlage vorbereitet, auf der er mit seinen Farben kreativ werden kann, müssen Sie eine glatte, aufnahmefähige Basis für Ihr Make-up schaffen.

- Wählen Sie eine Farbe, indem Sie unterschiedliche Töne an Ihrer Kinnlinie überprüfen. Sie suchen einen Ton, der harmonisch zu Ihnen paßt, ohne hervorzustechen.

- Am leichtesten läßt sich die Grundierung mit einem Schwämmchen auftragen. Geben Sie eine kleine Menge auf den Handrücken, nehmen Sie immer ein wenig mit dem Schwämmchen auf und verteilen Sie sie gleichmäßig mit nach unten gerichteten

Strichen über das gesamte Gesicht und die Lippen, aber nicht über die Augenlider. Achten Sie darauf, daß die Grundierung besonders an der Kinnlinie gut verteilt wird, da Sie keine deutliche Linie wollen, aber tragen Sie die Grundierung nicht am Hals auf.

3. SCHRITT: PUDER

Das vollständige Bestäuben mit transparentem Puder (die Augen aussparen!) ist jetzt an der Reihe, um die Grundierung zu «schützen», damit sie den ganzen Tag lang hält. Geben Sie ein Puderrouge nie direkt auf eine Cremegrundierung, da es sich nicht harmonisch mit der Grundierung verbindet; Ihre Haut «schnappt» danach und sieht dann fleckig und hart aus.

- Wählen Sie einen Puder, der «farblos» ist oder einen neutralen Ton hat, der harmonisch zu Ihrem Hautton paßt.
- Verteilen Sie den Puder mit einem großen, weichen Pinsel über das ganze Gesicht. Tragen Sie ihn quer über die Stirn auf, senkrecht über die Wangen und Nase und quer über Mund, Kinn und Kinnlinie.
- Sie können Puder auch mit einer Puderquaste aufdrücken, um die Grundierung stark zu fixieren. Bei fettiger Haut oder Mischhaut ist dies angebracht, statt einen Pinsel zu benutzen, der nicht so wirkungsvoll ist.

4. SCHRITT: ROUGE

Rouge unterstreicht Ihren Knochenbau und verleiht Ihnen einen natürlichen, gesunden Glanz, vorausgesetzt Sie wählen den richtigen Ton (in Ihrer Palette finden Sie einige Vorschläge).

Puderrouge hält länger als Cremerouge. Aber wenn Sie das Gefühl haben, daß es «untertaucht», versuchen Sie es mit einem Cremerouge über der Grundierung (vor dem Pudern) und pudern Sie dann mit einem Puderrouge, um die Farbe zur Geltung zu bringen. Die Chance, daß es länger hält, ist so größer.

Tragen Sie das Rouge an der Grundlinie des Wangenknochens auf, von der Wangenmitte bis zum Haaransatz. Pinseln Sie es mit kurzen Federstrichen bis direkt an die Haarlinie auf. Geben Sie nicht zuviel auf den Pinsel und vermeiden Sie es, zu hoch auf den Wangenknochen oder in die Mitte des Gesichts zu gehen.

5. SCHRITT: AUGEN-MAKE-UP

● Verwenden Sie einen Tupfer Eyebase, um die Lider und den Jochbogen leicht abzudecken, bevor Sie die Farbe auftragen. Auf diese Weise bleibt das Augen-Make-up den ganzen Tag über frisch,
ohne daß es bröckelt oder verwischt. Sie brauchen auch weniger
Lidschatten beim Auftrag über einer Grundierung.

● Pudern Sie das gesamte Augenlid und den Jochbogen mit einem
hellen, neutralen Lidschattenton, beispielsweise Pfirsich, Gedecktem Rosa, Zitrone oder Champagner.

● Eyeliner definiert die Augen und läßt Ihre Wimpern dicht und
voll erscheinen, falls sie etwas spärlich sind. Mit Kajal kreiert man
einen weicheren Look. Diese Stifte verwendet man am besten
nur auf dem äußeren Drittel des Ober- und Unterlides, was die
Augen «weiter» erscheinen läßt. Wählen Sie eine Farbe, die Ihren
Augen schmeichelt. Schwarz ist zu hart für die meisten Augen
und im Berufsleben häufig unpassend.

● Setzen Sie den Lidstrich, indem Sie leicht etwas Puderlidschatten
über die Linie geben. Ein kurzer Borstenpinsel eignet sich am
besten, um Puder auf die Linien am Ober- und Unterlid zu geben. Die Farbe muß nicht dem Ton des Lidstrichs entsprechen;
Sie können viele unterschiedliche Wirkungen erzielen, indem Sie
mit verschiedenen Puderfarben über unterschiedlichen Kajal-Stif-
ten experimentieren.

● Auf dem Oberlid arbeiten Sie vom Lidstrich mit aufwärts gerichteten Pinselstrichen nach oben und tragen einen rauchigen, satten
neutralen Ton auf das äußere Drittel des Lids auf. Pinseln Sie von
der Außenseite des Jochbogens nach innen. Braun, Grau, Aubergine, Marine- oder Moosgrün sind ausgezeichnet, um den Augen
Tiefe und Glanz zu verleihen, ohne daß das Make-up künstlich
erscheint. Vermeiden Sie leuchtende Töne oder Perlmuttfarben
am Arbeitsplatz. Heben Sie sich diese für den Abend auf, wenn
Ihre Augen glitzern sollen. Wählen Sie immer Farben aus Ihrer
eigenen Palette.

● Zum Schluß tragen sie zumindest auf die Wimpern am Oberlid
Maskara auf. Verwenden Sie ein neutrales Braun, Grau oder
dunkles Marineblau. Maskara in leuchtenden Farben lenkt die
Aufmerksamkeit zu stark von Ihren Augen ab.

6. SCHRITT: AUGENBRAUEN

Die Augenbrauen umrahmen die Augen, die im Mittelpunkt der gesuchten Aufmerksamkeit liegen. Achten Sie also darauf, daß sie Ihnen gerecht werden. Denken Sie einmal daran, welche Aufmerksamkeit Sie dem Rahmen eines besonderen Bildes oder Gemäldes schenken würden. Dieselbe Sorgfalt ist für Ihre Augenbrauen erforderlich.

Wenn die Brauen spärlich sind, füllen Sie sie mittels weicher Federstriche mit einem spitzen Augenbrauenstift auf oder tupfen Sie die Lidschatten in einem neutralen Braun- oder Grauton auf — er sollte etwa einen Ton heller als die natürliche Brauenfarbe sein. Zum Schluß bürsten Sie sie mit einem klaren Maskara nach oben, um ihnen noch mehr Leben und Struktur zu verleihen.

7. SCHRITT: DIE LIPPEN

Hier einige Tricks, um den Lippenstift haltbarer zu machen:

● Tragen Sie Lippenstift über Grundierung und Puder auf. Wählen Sie eine Farbe, die für Ihre Jahreszeit empfohlen wird.

● Entscheiden Sie sich für einen matten Lippenstift mit kräftigen Pigmenten anstelle von glänzenden oder stark pastellfarbenen Lippenstiften.

● Verwenden Sie einen Konturenstift in einem natürlichen Ton. Tragen Sie dann den Lippenstift darüber auf. Da ein Lippenkonturenstift wachsartiger ist, hält er länger als ein Lippenstift, so daß Ihre Farbgrundlage den ganzen Tag über hält.

● Sie können den Lippenstift direkt aus der Hülse auftragen oder einen Lippenpinsel verwenden. Anschließend tupfen Sie die Farbe mit einem Kosmetiktuch ab und tragen sie erneut leicht auf.

WICHTIGE PFLEGEPRODUKTE

Unabhängig von Einkommen, Hintergrund oder Lebensstil hat die moderne Frau keine Entschuldigung dafür, schlecht gepflegt zu sein. Wir alle können unser Erscheinungsbild verändern, indem wir einfach auf Einzelheiten achten — ein wenig regelmäßige Pflege und Aufmerksamkeit ist nicht so zeitaufwendig, wie Sie vielleicht glauben. Hier sind einige Richtlinien:

HAAR

Ihr Haar sollte sauber und gepflegt sein und einen guten Schnitt haben. Die individuellen Bedürfnisse sind natürlich unterschiedlich, aber Sie sollten die Haare mindestens alle sechs bis acht Wochen nachschneiden lassen.

HAUT

Sie sollten die Haut reinigen, ihr Feuchtigkeit zuführen und sie schützen. Entwickeln Sie ein Grundpflegeprogramm für sich. Sie brauchen keine teuren Gesichtsbehandlungen. Einmal pro Woche sollten Sie Ihr Gesicht über eine Schüssel mit dampfendem Wasser halten, damit die Poren geöffnet werden und Schmutz, der sich mit der Zeit gebildet hat, entfernt wird. Geben Sie Kräuter zur zusätzlichen Pflege ins Dampfbad, beispielsweise Lavendel oder Kamille.

AUGENBRAUEN

Ihre Augenbrauen sollten wohlgeformt und sauber sein. Zupfen Sie nach Bedarf nach.

ZÄHNE

Putzen Sie Ihre Zähne mindestens zweimal täglich und reinigen Sie sie mit Zahnseide. Damit Ihr Atem frisch bleibt, empfiehlt sich auch die Zahnreinigung nach dem Mittagessen. Lassen Sie Ihre Zähne mindestens zweimal jährlich vom Zahnarzt untersuchen und eventuell vorhandenen Zahnstein entfernen.

ATEM

Schlechter Atem ist auf mangelnde Pflege zurückzuführen, wenn Sie Ihre Zähne nicht regelmäßig putzen und mit Zahnseide reinigen, aber sehr häufig hat dieses Problem mit dem Säuregehalt des Körpers aufgrund von Eß- und Nahrungsgewohnheiten zu tun, außerdem mit Karies und Zahnfleischentzündungen. Wenn übler Mundgeruch für Sie ein Problem ist, sollten Sie Kaffee und Tee (außer Kräutertees) sowie Alkohol und säurehaltige Nahrungsmittel weglassen. Trinken Sie jeden Morgen ein Glas Wasser mit einer Prise Natriumbikarbonat, um der Säure entgegenzuwirken und den Atem frisch zu halten. Wenn Sie glauben oder wissen, daß das Problem mit dem Zahnfleisch zu tun hat, sollten Sie ohne Verzögerung Ihren

Zahnarzt aufsuchen. Die modernen Behandlungsmethoden sind schnell, effizient – und schmerzlos –, warum sollten Sie sich also unnötigen Peinlichkeiten und dem Risiko, Ihre Zähne zu verlieren, aussetzen?

KÖRPERPFLEGE

Die Hautpflege des Körpers ist kein Luxus, sondern eine Notwendigkeit, damit Ihr Körper seine Spannkraft behält und frisch und gutgepflegt aussieht. Genau wie das Gesicht braucht der Körper regelmäßige Tiefenreinigung und Feuchtigkeitspflege.

Verwenden Sie eine Bürste mit Naturborsten, einen Luffaschwamm, ein Körperpeeling oder einen groben Handschuh, mit dem sie kräftig über den Körper reiben, um tote Hautzellen zu entfernen. Die Haut sollte dabei trocken sein. Geben Sie Ihrem Körper einmal wöchentlich Feuchtigkeit mit Olivenöl aus der ersten Pressung, das nach einer warmen Dusche in die feuchte Haut eingerieben wird (für diesen Pflegevorgang genügt ein Dessertlöffel Öl auf einem feuchten Waschlappen).

KÖRPERGERUCH

Körpergeruch kann auf die Nahrungsmittel zurückzuführen sein, die man ißt (indische oder mexikanische Gerichte, Käse), oder auf muffige Kleidung. Neben der naheliegenden Maßnahme, regelmäßig – und das heißt täglich – zu baden oder zu duschen, sollten Sie daran denken, daß Körpergeruch oft dann entsteht, wenn sich neuer mit altem Schweiß in Kleidungsstücken mischt.

Achten Sie darauf, daß Ihre Kleidung regelmäßig gereinigt oder gewaschen und gelüftet wird, um die Entfaltung unangenehmer Gerüche zu verhindern. Verwenden Sie auch ein Deo, wenn Ihr Organismus sauer ist und einen unangenehmen Geruch abgibt. Meistens riecht der natürliche Schweiß, den der frische, saubere Körper abgibt, recht angenehm.

Bei Frauen, die stark schwitzen, verhindert ein Deo nicht, daß Achselhöhlen und Kleidung feucht werden; in diesem Fall sollte ein Antiperspirant verwendet werden. Frauen, die keine überaktiven Schweißdrüsen haben, können ein einfaches Deo verwenden, da beim natürlichen Schwitzen Giftstoffe aus dem Organismus gespült werden.

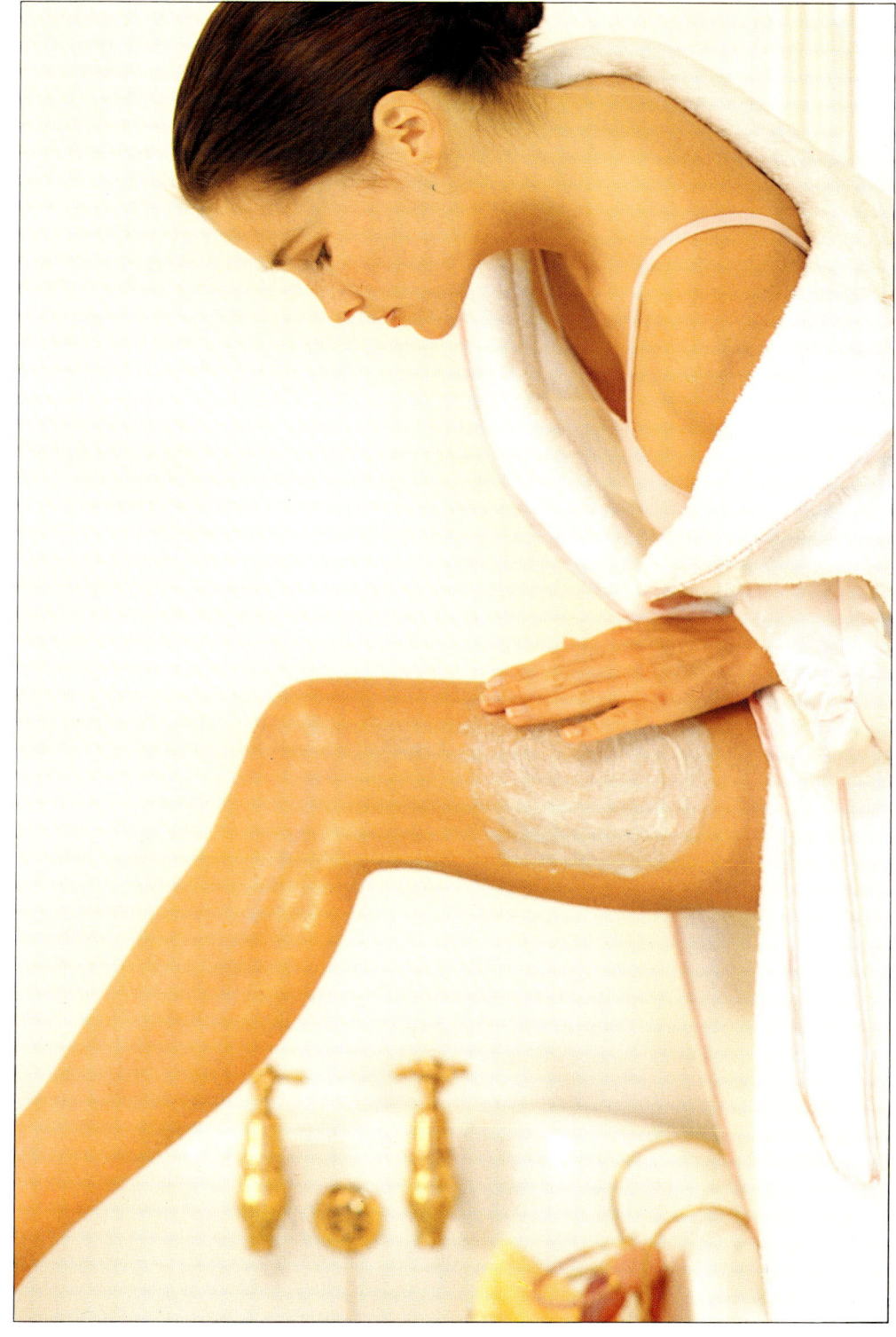

GESICHTSHAAR

Ich weiß, das Leben ist nicht «fair». Einige Frauen sind an manchen Stellen, an denen es nicht so sein sollte, dunkler und behaarter, und während der Periode kann ein weiblicher «Schnurrbart» dunkler werden und stärker auffallen. Wenn Sie im Gesicht auffällige Haare haben, bieten sich drei Möglichkeiten an:

● Bleichen Sie sie monatlich. Dies ist möglich, wenn die Haare nicht zu grob oder zu lang sind. Tragen Sie ein spezielles Bleichmittel auf, um die Haare aufzuhellen. Befolgen Sie die Gebrauchsanweisung. Testen Sie das Mittel immer erst an einer verborgenen Stelle am Arm. Bei manchen Frauen werden die Haare rot, was auffälliger sein kann als der natürliche Ton.

● Verwenden Sie ein chemisches Enthaarungsmittel, das unerwünschte Haare entfernt. Diese Mittel sind als Creme, Gel oder Spray erhältlich. Achten Sie darauf, daß Sie Mittel speziell für das Gesicht verwenden. Machen Sie auch hier wieder einen Test, um sicherzugehen, daß Sie auf die Chemikalien nicht allergisch reagieren.

● Die Elektrolyse ist die einzige Methode, die Haare auf Dauer entfernt. Sie kann eine langsame, zeitaufwendige und teure Behandlung sein, aber es ist die beste langfristige Lösung für ein peinliches Problem. Nur qualifizierte Kosmetikerinnen können die Elektrolyse durchführen; sie führen eine feine Nadel in den Haarbalg ein, durch die dann ein Stromstoß gegeben wird, der die Haarwurzel abtötet. Bei feinem Haarwuchs ist nur eine Sitzung notwendig; stärkere, gröbere Haare brauchen mehrere Behandlungen, bevor sie für immer verschwinden.

BEINE

Die meisten Menschen werden mir zustimmen, daß eine dunkle, lange oder borstige Beinbehaarung nicht attraktiv ist und regelmäßig entfernt werden sollte. Es gibt wiederum drei Möglichkeiten, dem Übel zu Leibe zu rücken:

● Rasieren

● ein Haarentfernungsmittel

● eine Wachsbehandlung.

Jede dieser drei Möglichkeiten kann bei regelmäßiger Anwendung empfohlen werden. Die Elektrolyse ist allerdings für die meisten Frauen viel zu aufwendig in bezug auf Zeit und Geld.

Nackte Beine kann man im Urlaub oder zu Hause oder bei einer legeren Party zeigen, aber für berufstätige Frauen ist der Beginn der wärmeren Jahreszeit keine Entschuldigung, die Strumpfhose wegzulassen.

Damit es Ihnen an wirklich heißen Tagen nicht zu unbequem wird, können Sie sich mit Strümpfen etwas Lüftung verschaffen und Strumpfwaren, die Lycra enthalten, vermeiden (dieses Material läßt die Haut wenig oder gar nicht «atmen»). Eine weitere Möglichkeit für berufstätige Frauen ist, mit nackten Beinen ins Büro und nach Hause zu fahren, aber während der Arbeitszeit eine Strumpfhose oder Strümpfe zu tragen.

HÄNDE UND NÄGEL

Den ganzen Tag benützen Sie Ihre Hände, um sich auszudrücken. Denken Sie einmal daran, wie sehr Sie auf die Hände anderer Menschen achten, und fragen Sie sich, welchen Eindruck Ihre eigenen machen. Sie können nichts an der Form Ihrer Finger und der Größe Ihrer Hand ändern, aber Sie können durch regelmäßige und einfache Pflege viel für sie tun. Dazu gehört die Pflege der Nägel und der Nagelhaut und eine Handcreme oder -lotion, die die Haut weich und glatt hält.

Halten Sie eine solche Handcreme oder -lotion an jedem Waschbecken bereit, an dem Sie sich die Hände waschen, und tragen Sie immer eine Creme für die Nagelhaut und eine Sandpapierfeile in der Handtasche bei sich, um die Nägel bei einer sich bietenden Gelegenheit aufzupolieren.

Für schöne Hände und Nägel ist die wöchentliche Maniküre unumgänglich. Aber geraten Sie nicht in Panik – Sie können diese Aufgabe sehr leicht selbst erledigen. Fragen Sie die Kosmetikerin in der entsprechenden Abteilung eines Kaufhauses um Rat oder gönnen Sie sich einmal eine professionelle Maniküre und beobachten Sie genau, wie das gemacht wird.

Am besten führt man die Maniküre jede Woche zur gleichen Tageszeit durch, um sicherzustellen, daß sie nicht immer wieder in Vergessenheit gerät.

Das Haar – Ihr krönender Abschluß

Das Haar ist etwas, worüber Frauen sich auf der ganzen Welt beklagen. «Wenn es doch eine andere Farbe/Locken hätte, wenn die Haare doch gerade/dicker/glänzender wären.» Sie haben sicher schon alle einmal die Erfahrung eines verhängnisvollen Haarschnitts gemacht und sich gefragt, wie Sie damit überhaupt leben konnten. Es dauert Monate, bis dieser launenhafte «neue Look» sich wieder zu einer einigermaßen erkennbaren Frisur ausgewachsen hat, die Ihnen besser steht.

Für die Wahl einer guten Frisur sind zwei Dinge erforderlich: erstens das Wissen, was Ihnen steht, was zu Ihrem Gesicht, Ihrem Lebensstil und – am wichtigsten – was zu Ihrem Haartyp paßt; und die Hilfe eines talentierten und verständnisvollen Friseurs (selbstverständlich sind damit auch weibliche Fachkräfte gemeint).

GESICHTSFORM

Wenn Ihr Gesicht eine einfache, ovale Form hat, gibt es innerhalb der Grenzen Ihrer Haarstruktur viele Möglichkeiten. Für Frauen, deren Gesicht anders geformt ist – quadratisch, länglich, rund usw. –, gilt der Rat, die Form des Gesichts nicht zu wiederholen, sondern sie an den entsprechenden Stellen durch Breite, Weichheit oder Länge zu ergänzen.

Längliche Gesichter werden beispielsweise mit geraden Frisuren, die auf der Schulter oder kurz darunter enden, betont und erscheinen noch länger. Es ist besser, die zusätzliche Länge dieser Gesichter mit eckigen oder weichen Stilen, die an den Seiten und hinten Breite schaffen, aufzubrechen.

«Quadratische» Gesichter dagegen haben mehr Breite und weniger Länge als längliche. Entscheiden Sie sich daher für ein Minimum an den Seiten; oben auf dem Kopf sollten zusätzliche Schichten vorhanden sein, und hinten sollte einige Länge geschaffen werden.

Durch die Wahl einer Frisur, die Ihr Gesicht ergänzt, erreichen sie einen ausgewogeneren und interessanteren Look. Ein hübsches rundes Gesicht, das von einer vollen, runden Frisur umrahmt wird, sieht einfach fett und unattraktiv aus. Machen Sie das Beste aus Ihrem Gesicht, indem Sie eine Frisur wählen, die seine Einzigartigkeit betont.

LEBENSSTIL

Wenn Sie nicht jeden Tag eine halbe Stunde beim Frisieren verbringen können, sollten Sie keine Frisur wählen, die viel Pflege braucht und jeden Tag mit einem Lockenstab in Form gebracht werden muß.

Längere Frisuren können auch zeitaufwendig sein, wenn sie einfach gerade herunterhängen, aber wenn sie attraktiv geflochten, hinten zusammengenommen oder nach oben gesteckt werden, lassen sie sich so leicht pflegen wie einige der kürzeren Frisuren. Bevor Sie sich für eine neue Frisur entscheiden, sollten Sie mit Ihrem Friseur darüber sprechen, wieviel Zeit Sie täglich für die Haarpflege aufwenden können oder wollen.

STRUKTUR

Wie dick oder dünn Ihr Haar ist und wieviel Körper es hat (von Natur aus, ohne Schaumfestiger oder Gel), hat Auswirkungen auf die Wahl Ihrer Frisur. Vielleicht sehnen Sie sich nach dem üppigen Look eines bestimmten Modells oder Ihrer besten Freundin, aber möglicherweise haben sie eine andere *Art* von Haar als sie, und es ist klüger, wenn Sie lernen, wie Sie das Beste aus dem eigenen Haar machen und wie *Sie* am besten aussehen können.

Auf den Seiten 156 bis 158 sind einige Frisuren abgebildet. Bei jeder ist angegeben, zu welchen Gesichtsformen und Haarstrukturen sie paßt. Der Zeitaufwand für die Pflege ist mit Symbolen angegeben (● Waschen und Tragen; ● ● Fönen notwendig; ● ● ● Zeit erforderlich für Wellen, Haarwickler und Frisieren).

DIE WAHL EINES GUTEN FRISEURS (EINER GUTEN FRISEUSE)

Suchen Sie einen Friseur, der irgendwo zwischen dem höflichen, schwunglosen Ja-Sager liegt, der alles tut, was Sie ihm sagen, ohne konstruktive Vorschläge zu machen, und dem Diktator im Frisiersalon, der darauf besteht, das zu kreieren, was er will, ohne daß Sie um Ihre Meinung gebeten werden. Die besten Friseure sind gleichermaßen verständnisvoll wie kreativ; sie hören sich Ihre Wünsche an, bevor sie Ihnen sagen, was möglich ist.

Viele Friseure werden das Traumbild, das Sie aus einem Hochglanzmagazin herausgetrennt haben und das den ersehnten Look zeigt, nicht umsetzen können. Aber ein guter Friseur wird es sich

1. ●

2. ●

3. ●

4. ● ●

1. Für naturgelocktes oder dauergewelltes Haar. Paßt großartig zu
allen Gesichtsformen,
ausgenommen zu jenen mit hoher
Stirn.

2. Ein schicker Haarschnitt für alle
Strukturen, aber nicht für sehr
dickes Haar. Die Frisur kann
entweder kurz getragen werden –
gescheitelt oder zerzaust –, oder
sie kann natürlich in einen
auffälligen Pony fallen.

3. Für naturgelocktes oder
dauergewelltes Haar. Füllt längliche
Gesichter und solche mit hoher
Stirn auf. Sollte vermieden werden,
wenn Sie ein quadratisches oder
rundes Gesicht haben.

4. Für diese Frisur ist durchschnittlich
dickes Haar mit etwas Körper
erforderlich. Wenn das Haar fein
ist, sollten Sie eine Dauerwelle in
Betracht ziehen, um Fülle zu
erzielen.

5. ●●

6. ●●

7. ●●

8. ●●

5. Für feines bis mitteldickes Haar. Vorteilhaft für ovale und runde Gesichter.

6. Volumen wie auf dieser Abbildung erfordert bei mittellangem Haar viel Haarschaum. Dieser wird nach dem Trocknen der Haare eingeknetet, wobei der Kopf nach vorne gebeugt ist. Eine besonders hübsche Frisur für natürlich gewelltes oder dauergewelltes Haar.

7. Ein moderner Haarschnitt für die vielbeschäftigte Frau. Vermeiden Sie diese Frisur nur, wenn Sie einen langen Hals haben.

8. Mittellanges Haar, das mit einer Spange locker nach hinten zurückgesteckt ist. Eine großartige Möglichkeit, um Ihren Look für den Abend zu verändern.

(Die Symbole werden auf Seite 155 erklärt.)

9. ●●●

10. ●●●

9. Durchschnittlich langes bis langes Haar mit mittlerer bis dicker Struktur. Eine tolle Frisur für die meisten Gesichtsformen (ungeeignet bei länglichen).

10. Langes volles Haar für die Frau, die viel Zeit hat. Vermeiden Sie diese Frisur, wenn Sie klein oder auch durchschnittlich groß sind – sie wirkt am besten an großen Frauen.

mindestens ansehen, um eine Vorstellung davon zu bekommen, wie Ihr gewünschtes Image aussieht. Dann sollte er Ihnen erklären, ob dieser Look bei Ihrem Haar möglich ist und ob er zu Ihnen paßt. Denken Sie daran, daß das, was in den Zeitschriften abgebildet ist, oft das Ergebnis von stundenlanger Arbeit mit allen möglichen Gels, Schaumfestigern, Lockenwicklern, Haarnadeln und sogar Haarteilen ist, um die gesuchte Wirkung zu erzeugen. Benutzen Sie die Bilder in Zeitschriften daher nur als Richtlinie für eine neue Länge, Farbe oder eines neuen Image, statt zu versuchen, den Look genau zu kopieren.

Hier sind einige nützliche Tips, um beim Friseur optimal bedient zu werden.

● **Kleiden Sie sich angemessen.** Ihr Erscheinungsbild bestimmt, wie der Friseur Ihr Image interpretiert. Schneien Sie daher nicht einfach ungeplant in Ihrem Jogginganzug und ohne Make-up herein (außer wenn dies Ihr täglicher Look ist) in der Erwartung, daß er eine schicke Frisur für Sie findet.

● **Diskutieren Sie.** Lassen Sie sich nicht mit der oberflächlichen 30-Sekunden-Inspektion abspeisen. Nehmen Sie sich die nötige

Zeit, bevor Ihr Haar gewaschen wird, um Ihre Vorstellung mit dem Friseur zu diskutieren, und lassen Sie sich all Ihre Fragen beantworten.

- **Stellen Sie viele Fragen und beobachten Sie.** Wenn Sie einen neuen Friseur aufsuchen oder einen neuen Look erhalten, müssen Sie genau wissen, welcher Aufwand erforderlich ist, um diesen selbst zu kreieren. Falls Schaumfestiger oder Gel erforderlich ist: Wann müssen Sie ihn anwenden – vor oder nach dem Fönen – oder beide Male? Welche Fönmethode ist die beste – mit den Fingern oder mit einer Haarbürste? Was für eine Art Haarbürste? Wenn Sie mit Ihrer Frisur einmal etwas anderes machen wollen – wie sehen die Möglichkeiten dazu aus? Erwarten Sie nicht, daß Ihr Friseur tatsächlich alle anderen Möglichkeiten vorführt, aber er sollte sich die Zeit nehmen, Ideen mit dem Einsatz von Kämmen oder Bändern zu besprechen, zu erklären, wie Sie das Haar zurücknehmen und es mit Lockenwicklern oder einem Welleisen voller erscheinen lassen können usw.

- **Wechseln Sie den Friseur ab und zu.** Ihr Lieblingsfriseur gewöhnt sich rasch daran, Sie auf eine ganz bestimmte Weise zu betrachten. Daher ist er vielleicht nicht der ideale Berater für einen neuen Look.
  Wenn Sie eine neue Frisur ausprobiert haben, können Sie ruhig wieder zu Ihrem alten Friseur gehen. Sagen Sie ihm, Sie hätten sich die neue Frisur im Urlaub oder während einer Geschäftsreise machen lassen. Sie können auch ruhig den Grund dafür nennen. Er wird verstehen, daß Sie mit Ihrem neuen Look zufrieden sind, ihn beibehalten und nicht zu Ihrem alten Aussehen zurückkehren wollen.

- **Hören Sie bei der Wahl des Friseurs auf Empfehlungen.** Wenn Sie einen neuen Friseur suchen, fragen Sie Kolleginnen (deren Frisur Sie bewundern), wer sie frisiert. Alle Frauen bekommen gerne Komplimente und werden Ihnen sicher erzählen, wem das Lob für die Frisur gebührt. Auch Verkäuferinnen in Modegeschäften oder in Kosmetikabteilungen empfehlen in der Regel gerne ihren Friseur weiter. Diese Frauen sind im Geschäft mit der Schönheit erfahren und daran gewöhnt, heiße Tips an andere weiterzugeben.

Tips für das Färben der Haare

Heute stehen den Frauen viele Behandlungsmöglichkeiten zur Verfügung, um die eigene natürliche Haarfarbe zu verschönern. Und warum auch nicht? In Ländern, wo die Sonne nicht täglich scheint, kann ein Naturblond ziemlich trüb und leblos aussehen, es sei denn, es wird durch Strähnchen betont. Aber jeder Typ aus den Paletten von CMB kann sein Haar kolorieren, vorausgesetzt, es werden einige Richtlinien befolgt, die die besten Resultate garantieren. Wenn Sie mit einer neuen Haarfarbe zu weit gehen, kann dies die Wirkung Ihrer saisonalen Palette abschwächen. Ich will damit nicht sagen, daß Sie nie etwas Neues ausprobieren sollten, aber Sie müssen sich bewußt sein, daß Sie möglicherweise die Farben Ihrer Jahreszeit daran anpassen müssen.

Wir wollen zuerst die möglichen Methoden betrachten, bevor wir uns mit den Richtlinien für die einzelnen Jahreszeiten beschäftigen. Grundsätzlich haben Sie die Wahl zwischen einer vorübergehenden oder einer permanenten Tönung. Wenn Sie Ihre Haare noch nie getönt haben, ist es besser, einen neuen Ton mit einer halbpermanenten Tönung oder einer Shampoospülung auszuprobieren, um zu sehen, ob er Ihnen zusagt. Mit einer permanenten Färbung oder gebleichten Strähnchen legen Sie sich fest, und es dauert Monate, bis die Haare mit der natürlichen Färbung wieder nachgewachsen sind.

Vorübergehende Tönung

Sie können verschiedene Nuancen mit Tönungsfestigern oder Shampoospülungen testen. Sie überziehen nur die Haaroberfläche und werden bei der nächsten Haarwäsche herausgewaschen. Frauen mit dunklem Haar können das Ergebnis nur schwer beurteilen, da diese Tönungen an ihnen nicht so hervortreten wie bei hellhaarigen Frauen.

Halbpermanente Tönung

Sie können experimentieren und eine Farbe aus dem Regal wählen, aber ich würde Ihnen raten, sich an einen Koloristen in einem guten Salon zu wenden. Erwarten Sie nicht, daß jeder Friseur Sie bei der Haarfarbe fachmännisch beraten kann. Es bedarf eines Spezialisten, der Ihnen sagt, was mit Ihrem Haar möglich ist, wie porös es ist und wie es die Farbe voraussichtlich annehmen wird. Ein Spezialist kann Ihnen mit Sicherheit auch sagen, welche Farben Ihren Hautton ergänzen.

Halbpermanente Tönungen werden in das Haar einshampooniert. Man läßt sie etwa zwanzig Minuten lang einwirken, bevor sie wieder ausgespült werden. Die besten Resultate werden erzielt, wenn das Haar zweimal vorher shampooniert wird, da sauberes Haar am porösesten ist.

Eine halbpermanente Tönung ist nur empfehlenswert für rotes, kastanienbraunes, braunes oder dunkles Haar, da sie als aufhellende Behandlung wirklich nicht effektiv ist. Wählen Sie eine halbpermanente Tönung, wenn Ihr Haar gerade zu ergrauen beginnt, da das natürliche Verblassen nicht so offensichtlich ist wie bei einer permanenten Färbung des Haares.

Eine halbpermanente Tönung hält bis zu sechs Wochen an und verblaßt dann langsam wieder zu dem eigenen natürlichen Ton, so daß kein offensichtlicher Unterschied zwischen dieser Tönung und der eigenen Haarfarbe erkennbar wird.

Permanente Farbtönungen

Hier handelt es sich um die Behandlung mit Färbstoffen, die mit Wasserstoffsuperoxid gemischt werden, um die Haarfarbe permanent zu ändern. Nach vier bis sechs Wochen werden Sie merken, wie das Haar in seiner normalen Farbe nachwächst. Dann müssen die Wurzeln gefärbt werden, damit sie zur übrigen Haarfarbe passen.

Eine solche Färbung ist die beste Lösung, wenn Sie Ihre Haarfarbe wesentlich ändern oder Grau völlig überdecken wollen. Überlassen Sie diese Behandlung immer einem Spezialisten (siehe die vorangehenden Hinweise für halbpermanente Tönungen).

Das Bleichen ist die permanente Farbbehandlung zum Blondieren der Haare. Die dafür erforderliche Zeit hängt von Ihrem Haartyp ab, aber gute Ergebnisse sind sicher.

Jede permanente Tönung beeinflußt die natürliche Struktur Ihres Haares, so daß es poröser und trockener wird und die Enden sich spalten. Benutzen Sie einmal wöchentlich eine besondere Pflegepackung und besorgen Sie sich eine Kurspülung speziell für koloriertes Haar.

Strähnchen

Ein Kompromiß ist das Färben einzelner Strähnchen anstelle einer völligen Farbveränderung. Strähnchen sind am besten für Blondinen geeignet; sie können ganz nach Wunsch in verschiedenen Bereichen eingefärbt werden, so daß der Eindruck entsteht, daß Sie ein paar Wochen im Süden waren. Dunkel- und mittelbraune Haare können wirkungsvoll mit dunkleren Strähnchen behandelt werden, die einen Ton dunkler als die natürliche Haarfarbe sind, so daß das Haar reizvoll belebt wirkt. Der Vorteil bei professionell eingefärbten Strähnchen liegt darin, daß alles sehr natürlich aussieht und das Nachwachsen des Haares kaum auffällt. Etwa alle vier Monate sollte die Behandlung wiederholt werden.

Richtlinien für die Haarfarbe der Jahreszeitentypen

FRÜHLING

Klare Frühlingsfrauen: Wählen Sie kastanienbraune oder satte braune Shampoospülungen, Tönungen oder dunkle Strähnchen. Wenn Ihr Haar schön ergraut, brauchen Sie nichts zu tun, andernfalls tönen Sie es einen Ton heller als Ihre natürliche Farbgebung.

Warme Frühlingsfrauen: Rote, erdbeerblonde oder goldblonde Strähnchen wirken am besten. Fügen Sie bei grauem Haar warme oder goldene Strähnchen hinzu.

Helle Frühlingsfrauen: Zur Betonung sollten Sie goldene, aber keine aschblonden Strähnchen verwenden. Lassen Sie Ihr Haar natürlich ergrauen.

SOMMER

Helle Sommerfrauen: Wenn Sie blond sind, sollten Sie einen aschblonden Ton mit etwas Wärme wählen. Neutralere aschblonde Strähnchen sind am besten, wenn Ihr Haar auch etwas Grau enthält. Hüten Sie sich vor zu starken platinblonden Färbungen; diese können Frauen über Dreißig sehr alt machen.

Kühle Sommerfrauen: Ihr Haar ergraut sehr schön, lassen Sie also der Natur ihren Lauf. Aber wenn Sie blonde Strähnchen in Ihr Haar färben lassen, müssen sie Ihre Palette auf die Farben der Hellen Sommerpalette umstellen.

Gedeckte Sommerfrauen: Einige Strähnchen können von Vorteil sein, wenn Ihr Haar etwas farblos wirkt. Sie sollten es jedoch nicht zu golden tönen lassen. Mittlere aschblonde Strähnchen oder Strähnchen, die etwas heller sind als Ihre natürliche Haarfarbe, sind am wirkungsvollsten. Die meisten Gedeckten Sommertypen ergrauen sehr attraktiv, müssen dann aber ihre Farben auf die Kühle Sommerpalette umstellen.

HERBST

Gedeckte Herbstfrauen: Viele Gedeckte Herbstfrauen werden mit helleren oder dunkleren Strähnchen zum Leben erweckt. Wählen Sie wärmere, goldenere Strähnchen, keine roten oder erdbeerblonden, da Sie sonst eine Warme Herbstfrau werden. Sehr warme Farben wirken bei Ihrer Haut nicht gut, daher sollten Sie bei Strähnchen vorsichtig sein. Ziehen Sie eine Tönung in Betracht, wenn Ihr Haar ergraut (es nimmt wahrscheinlich eine unattraktive gräuliche Farbe an), oder behalten Sie Ihre Strähnchen.

Warme Herbstfrauen: Versuchen Sie es mit erdbeerblonden oder goldenen Strähnchen. Eine halbpermanente Henna-Tönung ist bei Warmen Herbstfrauen ebenfalls sehr wirkungsvoll. Wenn Ihr Haar ergraut, müssen Sie entscheiden, ob Sie es überdecken wollen. Da es nicht immer positiv wirkt, möchte ich Ihnen vorschlagen, es regelmäßig zu tönen, und zwar eine Nuance gedämpfter als normal. Wenn Sie das Grau nicht überdecken, sollten Sie Ihre Farben der Gedeckten Herbstpalette anpassen.

Dunkle Herbstfrauen: Kastanienbraune Spülungen oder Tönungen sind am besten. Wenn Sie dunkle Strähnchen einsetzen, wird Ihr Erscheinungsbild weicher, und Sie müssen Ihre Farbpalette dem Gedeckten Herbsttyp anpassen. Wenn Sie sehen, daß Ihre Farbgebung (bei Augen und Haut) nahe an die des Gedeckten Herbsttyps heranreicht, können Sie diese Umstellung in Betracht ziehen. Aber wenn Ihr Hautton dunkler ist und Ihre Augen leuchten, sollten Sie Ihr dynamisches Erscheinungsbild nicht aufs Spiel setzen, indem Sie Ihre Haare heller tönen. In den meisten Fällen ergrauen Dunkle Herbstfrauen nicht besonders attraktiv. Aus diesem Grunde sollten Sie eine Farbspülung verwenden, wenn das Grau in Ihrem Haar überhandnimmt.

WINTER

Dunkle Winterfrauen: Kastanienbraune Spülungen oder Tönungen sind am besten. Strähnchen würden die Wirkung Ihrer saisonalen Palette ruinieren. Die meisten Dunklen Winterfrauen ergrauen sehr schön.

Kühle Winterfrauen: Wenn Ihr Haar grau ist, möchte ich darauf wetten, daß es wunderschön ist. Sollten Sie es wieder auf Ihre natürliche Haarfarbe zurückfärben wollen, werden Sie zu einem Dunklen Wintertyp. Aber tun Sie dies nur, wenn Sie meinen, daß es unbedingt nötig ist. Ihr graues Haar ist großartig.

Klare Winterfrauen: Ihr Haar sollte eine dunkle und starke Farbe haben, die nah bei Ihrer natürlichen Haarfarbe liegt. Viele Klare Winterfrauen ergrauen sehr attraktiv. Wenn Sie möchten, können Sie Ihr Haar belassen, aber dämpfen Sie Ihre Farben mit der Kühlen Winterpalette, wenn das Grau vorherrschend wird.

Brillen: auf die Augen kommt es an

Wenn Sie eine Brille tragen, sind Sie sich hoffentlich bewußt, daß diese Ihr wichtigstes Accessoire ist. Dasselbe trifft auf Sonnenbrillen zu. Mit einem falschen Gestell können Sie langweilig, unattraktiv und sogar finster aussehen, während bei der richtigen Brille die gesamte Aufmerksamkeit auf Sie und Ihre Augen gelenkt wird. Manche Frauen leisten sich mehrere Brillen, damit sie ein unterschiedliches Aussehen erreichen können.

Die Wahl einer Brille kann eine schwierige Aufgabe sein. Augenärzte bzw. Optiker sind nicht speziell für Stilfragen ausgebildet und daher nicht immer die idealen Berater, wenn es um die Form des Gestells, die Farbe oder Möglichkeiten geht, die Ihr Gesicht zur Geltung bringen. Zum Glück können Sie die Grundlagen für die Wahl einer Brille als Accessoire leicht erlernen – einer Brille, die Ihr Gesicht vorteilhaft zur Geltung bringt und nicht von ihm ablenkt.

FARBTIPS FÜR DIE WAHL EINER BRILLE

Die Mode verändert sich ständig, und wenn Sie sich für eine Brille entscheiden, sollten Sie einen guten, neutralen Farbton wählen, der Ihnen und Ihrem Kleidungsstil entspricht.

Als Orientierungshilfe dient Ihre Farbpalette (siehe Kapitel 3). Mittlere Neutralfarben wie Rauchgrau, Schildpatt, mittleres Marineblau und Olivgrün (falls diese in Ihrer Palette vertreten sind) sind für den Berufsalltag am besten geeignet. Wenn Sie Geld für ein zweites Brillenpaar ausgeben wollen, sollten Sie ein auffälligeres Modell für das Wochenende wählen, das Ihre saisonalen Farben und auch Ihre Stilpersönlichkeit zum Ausdruck bringt. Ein Hauch von Straß schafft leichten Glanz bei der Abendkleidung.

DIE ERGÄNZUNG DER GESICHTSFORM

Bei der Wahl einer Brille sollten Sie ein Gestell aussuchen, das Ihre Gesichtsform ergänzt oder einen Kontrast bildet – aber sie nicht wiederholt. Eine runde Brille sähe an einem runden Gesicht uninteressant aus. Eine eckige Brille bei einem eckigen, vollen Gesicht wär noch schlimmer, da das Gesicht breiter und die Kinnlinie sehr hart aussehen würde.

Hier einige Tips für die Wahl eines Brillengestells:

GRÖSSE

Wählen Sie ein Gestell, das von den Proportionen her zu Ihrem Gesicht paßt. Wenn Sie zierlich sind, brauchen Sie einen zarteren Stil; mit einem großen Gestell würden Sie wie ein Gnom aussehen. Eine Frau mit einem großen Gesicht braucht ein kräftigeres Gestell; ein zierliches Gestell würde zu leicht wirken. Ausgewogenheit ist hier das Schlüsselwort. Das Gestell sollte

● nicht breiter sein als das Gesicht;

● mit den Augenbrauen darüber eine Linie bilden;

● nicht niedriger sein als der höchste Punkt des Nasenloches.

Schmale Gesichter: Rechteckige oder runde Gestelle wirken am besten; Pilotenbrillen sind ebenfalls gut geeignet.

Eckige oder rechteckige Gesichter: Wählen Sie ein abgerundetes Gestell, kein eckiges. Bei einem eckigen Gesicht sollten Sie ein großes Gestell vermeiden – die Brille wirkt am schönsten, wenn sie nicht unterhalb des oberen Wangenbereichs liegt.

Runde Gesichter: Ein eckiger oder rechteckiger Stil gibt Ihrem Gesicht eine gute Begrenzung.

Weit auseinanderliegende Augen: Wählen Sie eine Brille mit einem dunkleren, stärkeren Steg, der die Augen zusammenbringt.

Eng beieinanderliegende Augen: Wählen Sie eine Brille mit einem durchsichtigen oder schmalen Steg, der diesen Bereich hell erscheinen läßt, so daß die Augen nicht so dicht beieinander zu liegen scheinen.

Lange Nasen: Wählen Sie eine Brille mit niedrigem oder dunklem Steg, um die Nase optisch zu verkürzen.

Kurze Nasen: Eine Brille mit hohem oder durchsichtigem Steg macht das Beste aus einer kleinen Nase.

TIPS FÜR DAS AUGEN-MAKE-UP VON BRILLENTRÄGERINNEN
Auch wenn Sie schlecht sehen, müssen Sie nicht auf Ihr Augen-Make-up verzichten. Heute gibt es Brillen und Hilfsmittel, mit denen Sie sich leicht schminken können. Mit einem speziell herunterklapp-baren Gestell sehen Sie, was Sie machen, wenn Sie je ein Auge für sich schminken. Überall sind auch Vergrößerungsspiegel erhältlich, die Frauen bei Kurz- oder Weitsichtigkeit weiterhelfen.

Weitsichtigkeit
Eine weitsichtige Frau trägt Brillengläser, die das Auge scheinbar vergrößern. Daher muß sie beim Auftragen des Augen-Make-up besonders vorsichtig sein, damit es nicht zu übertrieben wirkt:

● Verwenden Sie neutrale, natürliche Töne. Leuchtende, farbenfrohe Töne würden aufdringlich wirken.

● Verwenden Sie ein Minimum an Eyeliner; tragen Sie ihn nur auf dem äußeren Drittel des Ober- und Unterlides auf. Kein Schwarz.

● Tragen Sie lieber zwei dünne Schichten Maskara auf statt eine dicke, da diese klumpig aussehen würde.

● Halten Sie einzelne Haare unter den Augenbrauen kurz, da diese sonst Ihre Augenkonturen unsauber erscheinen lassen.

Kurzsichtigkeit
Kurzsichtige Frauen müssen oft Brillengläser tragen, die ihre Augen kleiner erscheinen lassen. Wenn dies Ihr Problem ist, können Sie die unerwünschte Wirkung folgendermaßen eindämmen:

- Vermeiden Sie sehr blasse Lidschattenfarben oder Perllidschatten. Verwenden Sie vielmehr dunkle, natürliche Töne, um die Intensität der Augen zu unterstreichen.

- Benützen Sie einen Kajal-Stift als Eyeliner, um den Augen Definition und Tiefe zu verleihen. Tragen Sie den Eyeliner nicht um das ganze Auge herum auf, da sie dadurch kleiner erscheinen und das Problem noch verschärfen. Setzen Sie den Eyeliner nur auf der äußeren Hälfte des Oberlides ein sowie auf dem äußeren Drittel des Unterlides, um die Augen weiter und tiefer erscheinen zu lassen.

- Betonen Sie die Augenbrauen stark. Wenn diese sehr hell sind, bürsten Sie sie mit einem gedeckten, neutralen Ton, der der eigenen Brauenfarbe ähnelt. Zum Schluß bürsten Sie die Brauen mit klarem Maskara nach oben.

FARBIGE KONTAKTLINSEN

Die Trägerinnen von Kontaktlinsen haben eine große Auswahl an Linsen, die die natürliche Augenfarbe sowohl verstärken als auch verändern können. Die Wirkungen von farbigen Linsen können sehr raffiniert und attraktiv sein, sie wirken aber manchmal auch sehr bizarr und künstlich.

Ihre Augenfarbe spielt bei der Farbanalyse nach den Paletten von CMB eine Hauptrolle. Wenn Sie Ihre von Natur aus braunen Augen zu blauen hin verändern, wandelt sich damit Ihr ganzes Aussehen, von der Wirkung Ihrer Kleidung bis zu Ihrem Make-up. Für den Fall, daß Sie eine völlige Veränderung planen und die neue Augenfarbe die meiste Zeit über einsetzen wollen, müssen Sie Ihre Palette entsprechend anpassen oder sogar wechseln – ein Aufwand, der gründlich überdacht werden sollte.

Wenn Sie getönte Kontaktlinsen wählen, um Ihre natürliche Augenfarbe zu unterstreichen, erzielen Sie entweder eine leuchtendere oder eine dunklere Wirkung. Die haselnußbraunen Augen des Gedeckten Herbsttyps beispielsweise fallen stärker auf, wenn sie smaragdgrün werden. Die Gedeckte Herbstpalette würde jetzt neben dem Smaragdgrün fade und langweilig wirken. Die betreffende Frau müßte sich nun am Hellen Frühlingstyp orientieren, um ihr Erscheinungsbild auszubalancieren.

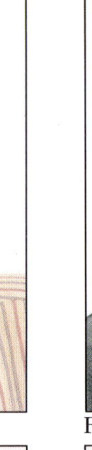

Freizeit

Freizeit

Beruf

Beruf

Abend

Abend

Überlegen Sie sich daher sehr gut, ob Sie farbige Kontaktlinsen tragen wollen. Ich würde Ihnen empfehlen, Ihre natürliche Augenfarbe durch getönte Kontaktlinsen leuchtender zu machen und sie stärker zur Geltung zu bringen, statt die Farbe völlig zu verändern. Aber die Entscheidung bleibt natürlich Ihnen überlassen. Denken Sie jedoch daran, daß Sie nur wegen einer Laune möglicherweise Ihre gesamte Garderobe austauschen müssen.

Gegenüber: Wie Sie verschiedene Gestelle einsetzen können

Kapitel 7

Ihre Stilpersönlichkeit

Jetzt ist es an der Zeit, Ihr inneres Ich herauszukehren und der Welt zu zeigen, wie Sie wahrgenommen werden möchten. Bisher haben wir uns mit Ihren körperlichen Merkmalen befaßt – Ihrer natürlichen Farbgebung und Ihrer Körperform –, und Sie haben viel darüber gelernt, was Ihnen stehen könnte. Aber als Sie Ihre Farben entdeckt haben, sind Sie zweifellos auf ein paar Töne gestoßen, bei denen Sie gesagt haben: «Diese Farben würde ich niemals tragen.» Auch als Sie die Abschnitte über die Körperform gelesen haben, haben Sie möglicherweise bei ein paar Stilvorschlägen tief Luft geholt, weil Sie sie entweder noch nie ausprobiert haben oder sie auf den Tod nicht ausstehen können. Nehmen Sie diese Reaktionen ernst, denn Sie sind Ausdruck Ihrer Individualität. Auch wir CMB-Beraterinnen berücksichtigen diese Dimension vermehrt.

Ihre Persönlichkeit diktiert Ihren Stil, der Ihre eigene Interpretation der Mode ist. Wenn Sie Ihre Persönlichkeit ignorieren und Kleider kaufen, die von Modellen auf Hochglanzpapier beeinflußt werden, oder Dinge, die großartig an einer Freundin aussehen, gelangen Sie schließlich zu einer Garderobe, die ein Gemisch aus allen möglichen Stilen ist. Dies begrenzt Ihre Flexibilität beim Kombinieren und Abstimmen der einzelnen Teile, bei der Kreation von Outfits. Es bedeutet zudem, daß Sie für Ihre Investitionen nicht den besten Gegenwert erhalten.

Die Meinung ist auf keinen Fall, daß Ihre gesamte Garderobe aus denselben Stoffen, Mustern und Schnitten bestehen sollte – das wäre furchtbar langweilig. Aber ich rate Ihnen, die Stoffe, Strukturen, Drucke, Details und Accessoires, die Ihnen am besten gefallen, zu analysieren, ebenso die Farben und Kleidungsstile, die Ihnen stehen. Dann sollten Sie versuchen, Ihre Garderobe um diese Teile herum aufzubauen.

VIELE STIMMUNGEN, VERSCHIEDENE ANLÄSSE

An manchen Tagen fühlen wir uns sorglos und möchten, daß unsere Kleidung dies widerspiegelt. An anderen Tagen sind wir reservierter und empfinden das Leben möglicherweise sogar ein bißchen als Plage. Bei solchen Gelegenheiten wollen wir keine Kleidung oder keinen Stil tragen, der die Aufmerksamkeit auf uns lenkt. Aber trotzdem möchten wir immer gut aussehen.

Neben den Stimmungsschwankungen gibt es auch unterschiedliche gesellschaftliche Anlässe – spezielle oder routinemäßige Veranstaltungen, die einen besonderen Look erforderlich machen, Tage, an denen man dramatisch, klassisch, natürlich, romantisch, schick oder kreativ sein will oder sein muß.

Denken wir einmal an ein sportliches Ereignis, beispielsweise ein Tennisspiel mit einer Freundin. Ihre Partnerin erscheint vielleicht mit aufeinander abgestimmten Kleidungsstücken, mit Rüschen an Shorts und Socken und – wie es bei ihr üblich ist – mit vollem Make-up und perfekt frisiertem Haar. Sie tragen möglicherweise ein bequemes, weitgeschnittenes T-Shirt über Ihren Shorts, damit Sie sich ganz frei bewegen können, kein Make-up und das Haar funktional zu einem Pferdeschwanz zusammengenommen. Oder vielleicht ist es auch umgekehrt. Auf jeden Fall tragen die beiden Frauen zwei individuelle Stilrichtungen für denselben Anlaß. «Jeder nach seinem Geschmack» – Gott sei Dank, kann man da nur sagen; wie langweilig wäre es, wenn wir alle gleich aussähen und uns gleich kleideten.

Überlegen Sie einmal, wie Sie sich für besondere Gelegenheiten kleiden, wenn Sie mit Ihrem Mann oder Ihrem Freund ausgehen. Was haben Sie an Ihrem letzten Hochzeitstag getragen oder das letzte Mal, als er Sie zum Essen eingeladen hat? War es ein körperbetontes Minikleid aus Lycra oder eine Spitzenbluse mit einem langen Samtrock? Vielleicht stellen Sie sich unter romantischer Kleidung eher einen Overall vor, kein Kleid. Es hängt ganz von unserer Persönlichkeit ab, wie wir unsere Stimmung und bestimmte Anlässe interpretieren.

Wenn Sie Kleidungsstile und Accessoires tragen, die Ihre Persönlichkeit zum Ausdruck bringen, sehen andere zuerst *Sie* und dann erst Ihre Kleidung. Sie sind ganz Sie selbst und verhalten sich entsprechend. Wenn Sie sich mit Ihrem Image eins fühlen, können Sie sich in jeder Situation entspannter verhalten. In Kleidungsstücken,

die nicht Ihr «Ich» widerspiegeln, fühlen Sie sich unwohl, «fein angezogen», befangen oder einfach albern. Für jeden Anlaß, für jede
Rolle, die Sie spielen, können Sie Ihre Persönlichkeit richtig ausdrücken, damit *Sie* im Mittelpunkt der Aufmerksamkeit stehen,
nicht das Designerkleid oder das Kleid Ihrer besten Freundin.

ENTDECKEN SIE IHRE STILPERSÖNLICHKEIT

Machen Sie den untenstehenden Persönlichkeitstest. Kreuzen Sie
die Antworten an, die am ehesten auf Sie zutreffen. Manchmal sind
zwei Antworten möglich, aber wählen Sie die, die Ihnen am nächsten kommt.

1. MEINE BEVORZUGTE BERUFSKLEIDUNG:
A. Einzelstücke, die man kombinieren kann und die zueinander
   passen; sie sollten bequem, aber dennoch professionell sein ☐
B. Klassisch geschnittene Kostüme ☐
C. Keine zu klassische Kleidung, vorzugsweise weichere Linien ☐
D. Modische, kühne, starke Entwürfe ☐
E. Angemessene, aber überraschende Kombinationen ☐
F. Elegant zueinander passende Neutralfarben in bester Qualität ☐

2. MEIN BEVORZUGTER KLEIDUNGSSTIL AM WOCHENENDE:
A. Sportliche Kleidung oder Freizeitkleidung ☐
B. Der zeitlose Rock und Pullover von guter Qualität ☐
C. Weiche Kleider, fließende Röcke mit hübschen Blusen ☐
D. Die neueste Mode, eine überweite Jacke und auffallende
   Accessoires ☐
E. Ethnolook, avantgardistische oder nonkonformistische
   Kleidungsstile ☐
F. Einfach, aber schick, beispielsweise ein Designer-Jogginganzug ☐

3. MEINE LIEBLINGSFRISUR:
A. Leger, mit Windstoßeffekt ☐
B. Kontrolliert und ordentlich, aber nicht streng ☐
C. Weiche, stufig geschnittene Kurven, nie kurz ☐

D. Glatt, asymmetrisch ☐

E. Bürstenschnitt, natürlich fallende Locken oder eine unkompli-
zierte Frisur ☐

F. Glatte Frisuren, die aktuell und zeitlos sind ☐

4. MEINE LIEBLINGSSTOFFE:

A. Viyella, Denim, Strickstoffe, Struktur ☐

B. Naturstoffe von hoher Qualität: 100% Wolle, Baumwolle, Seide ☐

C. Jersey, Spitze, Seide ☐

D. Schwere Stoffe: Samt, Brokat, Wildleder ☐

E. Lycra, metallische Stoffe, kontrastierende Strukturen ☐

F. Wollcrêpe, Kaschmir, Leder der besten Qualität ☐

5. MEINE LIEBLINGSBLUSE ODER MEIN LIEBSTES OBERTEIL:

A. Ein Polohemd aus Wolle oder Baumwolle ☐

B. Tailliert, aus Seide oder Baumwolle ☐

C. Eine Bluse mit Spitzenkragen ☐

D. Eine auffallende Kasackbluse ☐

E. Ein besonders künstlerischer Einzelentwurf ☐

F. Jersey oder Stonewashed-Seide ☐

6. ALS ACCESSOIRES WÄHLE ICH:

A. Nicht viel, vorzugsweise Naturperlen und -steine ☐

B. Nur Perlen oder Gold ☐

C. Zierliche Stücke, vorzugsweise antik ☐

D. Kühne, geometrische Formen, die für sich allein getragen
werden – nie durcheinander ☐

E. Große Ohrgehänge, Stücke im Ethnolook ☐

F. Lange Goldketten, Ohrringe im Chanel-Stil ☐

7. FÜR DEN ABEND WÄHLE ICH:

A. Samthose oder Overall ☐

B. Ein einfaches schwarzes Kleid ☐

C. Ein schönes Seidenkleid mit feinen Details ☐

D. Eine farbenfrohe Seidenjacke mit einem schwarzen Rock ☐

E. Eine Radlerhose und ein paillettenbesetztes Oberteil ☐

F. Hausjacke, Seidentop und elegante Hose ☐

8. MEINE LIEBLINGSSCHUHE:

A. Sportschuhe oder Schuhe im Ballerinastil ☐

B. Einfache Pumps ☐

C. Offene Schuhe mit höheren Absätzen und freien Zehen ☐

D. Lederstiefel oder besonders auffallende Schuhe ☐

E. Kurze Wildlederstiefeletten ☐

F. Pumps mit quadratischer Spitze und keilförmigem Absatz ☐

9. MEINE LIEBLINGSFARBEN:

A. Natürlich wirkende Färbstoffe, keine Neonfarben ☐

B. Ineinander übergehende Farbe, keine kühnen Kontraste ☐

C. Pastelltöne ☐

D. Satte, auffallende Farben vor schwarzem Hintergrund ☐

E. Alles von Neon- bis Ethno-Farben ☐

F. Neutrale Farben: Anthrazit, Warmes Grau, Eierschale oder Stone-washed-Töne ☐

ANZAHL A–B–C–D–E–F

Wenn Sie vorwiegend mit A geantwortet haben, sind Sie ein natürlicher Typ, mit B ein klassischer, mit C ein romantischer, mit D ein dramatischer, mit E ein kreativer Typ, mit F eine Vertreterin des EuroChic.

Wie in den vorhergehenden Kapiteln über Farbe und Körperform, gelten diese Stilpersönlichkeiten nicht absolut. Vielleicht bevorzugen Sie einen speziellen Typ, haben aber eine starke Vorliebe für einen zweiten. Wenn Sie berufstätig sind, fühlen Sie sich vielleicht tagsüber als eine bestimmte Stilpersönlichkeit, möchten aber abends oder am Wochenende ein ganz anderes Ich herauskehren.

Um mehr über die Interpretation Ihrer Stilpersönlichkeit zu lernen, lesen Sie die folgenden Abschnitte, die Ihren dominierenden Persönlichkeitsstil beschreiben.

Der natürliche Typ

Der natürliche Typ hat einen entspannten Stil, der für Bewegungsfreiheit und Spaß steht. Von allen sechs Typen gehören Sie zu denjenigen, die sich am wenigsten für die aktuelle Mode interessieren. Sie setzen Ihre Prioritäten woanders, aber das heißt nicht, daß Sie nicht gerne gut aussehen.

In Ihrem Stilempfinden werden Sie instinktiv von der Natur angezogen, die Sie bei der Wahl Ihrer Farben am stärksten inspiriert. Die Herbstpalette enthält die natürlichsten Farben, aber alle CMB-Paletten haben einfache, ungekünstelte Farben. Neonfarben sind nichts für Sie: Sie werden eher von Naturfarben wie Siena, Ocker und Indigo angezogen.

Als Drucke bevorzugt der natürliche Typ Paisley-Muster, Karos, Schottenkaros und Streifen (vorausgesetzt, sie sind nicht zu auffallend). Alles, was zu affektiert oder zu vordergründig ist, macht Sie nervös. Sie mögen Struktur, und Ihnen stehen die dicksten Wollpullover und die noppigsten Stoffe. Zu den Fehlern in Ihrer Garderobe zählen Rüschenblusen, Seidenkleider und übertriebene Designs.

Für Ihren Stil brauchen Sie Bewegungsfreiheit, daher dürfen Kostüme nicht zu eng anliegen und müssen Röcke bequem sein, damit Sie beim Gehen ausholen können. Auch wenn Sie schlank sind, bevorzugen Sie eine locker sitzende Taille. Kellerfalten oder weiche Kräuselungen geben Ihnen die nötige Freiheit.

TIPS FÜR DEN NATÜRLICHEN KLEIDUNGSSTIL

Farbe: Keine elektrischen Farben für den natürlichen Look; am besten sind Ökotöne: Braun, Rostbraun, Goldgelb und Töne vom Meeresufer – Dunkelblau, Seegrün und Sand. Aber alle Jahreszeiten können einen natürlichen Look kreieren. Am schönsten wirken ineinander übergehende Töne, zu denen Sie einen Schuß Farbe geben, vielleicht mit einem passenden Tuch, einem Kragen oder einer Weste.

Kleidungsstile: Nichts Enganliegendes, Sie brauchen genug Platz, um Stücke übereinanderzuschichten. Die natürliche Persönlichkeit trägt gerne mehrere Schichten übereinander, fügt Stücke hinzu oder läßt sie wegfallen, ganz wie das Wetter es verlangt. Da der natürliche Typ sich gerne in Freien aufhält, kann seine Kleidung nicht zu empfindlich sein, sondern muß den Elementen standhalten. Lassen Sie sich nicht von Kleidungsstücken verlocken, mit denen Sie nichts anfangen können, etwa Chiffontücher oder dünnmaschige Strumpfwaren. Wollschals und lichtundurchlässige oder gerippte Strumpfhosen entsprechen eher Ihrem Stil.

Make-up: Sie lieben das absolute Minimum. Aber einmal ehrlich: können Sie es sich wirklich noch leisten, mit einem gewaschenen Gesicht und einem Hauch Lippenstift herumzulaufen? Versuchen Sie es mit einer Tönungscreme (in einem Ton Ihrer Jahreszeit), neutralem Lidschatten in Erdtönen, braunem oder schwarzem Maskara und einem natürlichen Lippenstift oder Gloss.

Accessoires: Der natürliche Stil wird am besten mit Accessoires betont, die kostbar, aber dennoch rustikal sind. Handgefertigte Ledergürtel und grobe Steinperlen passen wunderbar zu Wildleder, Strickstoffen und Cord. Die beste Investition für Sie sind ein Flechtgürtel von Qualität, bronzefarbene Ohrringe und eine antike Anstecknadel für das Revers. Ihre Halsketten sollten nicht zu glänzend oder zierlich sein.

Haar: Sie wollen nicht viel Zeit damit verbringen, Ihr Haar morgens mit Schaumfestiger oder Gel zu kneten, es zu fönen oder aufzuwickeln. Wählen Sie daher eine kurze oder lange Frisur, die hübsch aussieht, wenn sie leicht nach oben gesteckt oder hinten mit einer Spange zusammengehalten wird.

Der klassische Typ

Die zeitlose Eleganz dieses Stils spiegelt sich am besten in Frauen wider, die Qualität über Quantität stellen, Stil über Mode.

Sie wollen nicht, daß Ihre Kleidung die Aufmerksamkeit auf Sie lenkt, sondern drücken ein gewisses Understatement aus. Sie mischen Ihre Farben auf eine Art und Weise, die sie nie gekünstelt erscheinen lassen.

Andere Frauen, die sich im klassischen Stil kleiden, erscheinen neben Ihnen langweilig. Als echte klassische Frau wählen Sie die unkompliziertesten, einfachsten Entwürfe und sehen großartig darin aus. An Ihnen sieht ein Kleid, das Sie im Ausverkauf erstanden haben, wie ein Designerstück aus, einfach durch die Art und Weise, wie Sie es tragen – mit diesem persönlichen, würdevollen Stil, der Ihnen zu eigen ist.

Die Stoffe, die Sie wählen, sind nie extrem; in zu viel Struktur fühlen Sie sich unwohl. Anstelle des großen, überweiten, massigen Pullovers, den der natürliche Typ bevorzugt, entscheiden Sie sich immer für den feingewebten, enganliegenden Sweater. Alles, was zu überladen, gerüscht, seidig oder glatt ist, ist out; anstelle von mit Perlen versehenen, herausgeputzten oder verzierten Allerweltsstoffen sind Naturfasern von hoher Qualität für Sie wie geschaffen.

Wenn Sie eine klassische Frau sind, die ihrer Linie treu bleibt und sich von Modetrends oder anderen Beeinflussungen nicht verleiten läßt, können Sie sich eine Garderobe aufbauen, mit der Sie überall hingehen können. Ihre verschiedenen Stile können schön kombiniert werden, so daß das Kostüm für den beruflichen Alltag leicht und effektvoll für den Abend verändert werden kann, indem Sie einfach die Accessoires verändern.

TIPS FÜR DEN KLASSISCHEN KLEIDUNGSSTIL

Farbe: Die mittleren Töne (Blau, Grün, Violett) und die Neutralfarben (Creme, Hellbeige, Graubeige, Warmes Grau, Braun) bilden die Grundlage Ihrer Garderobe. Viele klassische Typen mögen auch Pastellfarben, aber die etwas dunkleren; wenn sie zu hell oder blaß sind, verlieren Sie Ihre klassische Eleganz. Traditionelle Kombinationen, beispielsweise Marine und Weiß, die an anderen langweilig aussehen, stehen Ihnen einfach großartig.

Kleidungsstile: Nichts Extremes, aber das bedeutet nicht, daß Sie sich altmodisch kleiden sollen. Ihre Eleganz hängt auch davon ab, daß Sie auf der Höhe der Mode sind. Die Proportionen sind ausgewogen, und Sie achten sehr auf gute Paßform. Der klassische Look geht völlig unter, wenn ein Rock zu kurz oder zu eng oder wenn die Jackenlänge unschmeichelhaft ist. Kaufen Sie die Kleidungsstücke für einen harmonischen Look bei einem Modeschöpfer, um klassische Ausgewogenheit zu erreichen.

Make-up: Ihr Ziel ist ein elegantes Aussehen, daher dürfen Sie nicht auf Grundierung, Puder, Rouge, Lidschatten, Maskara und Lippenstift verzichten.

Accessoires: Halten Sie diese einfach, aber vergessen Sie nie die Bedeutung von Ohrringen, Ihrem wichtigsten Accessoire. Klassische Frauen vermeiden auffällige, herabhängende, übertriebene Stücke und sehen am besten in einfachen, aktuellen Designs aus, beispielsweise mit großen Gold- oder Perlenclips, einer Perlenkette und einer Qualitätsuhr.

Ihre Schuhe sollen – wie Ihre Kleidung – nie extrem sein. Einfache Lederpumps sind die beste Lösung.

Haar: Die Frisur des klassischen Typs, die nie unordentlich oder unkontrollierbar ist, braucht kein Übermaß an täglicher Pflege; Sie verlassen sich auf einen exzellenten Haarschnitt, der Ihre Gesichtsform ergänzt und eher glatt und nicht gelockt ist.

Der romantische Typ

Sie sind eine echte Scarlett O'Hara, die mit jedem Stück Ihrer Garderobe ein verführerisches Outfit kreieren kann. Sie sind die Frau, die Jeans haßt und einen fließenden femininen Rock und eine hübsche Bluse bevorzugt – selbst bei der Gartenarbeit.

Als romantische Frau achten Sie sehr auf Details, angefangen bei der Wahl der Ohrringe und des Blusenkragens bis hin zur Farbe der Strumpfhose. Sie würden nicht im Traum daran denken, in einem alten Stück aus dem Haus zu gehen, und nehmen sich die nötige Zeit, um sich bereit zu machen (und das kann eine ganze Weile dauern!).

Sie lieben farbenfrohe Kleidung und vermeiden nichtssagende, dunkle Töne. Am liebsten betonen Sie Augen, Haar und Hautton mit geeigneten Tönen (Sie sind sicher ein echter Fan von Color Me Beautiful).

Ihre Stoffe sind weich, fließend und kostbar. Samt, Spitze, Seide und Jersey zählen zu Ihren Favoriten. Alles, das sich gut anfühlt, gefällt Ihnen. Steifes Wildleder, starrer Gabardine oder alle synthetischen Stoffe lassen Sie als romantischen Typ gleichgültig.

TIPS FÜR DEN ROMANTISCHEN KLEIDUNGSSTIL

Farbe: Nehmen Sie leidenschaftliche Rosa-, Rot-, Pflaumen-, Lila- und Violettöne, die mit zarten pastellfarbigen oder hellen Seidenblusen oder Blusen aus weichen Stoffen ergänzt werden. Wenn Sie blond, rothaarig, brünett oder grauhaarig sind, müssen Sie Ihre Farbtöne anpassen und den eigenen Hautton sowie die Augen- und Haarfarbe ergänzen. Aber unabhängig von Ihrer Jahreszeit werden Sie farbige Kleidung den neutralen braunen, grauen, marineblauen und schwarzen Tönen vorziehen.

Kleidungsstile: Im Beruf sollte die romantische Frau klassisch geschnittene Kleidung vermeiden, da sie ihr ein uninteressantes Aussehen und das Gefühl von Langeweile gibt. Entscheiden Sie sich statt dessen für weichere Schnitte, die femininer, aber dennoch professionell wirken. Zum Kostüm bevorzugen Sie die Variante Kleid mit Tuch, um so Ihren romantischen Stil auszudrücken, aber achten Sie darauf, daß Sie im Büro nicht zu überladen oder gar albern wirken. In der Freizeit liegen Sie mit Blusen und Röcken am besten.

Accessoires: Diese sind fein, zart und stecken voller Details. Antike Gold- und Zinnstücke, gemischt mit Steinen, ergänzen Ihren Stil zusammen mit Großmutters vielgetragener und beliebter Kamee.

Ihr Interesse an Schuhen grenzt an Fetischismus. Bei Ihrer Liebe zum Detail sollten Sie es jedoch nicht übertreiben, etwa indem Sie ständig über die Nützlichkeit eines Stils nachdenken. Aber zweifellos werden Sie Ratschläge für Schuhe einfach ignorieren und als echter romantischer Typ weiter nach Ihren Impulsen kaufen.

Make-up: Sie wissen bereits, daß die paar Minuten, die Sie für Ihr Gesicht aufwenden, Ihrem Look zugute kommen. Der romantische Typ verfällt jedoch leicht in einen Trott. Achten Sie also darauf, sich nicht älter zu machen, als Sie sind, indem Sie immer noch dieselben Farben und Techniken wie beim Schulabschluß anwenden.

Haar: Eine glatter Schnitt, etwa ein praktischer Pagenkopf, ist nichts für Sie. Wenn Sie nicht von Natur aus Locken, Wellen oder genug Fülle für einen sinnlichen Stil haben, fragen Sie Ihren Friseur um Rat. Der echte romantische Typ kann mit exakten Linien oder schlaffem Haar nicht glücklich werden.

Der dramatische Typ

Hier haben wir einen auffallenden und raffinierten Stil vor uns. Sie sind die Frau, die ins Zimmer tritt und alle Anwesenden mit ihrer Haltung, ihrem Selbstvertrauen und ihrer Individualität sprachlos macht.

Ihre Farben sind stark: Die Primärfarben – Rot, Blau und Gelb – sind als Kontrast zu Schwarz Ihr Lieblingslook. Aber Sie müssen kein Wintertyp sein, um eine dramatische Wirkung mit Farbe zu erzielen. Jede Frau kann nur die stärksten Farben aus ihrer Palette wählen und sie kontrastreich einsetzen.

Die dramatische Frau vermeidet Drucke, speziell alles, was überladen, blumig oder zu feminin ist. Ihre Wahl fällt eher auf Pop-art, geometrische oder symbolträchtige Drucke (beispielsweise eine Colaflasche oder Smarties, die über den Rücken tanzen).

Dramatische Frauen gibt es in allen Formen und Größen, und ihre Begeisterung läßt mit den Jahren nicht nach (trotz allem Gegendruck). Die offensichtlichsten Vertreterinnen sind die großen, dünnen, eckigen Typen, die überweite, auffallende Designs mit Leichtigkeit tragen. Zierliche Frauen mit einer dramatischen Persönlichkeit können den gewünschten Look erzielen, indem sie auffällige Kleidung in ihrem zierlichen Maßstab vermeiden und statt dessen ihre kühnsten Farben wählen, allerdings in Entwürfen, die zu ihrem kleinen Maßstab passen. Wenn Sie etwas kurviger, aber fraglos dramatisch sind, überlassen Sie es Ihren Accessoires und Ihrer Frisur, den auffallenden, raffinierten Look zu schaffen.

TIPS FÜR DEN DRAMATISCHEN KLEIDUNGSSTIL

Farbe: Empfehlenswert sind die Primärfarben Rot, Blau und Gelb in Ihrer Palette, außerdem feste Farbblöcke in einer einzigen Farbe, beispielsweise ein rotes Kleid, das nur mit einem einfachen, hervorstechenden Accessoire geschmückt wird. Schwarz ist Ihr klarer Favorit (aber tragen Sie es nicht zu nahe am Gesicht, wenn es nicht in Ihrer saisonalen Palette enthalten ist).

Kleidungsstile: Wählen Sie auffällige Proportionen – die lange Jacke und der kurze Rock; ein fließender Hosenrock mit einem Bolero; eine überweite Bluse mit Leggings – und vermeiden Sie das Vorhersehbare. Kaufen Sie nicht einen vollständigen Look von einem Modeschöpfer oder Hersteller. Wählen Sie den auffallendsten Artikel, vielleicht die Jacke oder den Rock, der zu einem tollen Stück paßt, das sich bereits in Ihrer Garderobe befindet.

Accessoires: Ihr Kleidungszubehör hat einen modernen Beiklang, der durch elegantes, minimales Design ausgedrückt wird. Statt viele Accessoires wahllos zur Schau zu stellen, sollten Sie ein Stück in den Mittelpunkt rücken – eine große Brosche, auffallende Ohrringe oder einen ungewöhnlichen Gürtel. Die Schuhe dürfen nicht wie nachträglich hinzugefügt wirken. Zeigen Sie Einfallsreichtum und tragen Sie Stiefeletten zu einem kurzen Rock, flache Schuhe zu Hosen und sportliche Schnürschuhe zu Hosenröcken.

Make-up: Ihr Make-up muß ebenfalls eine klare Aussage machen. Am besten sind eine blasse, matte Grundierung, dunkler Lidschatten in Naturtönen (braun oder grau) und hervorstechende Lippen (in Ihrem besten Rot). Verwenden Sie immer Töne aus Ihrer Palette, um den dramatischen Look zu erzielen.

Haar: Wenn Ihre Frisur gerade fällt, lassen Sie sie asymmetrisch schneiden; um die beste Wirkung zu erzielen, sollte sie kurz und glatt sein. Bei lockigem Haar wirkt ein eckiger Keil sehr dramatisch. Vergessen Sie nicht, Ihre Gesichtsform in die Überlegungen mit einzubeziehen (siehe Seite 160).

Der kreative Typ

Dieser Typ beschreibt die individuelle Stilistin, die einen pauschalen Look ablehnt. Wenn Sie eine jüngere kreative Frau sind, sind Sie möglicherweise der körperbewußte Fitneß-Freak, dessen Radlerhosen die Grundlage der Garderobe bilden. Sie tragen sie tagsüber mit Pullovern und Spitzenblusen und abends mit einem Paillettenoberteil und Pfennigabsätzen.

Der reifere kreative Typ trägt einen originellen Look, der anderen immer künstlerisch erscheint. Im Beruf wirken Sie professionell, aber nie spießig, weil Sie Einzelstücke und Accessoires auf überraschende Weise mischen. Als echte kreative Frau haben Sie denselben Look wahrscheinlich nie zweimal getragen, weil Ihr Image immer Ihre Stimmungen widerspiegelt, und diese sind ihrer künstlerischen Natur gemäß nie wirklich vorhersehbar.

Sie sind Expertin beim Abklappern von Second-Hand-Läden und Kleidungsagenturen für Raritäten, die von anderen übersehen, aber von Ihrem Kennerauge sofort erspäht werden.

Sie sehen sich dem Druck zu stärkerer Anpassung und konventioneller Kleidung ausgesetzt. Dem sollten Sie widerstehen, denn wenn Sie Ihren kreativen Stil nicht zum Ausdruck bringen, kommen Sie in Ihren persönlichen und beruflichen Aktivitäten nicht zum verdienten Erfolg.

TIPS FÜR DEN KREATIVEN KLEIDUNGSSTIL

Farbe: Nichts Vorhersehbares, bitte. Tragen Sie Ihre Farben kontrastreich, verblüffend oder in Mischungen, die keine andere Frau wagen würde. Experimentieren Sie mit Stoffen und Strukturen, die unterschiedliche Wirkungen mit Farbe erzeugen, angefangen bei Lycra in Neonfarben hin zu kostbaren Samt- und Brokatstoffen. Ihr Instinkt legt es darauf an zu schockieren, zu amüsieren, aber auch zu inspirieren. Dies macht am Abend, am Wochenende und im Urlaub am meisten Spaß. Aber im Berufsleben sollten Sie Ihre Aussichten nicht gefährden, weil man Sie für unpassend gekleidet hält. Im Beruf entscheiden Sie sich am besten für ausgewählte Einzelteile, die Sie miteinander kombinieren und mit Accessoires schmücken, um Ihren innovativen Stil auszudrücken.

Accessoires: Angefangen bei Ihrer Brille und Ihren Haarspangen bis zu Ihren Gürteln, Knöpfen und Stiefeln wollen Sie neue Wege einschlagen. Wenn Sie Brillenträgerin sind, sollte das Gestell nie eine konventionelle, neutrale Farbe haben. Wählen Sie statt dessen einen amüsanten, hervorstechenden Ton.

Trennen Sie sich von Gürteln, die bei Röcken und Kleidern mitgeliefert werden, und ersetzen Sie diese durch Ihren Lieblingsgürtel aus Leder mit vielen Details, die Ihr Outfit auf die gewünschte Weise interpretieren. Suchen Sie nach ungewöhnlichen Knöpfen, um normale Blusen und Jacken neu zu beleben.

Sie sind die Frau, die ohne Bedenken bis auf die Schultern hängende Ohrringe zur Schau stellt; kleine Perlstecker passen nicht zur kreativen Frau. Tragen Sie in der Freizeit so viele Ketten und Armreifen, wie Sie möchten, aber halten Sie sich im Büro etwas zurück.

Make-up: Rücken Sie Ihre Augen in den Mittelpunkt. Definieren Sie sie mit einem farbigen Kajal-Stift (nicht mit Schwarz), und verleihen Sie ihnen Tiefe, um sie vorteilhaft zur Geltung zu bringen. Bei den Lippen beginnen Sie mit einem neutralen Grundton aus Ihrer Palette und betonen sie dann mit Ihrem tiefsten Rot.

Haar: Hier gibt es keine Vorschriften. Wenn Ihr Haar voll ist und gute Struktur hat, zeigen Sie es vor. Strenge, kontrollierte Frisuren widersprechen Ihrem kreativen Stil. Verraten Sie auch hier Mut (im Rahmen Ihrer Palette). Wenn Ihr Haar glatt ist, versuchen Sie es mit einer Dauerwelle für einen wilden, natürlichen Look.

Die Vertreterin des EuroChic

Sie haben viele Phasen durchlebt, vielleicht als Ehefrau und Mutter oder als erfolgreiche Karrierefrau, oder haben mit allen drei Rollen jongliert. Nach unzähligen erschöpfenden Modesaisons mit einer Garderobe, die mit zu vielen Möglichkeiten vollgestopft war, wurden Sie der ganzen Sache schließlich überdrüssig. Heute haben Sie einen Stil entwickelt, der Ihren gleichaltrigen Opfern der Modebranche fraglos voraus ist. Der Schlüssel zu Ihrem Schick: die Einfachheit.

Sie sind selbstsicher, elegant und locker. Ihr Stil spiegelt dies und noch mehr wider. Morgens kleiden Sie sich mit dem Selbstvertrauen, daß Sie passend gekleidet sind, sollten Sie plötzlich einen unbekannten Schauplatz vorfinden oder mit einem unerwarteten Zusammentreffen konfrontiert werden. Dieses Selbstvertrauen entstammt einem kultivierten Bewußtsein Ihrer selbst und dessen, was Sie darstellen.

Vielleicht waren Sie früher ein klassischer Typ, aber nach unzähligen Erfahrungen wissen Sie, daß es Möglichkeiten gibt, zeitlos elegant und schick auszusehen. Vielleicht waren Sie ein dramatischer Typ, der der unbequemen «modischen» Kleidungsstile überdrüssig wurde, obwohl von Ihnen immer noch sehr viel Dramatik ausgeht.

TIPS FÜR DEN KLEIDUNGSSTIL DES EUROCHIC

Farbe: Untereinander passende Töne, elegante Kombinationen, keine zu leuchtenden, grellen oder beißenden Farben. Zu den Grundlagen Ihrer Garderobe zählen Farben wie Eierschale, Anthrazit, Steingrau, Graubeige und Warmes Grau, die gut zu monochromen Stücken passen oder mit einem Schuß kräftiger Farbe belebt werden – Olivgrün, Jadegrün, Schiefer oder Karmesinrot. Jede Frau, die ihrem Äußern die richtige CMB-Palette zugrunde legt, kann die Eleganz des EuroChic erreichen, indem sie die neutralen Lieblingsfarben wählt und sie mit ergänzenden Tönen abstimmt.

Kleidungsstile: Die richtigen Adjektive für den EuroChic sind entspannt, weich und fließend, nie zu streng oder körperbetont. Ihr Ziel ist eine elegant-lockere Paßform. Strickstoffe, Jerseys und Wollcrêpe sind für kühlere Tage hervorragend geeignet, vorgewaschene Seidenstoffe und Leinen für wärmere Tage.

Entscheiden Sie sich für gute Qualität und vermeiden Sie Sonderangebote, bei denen Sie zwei Stücke für den Preis von einem erhalten. Ihre Garderobe kann aus ganz wenigen Teilen bestehen.

Accessoires: Suchen Sie nach Modeschmuck von hoher Qualität, aber lassen Sie die Finger von extremen Stücken. Modeschmuck im Chanel-Stil ist eine sichere Sache zur Ergänzung des EuroChic-Looks. Ihre Accessoires sind wichtig, aber sie sollen Ihre Kleidung oder Ihre Person nicht überwältigen.

Als Schuhe sollten Sie modische Klassiker wählen und die beste Qualität, die Sie sich leisten können. Für Ihren Look ist es wichtig, daß Ihr Schuhwerk immer in tadellosem Zustand ist. Stimmen Sie Ihre Strumpfwaren immer darauf ab, um elegant zu wirken.

Make-up: Grelle oder leuchtende Farben sind nichts für Sie. Wählen Sie natürliche Töne, die Ihren eleganten Schliff vervollständigen, und verwenden Sie immer matten Lidschatten, keinen gefrosteten oder Perllidschatten.

Haar: Unabhängig davon, ob die Haare kurz oder lang sind, sollte Ihre Frisur immer gut gepflegt sein. Falls Grau durchschimmert, sollten Sie sich dessen bewußt sein. Falls nötig, lassen Sie sich in bezug auf Ihre Möglichkeiten – Tönungen, Färbungen oder Henna-Behandlungen – beraten. Vermeiden Sie lockige Dauerwellen oder überladene Frisuren.

Kapitel 8

Kleidung für das Berufsleben

Frauen in jedem Stadium der Karriere sind zu uns gekommen, um sich beraten zu lassen, wie sie am Arbeitsplatz ein besseres Image erreichen können. Manche suchen Bestätigung, eine Feinabstimmung oder auch einen völlig neuen Look. Die Gründe sind unterschiedlich, aber überwiegend geht es um folgendes:

- Andere hatten ihnen gesagt, daß sie nicht ihrer Rolle entsprechend gekleidet seien und daß ihr Erscheinungsbild ihre Aufstiegschancen negativ beeinflusse.

- Sie wußten, daß sie übergangen wurden, aber nicht aus Gründen der Inkompetenz.

- Ihr Erscheinungsbild war ihnen aus der Hand geglitten, und sie wußten nicht, wie sie es wiederherstellen und auf den neuesten Stand bringen konnten.

- Sie hatten die Verwandlung bei einer Kollegin gesehen und wollten entsprechende Hilfe.

- Sie hatten gehört, wie Kollegen über das großartige Image einer anderen Frau sprachen, und wollten dieselbe Anerkennung.

Wir haben oft erlebt, daß fähige Frauen bei einer Beförderung übergangen wurden, weil sie nicht aussahen, als ob sie der Rolle gerecht werden könnten. Eine dreijährige Studie über die Karrieresprünge von Männern und Frauen, die vom Center for Creative Leadership (USA) durchgeführt wurde, ergab, daß bei den hundert befragten Unternehmen der Karrierefortschritt des Mannes von seiner Kompetenz abhing, während bei den Frauen ihre Fähigkeiten, ihr Aussehen plus ein akzeptables Image dafür verantwortlich waren. Über 35 % der untersuchten Frauen wußten, daß sie aufgrund ihres Images hatten Kritik hinnehmen müssen.

Das British Institute of Manpower Studies beschäftigte sich 1989 mit 320 Top-Unternehmen in Großbritannien und fand heraus, daß mehr als 99 % der Arbeitgeber sich immer noch instinktiv auf ihr Gefühl verlassen, wenn sie ein Einstellungsgespräch führen, oft schon Minuten nachdem sie den Kandidaten oder die Kandidatin zum ersten Mal gesehen haben. Ein Großteil der Personalchefs ist gegenüber Frauen und älteren Kandidaten voreingenommen. Wenn Sie also beides sind, haben Sie wirklich schlechte Karten. Wie John Courtis in einem seiner Bücher darlegt, herrscht eine beträchtliche Intoleranz vor, die dazu führt, daß Menschen, die unattraktiv sind, «unpassende» Hobbys haben oder gelegentlich schlechte Schuhe tragen, nicht eingestellt werden!

Die rigorosen Bemühungen, die geschlechtliche Diskriminierung am Arbeitsplatz auszurotten, zeigen nur langsam Erfolg, trotz umfassender nationaler Gesetze und Postulate der Europäischen Kommission, die seit über zwanzig Jahren besteht. Männer halten die Industrie fest im Griff, in akademischen Berufen werden Frauen nur im Schneckentempo befördert.

Warum Frauen in ihrer Karriere immer an die «Glasdecke» stoßen, wie es die Amerikaner ausdrücken, ist Thema vieler Diskussionen. In der Regel beginnen die Schwierigkeiten so richtig, wenn Frauen vor der Entscheidung stehen, ob sie Kinder haben wollen oder nicht. Wer sich dafür entscheidet, bringt automatisch seine Karriere in Gefahr. Frauen haben einfach nicht die Flexibilität ihrer männlichen Kollegen oder Partner, die umziehen, reisen oder Überstunden machen können, wenn Kinder da sind. Eine neue Untersuchung unter den eintausend höchstdotierten weiblichen Angestellten im höheren Management ergab, daß 80 % kinderlos waren! Dennoch stellten dieselben Frauen Gesundheit, Liebe und *Familie* weit über den Karriereerfolg, der nur von 6,8 % der Befragten am höchsten bewertet wurde.

Unzureichende Unterbringungsmöglichkeiten für Kinder, unvernünftige Arbeitszeiten und das vorsintflutliche Denken in den von Männern beherrschten Vorstandsetagen überall auf der Welt werden unsere Karriereaussichten auch noch während der nächsten Jahre beeinträchtigen. Aber da der Gegendruck der Frauen wächst und auch viele Frauen sich mit einem flexibleren, aufgeklärten und konkurrenzfähigen Unternehmen selbständig machen, steigen die

Chancen doch etwas. Vorderhand müssen wir akzeptieren, daß wir nicht nur die richtigen Qualifikationen brauchen, um eingestellt zu werden und die Karriereleiter hochzuklettern, sondern auch gut aussehen müssen.

DEM ROLLENBILD ENTSPRECHEN

Wie steht es mit Ihnen und Ihrem beruflichen Image? Arbeitet es für oder gegen Sie?

Das richtige Image hilft Ihnen nicht nur, schneller befördert zu werden, sondern kann auch Ihre Verdienstmöglichkeiten beeinflussen. In einer Untersuchung von Clairol 1987 wurden zwei Anfertigungen von Lebensläufen talentierter Frauen an mögliche zukünftige Arbeitgeber geschickt. Wenn Fotos mitgeschickt wurden, die die Kandidatinnen richtig gekleidet und gutgepflegt zeigten, wurden diesen Frauen bis zu 20 % höhere Gehälter angeboten als Frauen mit identischen Lebensläufen, denen ein Foto mit einem gleichgültigen Image beigelegt war.

Bei einer weiteren amerikanischen Untersuchung (durchgeführt von Andrew Du Brin vom Rochester Institute of Technology) fand man heraus, daß Männer ihr Erscheinungsbild stärker für Beförderungen einsetzen als Frauen. 35 % der Männer sagten, daß sie ihr Image pflegten, um auf der Karriereleiter Fortschritte zu erzielen, im Vergleich zu 15 % der Frauen. Wenn Sie daher nicht wissen, wie Sie die richtigen Signale senden müssen und können, um die Anerkennung und das Gehalt zu bekommen, das Sie verdienen, ist es an der Zeit, daß Sie es lernen. Dazu müssen Sie das richtige Image für Ihren Beruf entwickeln. Die kreativen Berufszweige (etwa Werbung, Marketing und Medien), die Modeindustrie und die Pflegeberufe (zum Beispiel Sozialarbeit und Lehrberufe) bieten die meisten Wahlmöglichkeiten und die größte Flexibilität. Traditionellere Berufe (wie Buchhaltung, Bankwesen, juristische Berufe) werden immer noch von den Männern beherrscht und verlangen daher nach einem klassischeren, konservativeren Image.

Was können Sie also tun, wenn Ihre Stilpersönlichkeit (Kapitel 7) dramatisch, romantisch, natürlich oder kreativ ist und Sie in einem der traditionelleren Berufe arbeiten? Wenn Ihnen Ihre Arbeit wirklich Spaß macht und Sie ehrgeizig sind, sollten Sie bereit sein, tagsüber die konservativsten Teile Ihrer Garderobe zu tragen, und Ihre extremste Kleidung der Freizeit vorbehalten. Dies ist kein so großer Kompromiß, wenn Sie bedenken, daß ein oder zwei etwas «klassischere» Ausstattungen durchaus einen Platz in jeder Garderobe verdienen, und sehr oft kann man solcher Kleidung mit Accessoires in der Freizeit mehr Pfiff verleihen. Denken Sie auch daran, was auf dem Spiel steht! Ich spreche nicht mit «gespaltener Zunge», sondern betrachte das Ganze nur von einem praktischen Standpunkt aus.

Lesen Sie die Richtlinien für Frauen, die außer Haus berufstätig sind, durch und fragen Sie sich, ob Sie diese Ratschläge die meiste Zeit über beachten. Wenn nicht, riskieren Sie möglicherweise Ihre Karriere, weil Sie die falschen Signale an Vorgesetzte, Kollegen und Untergebene senden.

Lesen Sie auch die Richtlinien für spezielle Berufszweige und Berufe im neunten Kapitel durch, die sich auf das berufliche Umfeld oder auf gesellschaftliche Anlässe konzentrieren, bei denen Sie mit Kollegen, Klienten und Kunden zusammentreffen.

RICHTLINIEN FÜR FRAUEN, DIE AUSSER HAUS BERUFSTÄTIG SIND

KLEIDUNGSSTILE: DARAUF SOLLTEN SIE ACHTEN

- Gute Qualität; das Beste, das Sie sich leisten können.

- Modische klassische Stücke sind die besten Investitionen. Setzen Sie Farbe und Accessoires ein, um einen individuellen Look zu kreieren.

- Kombinierte Stücke, die man mischen kann und die zueinander passen, bieten die größte Vielseitigkeit. Schlagen Sie die «Garderobenplanung für Ihre Jahreszeit» nach (auf den Seiten 248 bis 251).

- Achten Sie immer auf einen etwas lockeren Sitz bei der Berufskleidung. Enganliegende Stücke aus Lycra passen besser am Abend (aber nie, wenn Sie mit Kunden zusammen sind).

- Tragen Sie klassische Rocklängen, die nicht extrem sind. Wenn Ihre Beine ein Pluspunkt sind, können die Röcke maximal 2,5 cm über dem Knie enden. Ansonsten lassen Sie Ihre Röcke am Knie oder knapp darunter an der Kniekehle enden.

KLEIDUNGSSTILE: DAVOR SOLLTEN SIE SICH HÜTEN

- Minderwertige Nähte, die die Kleidung billig und Sie erfolglos aussehen lassen.

- Schlechte Paßform – zu eng, zu weit, zu lang oder zu kurz. Jedes Extrem bei der Paßform kann Sie schwer, alt und altmodisch aussehen lassen.

- Die neuesten Modeprodukte sind eine schlechte Investition für die Berufskleidung. Achten Sie lieber auf die Trends: Ideen und Looks, die umfassend eingesetzt werden und die wahrscheinlich bleiben werden, beispielsweise das Ensemble aus Kleid und Mantel als Alternative zum Kostüm oder das Kostüm, das aus zwei Teilen besteht, anstelle des Einteilers.

- Einzelstücke, die sich wahrscheinlich nur mit einer einzigen anderen Kombination vertragen.

- Enganliegende, knappe Designs. Je mehr Haut Sie zeigen, desto mehr Autorität geben Sie preis. Dies trifft für den Halsausschnitt, die Beine sowie für die Arme zu (angeschnittene oder kurze Ärmel sind im Sommer viel wirkungsvoller als ärmellose Oberteile).

- «Mini» oder «Maxi»; ersterer ist unangemessen und lenkt zu sehr von den Erfordernissen des Berufslebens ab, während letzterer unförmig und unprofessionell aussieht.

FARBEN: DARAUF SOLLTEN SIE ACHTEN

- Beginnen Sie mit neutralen Farben aus Ihrer Palette – Steingrau, Graubeige, Grau, Marine, Camel usw. Diese Farben können Sie häufiger tragen, ohne daß andere sich gleich an sie erinnern, und Sie können sie mit den meisten Farben Ihrer Palette koordinieren, um unterschiedliche Looks zu schaffen.

- Einfarbige Stücke sind leichter zu koordinieren als Muster. Raffinierte Webstoffe, die aus mehreren Ihrer neutralen Farben, beispielsweise Graubeige, Marine und Eierschale, gemischt sind, sind ebenfalls vielseitig verwendbar.

- Die dunkleren Töne Ihrer Palette drücken mehr Kompetenz aus als die helleren Töne. Aber die mittleren Töne sind zugänglicher und weniger bedrohlich an Tagen, an denen Sie Freunde gewinnen und andere beeinflussen müssen.

FARBEN: DAVOR SOLLTEN SIE SICH HÜTEN

● Grelle Farben, an die man sich erinnert, es sei denn, Sie haben eine Grundgarderobe mit neutralen Farben für den Beruf. Einige Farben – so Rot, Blau und satte Grüntöne – sind auffallend, ohne unpassend zu wirken, aber ein Kostüm in Bananengelb oder Hellorange würde unprofessionell wirken.

● Unruhige Muster, die man schlecht kombinieren kann. Mittlere bis kleine Muster bieten größere Möglichkeiten als sehr auffällige Streifen, große Blumenmuster oder auffallende Karos.

● Hellere Töne für Kostüme, besonders Pastellfarben, beeinträchtigen Ihre Autorität. Bewahren Sie Ihre pfirsich- und rosafarbenen sowie Ihre zitronengelben Töne für Blusen, Tücher oder Muster auf. Helle Neutralfarben wie Graubeige, Hellbeige oder Eierschale sind in der Geschäftswelt akzeptabel, weil sie nicht als «ultrafeminin» gelten.

STOFFE: DARAUF SOLLTEN SIE ACHTEN
(Siehe auch den Leitfaden für Stoffe auf den Seiten 252ff.)

● Bevorzugen Sie Naturstoffe wie Wolle, Baumwolle, Seide, Leinen oder Mischungen aus Natur- und künstlichen Fasern. Es ist sowohl für die Bequemlichkeit als auch für die Wirkung besser, wenn die Kleidung vorwiegend aus Naturstoffen besteht, zum Beispiel aus 60 % Wolle und 40 % Terylene. Ein Polyesterkostüm sieht immer minderwertiger aus als eines aus Wolle.

● Leicht zu pflegende Stoffe sind praktischer. Studieren Sie vor dem Kauf das Etikett.

● Matte Oberflächen bei Kostümen, Kleidern und sogar Blusen sind professioneller als glänzende Stoffe. Satin ist, wenn er in Maßen getragen wird, etwa als Bluse unter einem Kostüm, in mittleren bis dunkleren Tönen am effektvollsten.

STOFFE: DAVOR SOLLTEN SIE SICH HÜTEN

● Alles, was zu 100 % aus Kunstfasern besteht. Diese Stoffe knittern zwar nicht, aber sie sehen schäbig und billig aus. Außerdem atmen Kunstfasern nicht und sind besonders im Sommer unbequem zu tragen.

- Enganliegende, dünne, flauschige Stoffe, die man anfassen möchte. Ein Flauschpullover wird nie professionell aussehen, egal, ob er allein oder unter einer Jacke getragen wird.
- Stoffe, die besonderer Pflege bedürfen, beispielsweise bestickte oder geprägte Stoffe oder feine Seide, die nach jedem Tragen gereinigt werden muß.
- Glänzende Oberflächen an einem kompletten Outfit, wie Seide, Satin oder Leder, da Sie darin den ganzen Tag übertrieben festlich gekleidet wirken würden.
- Feine Baumwoll-, Leinen- oder Seidenstoffe, die so leicht knittern, daß sie schon nach kurzer Zeit schäbig und ungepflegt aussehen.

SCHUHE: DARAUF SOLLTEN SIE ACHTEN

- Leder oder Wildleder von guter Qualität. Keine Plastik- oder Stoffschuhe.
- Neutrale Farben wie Schwarz, Marine oder Steingrau sind vielseitiger als hellere Farben.
- Die gleiche Farbe wie der Saum oder etwas dunkler.
- Modische klassische Stilrichtungen als Pumps. Flache Schuhe sehen allzu leger aus, selbst wenn Sie Ihnen zu Röcken oder Hosen großartig stehen.

SCHUHE: DAVOR SOLLTEN SIE SICH HÜTEN

- Modefarben, die ein sehr begrenztes Leben haben und nur zu wenigen Teilen Ihrer Garderobe passen.
- Pfennigabsätze oder Absätze, die Sie am normalen Gehen hindern.
- Weiß – egal, in welchem Stil und Preis.

STRUMPFWAREN: DARAUF SOLLTEN SIE ACHTEN

- Neutrale Töne, die mit der Saumlinie harmonieren.
- Wählen Sie für den Winter 10 bis 15 den.
- Nehmen Sie für den Sommer 5 bis 7 den. Strümpfe, auch «selbsthaftende», sind im Sommer bequemer als Strumpfhosen.

STRUMPFWAREN: DAVOR SOLLTEN SIE SICH HÜTEN

- Leuchtende Farben oder dramatische Muster, die von Ihrer Kleidung ablenken. Im Geschäftsleben sollten Ihre Strümpfe keine besondere Aussage machen, sondern Ihren Look vervollständigen.

- Blickdichte Strumpfwaren aus Baumwolle oder glänzendem Lycra.

- Gehen Sie *nie* ohne Strümpfe ins Büro, egal, wie heiß oder schwül es ist – im Geschäftsleben *müssen* Sie Strümpfe oder eine Strumpfhose tragen. Für die Fahrt ins Büro sind nackte Beine im Sommer möglich, aber ziehen Sie die Strumpfhose schnell in der Damentoilette über, bevor Sie das Büro betreten.

AKTENTASCHE/HANDTASCHE: DARAUF SOLLTEN SIE ACHTEN

- Eine Größe, die von den Proportionen zu Ihnen paßt. Zierliche Frauen sollten sich vor übergroßen Stilen hüten, während große Frauen eine entsprechend größere Tasche brauchen.

- Eine neutrale Farbe, die zu Ihren Kostümen paßt. Sie muß nicht unbedingt auf Ihre Schuhe abgestimmt sein; wenn die Tasche eine andere Farbe hat, läßt Sie Ihr Äußeres reizvoller erscheinen.

- Vom Design her elegant, aber funktional. Überlegen Sie, wie Sie Ihre Tasche am liebsten tragen. Wenn Sie Schultertaschen vorziehen, sollten Sie darauf achten, daß der Riemen eine bequeme Länge hat. Die übertrieben funktionalen Taschen mit unzähligen Reißverschlußtaschen oder Modelle, die minderwertigen Taschen für Männer ähnlich sehen, sind unattraktiv für die Geschäftsfrau von heute.

- Ein Modell, in dem man sowohl persönliche Artikel als auch Geschäftsunterlagen versorgen kann. Stecken Sie Ihre Make-up-Artikel in eine Kosmetiktasche und beschränken Sie sich auf das Nötigste.

AKTENTASCHE/HANDTASCHE: DAVOR SOLLTEN SIE SICH HÜTEN

- Klobige maskuline Stilrichtungen, die Ihrem Geschäfts-Image widersprechen.

- Stilrichtungen, die zu leger oder überladen und in der Geschäftswelt fehl am Platz sind.

- Modefarben, die zu leuchtend sind und nicht zu Ihrer Gesamtgarderobe passen.
- Vermeiden Sie es, eine Handtasche und eine Aktentasche gleichzeitig zu tragen, da dies unordentlich wirkt. Wählen Sie vielmehr ein Modell, in dem all Ihre wirklich benötigten Sachen Platz haben.

DIE KLEIDERPFLEGE

Die Pflege Ihrer Kleidung ist ein wichtiger Teil Ihres Image. Selbst die teuersten Stücke sehen billig und unecht aus, wenn Sie sie nicht genug pflegen.

Ihre Garderobe sollte nur Kleidungsstücke umfassen, die Sie auch sofort tragen können. Kleidung, die unordentlich weggehängt wurde, schmutzig ist oder ausgebessert werden muß, verstopft nur den Kleiderschrank.

Nehmen Sie sich jeden Abend ein paar Minuten Zeit, um zu überprüfen, ob irgend etwas an der Kleidung des vergangenen Tages zu tun ist. So stellen Sie sicher, daß Sie sie noch einmal tragen können. Eine Kleiderbürste mit Naturborsten ist wichtig, um Staub, einzelne Haare und Fussel abzubürsten. Jacken hängt man am besten auf einem gutgeformten Kleiderbügel außen am Schrank auf, damit sie mindestens 24 Stunden atmen können. Kleidungsstücke aus reiner Wolle, Leinen, Seide oder Baumwollfasern müssen zur Auffrischung gelüftet werden, bevor sie wieder in den Kleiderschrank gehängt werden.

Knöpfen Sie alle Knöpfe zu und schließen Sie alle Reißverschlüsse, bevor Sie Ihre Kleidung weghängen, um ihre Form zu bewahren. Verwenden Sie gepolsterte Bügel für zarte Blusen, Kleider und Strickwaren und gutgeformte Plastik- oder Holzbügel für Jacken. Dünne Drahtbügel, wie man sie in Reinigungen erhält, werden Ihrer Kleidung nicht gerecht. Die Kleidungsstücke rutschen leicht von ihnen ab und zerknittern im Schrank. Für Röcke sind Bügel mit Clips erforderlich oder mit Haken für die Schlingen, die in den Innennähten angebracht sind.

Achten Sie darauf, daß alle Artikel so sauber sind, daß Sie sie wieder anziehen können. Kunstfasern sollten nach einmaligem Tragen gewaschen werden, da sich der Schweiß in ihnen festsetzt und sie Form und Farbe verlieren, wenn man zu lange mit dem Waschen wartet. Kleidungsstücke lassen sich am besten waschen, wenn sie nur leicht verschmutzt sind, zudem wird die Kleidung durch stärkeren Schmutz abgenutzt. Achten Sie immer auf das Pflegeetikett und befolgen Sie die Anleitung für Hand- oder Maschinenwäsche oder Reinigung.

Wenn Sie Ihre Garderobe vom Winter auf den Sommer umstellen, sollten Sie alle Kleidungsstücke waschen oder reinigen. Motten und Schimmel werden von schmutziger, fleckiger Kleidung angezogen; sorgen Sie aus diesem Grunde durch regelmäßige Pflege für eine längere Lebensdauer.

TIPS FÜR DIE CHEMISCHE REINIGUNG

● Zur Fleckenentfernung (wenn ein Kleidungsstück keine volle Reinigung benötigt) verwenden Sie eine chemische Reinigungsflüssigkeit auf einem sauberen weißen Taschentuch. Rücken Sie dem Fleck von außen nach innen mit kleinen, kreisförmigen, reibenden Bewegungen zu Leibe. Halten Sie ein sauberes Tuch (Hand- oder Taschentuch) unter den Fleck, um überschüssige Flüssigkeit und Schmutz aufzufangen.

● Lassen Sie Winterkostüme nur zwei- bis dreimal pro Saison reinigen. Um die Kleidungsstücke aufzufrischen, hängen Sie sie an einem sonnigen, frischen Tag ins Freie, um die Fasern auf natürliche Weise zu desodorieren und aufzufrischen. Um Knitterfalten zu entfernen, hängen Sie die Kleider in Ihrem Badezimmer auf, wenn es voller Dampf ist, oder lassen Sie sie nur in der Reinigung bügeln.

● Vor der Reinigung entfernen Sie die Schulterpolster aus Blusen, Kleidern oder Jacken, da Sie sie von den Lösungsmitteln oft angegriffen werden.

● Entfernen Sie teure Knöpfe, wenn Sie sich über die Wirkungen von Lösungsmitteln nicht im klaren sind, etwa bei Perlmutt-, Glas- und Metallknöpfen.

● Überprüfen Sie die Säume und lockere Knöpfe vor der Reinigung. Falls etwas ausgebessert werden muß, bitten Sie das Reinigungsinstitut, Schäden zu reparieren (Sie sollten nur Firmen berücksichtigen, die diesen Service anbieten).

SCHUHE

Zu oft behandeln Frauen ihre Schuhe mit aller Nachlässigkeit, obwohl sie einem Outfit die wichtigste letzte Abrundung verleihen können. Sie müssen sich mehrere Paar gute Schuhe zulegen, damit Sie sie während der Woche wechseln können. Die Mentalität, «Wegwerfschuhe» zu kaufen (ein Paar zu kaufen und es zu tragen, bis es auseinanderfällt, und dann in ein neues Paar zu investieren) ist Unsinn; Schuhe halten nicht lange, wenn sie jeden Tag getragen werden. Das Leder braucht Zeit, um sich zu erholen, lassen Sie es daher zwischendurch immer einmal ausruhen. Bei richtiger Pflege können Schuhe jahrelang und nicht nur ein paar Monate halten.

Putzen Sie Ihre Schuhe nach dem Tragen, da warmes Leder die Pflege viel besser annimmt. Lassen Sie Absätze und Sohlen reparieren, sobald sich Abnutzungserscheinungen zeigen. Oft haben neue, selbst teure Schuhe Kunststoffabsätze, die vor dem ersten Tragen durch Leder- oder Gummiabsätze ersetzt werden sollten.

Wildlederschuhe sollten mit einer harten Zahnbürste behandelt werden, nicht mit Drahtbürsten, auch wenn diese oft speziell für die Wildlederpflege angeboten werden (sie sind zu spitz und schädigen die Haarseite des Wildleders, so daß seine Lebensdauer verringert wird).

Nasse Schuhe sollten nie direkt an einer Heizungsquelle getrocknet werden. Stopfen Sie sie statt dessen mit Zeitungspapier aus und lassen Sie sie langsam bei Zimmertemperatur trocknen.

Bewahren Sie Schuhe immer mit Schuhspannern auf, damit sie ihre Form behalten.

Kapitel 9

Erfolgsbereit gekleidet

Wir haben uns damit befaßt, wie Sie Ihren eigenen persönlichen Stil entwickeln und sich eine Garderobe für das Berufsleben zusammenstellen können. Jetzt wollen wir sehen, wie Sie Ihr Image den unterschiedlichen Stadien Ihrer Karriere anpassen können, damit Sie immer Ihrer Rolle gerecht werden und die an Sie gestellten Erwartungen erfüllen. Um erfolgreich zu sein, müssen Sie auch professionell aussehen.

AUF DER KARRIERELEITER: ERSTES EINSTELLUNGSGESPRÄCH

Junge Frauen, die von der Ober- oder Mittelschule oder von der Universität auf den Arbeitsmarkt drängen, verbringen oft übermäßig viel Zeit mit der Vorbereitung eines Lebenslaufs, aber vergleichsweise wenig mit dem eigenen Aussehen und dem passenden Look für das Einstellungsgespräch. Sie sollten nicht nur sauber und ordentlich aussehen, sondern auch reif und fähig wirken.

Ich weiß, daß Sie wahrscheinlich nicht das nötige Kleingeld haben, um sich eine völlig neue Garderobe zuzulegen, aber bitten Sie jemanden um Geld für eine neue Jacke, einen Rock und Schuhe, oder leihen Sie sich das Geld. Diese Stücke sind der Schlüssel für Ihren Busineß-Look. Lesen Sie die folgenden Richtlinien sorgfältig durch. Sie stimmen, was schicke Kleidung betrifft, vielleicht nicht mit Ihren eigenen Vorstellungen überein, aber sie werden Ihnen helfen, Ihren ersten Job zu bekommen – und zu behalten!

Die Jacke – Ihr Pièce de résistance: Wählen Sie eine gute Jacke in einem Neutralton aus Ihrer Palette. Sie sollte, egal, ob tailliert oder gerade, gut sitzen.

Der Rock – er sollte dezent sein: Der zur Jacke passende oder kontrastierende Rock sollte nicht bis zur Mitte der Oberschenkel rutschen, wenn Sie sich setzen. Wenn Sie ihn ständig herunterziehen müssen, ist er wahrscheinlich zu eng oder zu kurz. Etwa 2,5 cm über dem Knie ist die Grenze; verwenden Sie ein Meßband für die richtige Länge!

Schick, nicht albern: Vermeiden Sie Rüschenblusen, da diese Sie zu jung oder unseriös erscheinen lassen. Wählen Sie ein schickes Hemd oder eine Bluse in einem wollweißen Ton oder in einer hellen Farbe aus Ihrer Palette, die vom Ton her zu Jacke und Rock paßt.

Keine nackten Beine: Die Strumpfhose muß durchsichtig sein; Löcher oder Laufmaschen sind undiskutabel. Nehmen Sie sich in der Handtasche Ersatz mit für den Fall, daß Sie Ihre Strumpfhose auf dem Weg zum Einstellungsgespräch beschädigen.

Neue Schuhe: Wählen Sie ein Paar Pumps in neutraler Farbe mit mittelhohem Absatz (keine flachen Schuhe oder Pfennigabsätze!).

Accessoires: Verwenden Sie ein Minimum an Accessoires. Was Ohrringe betrifft, sind nur Clips oder kleine Creolen akzeptabel. Sie sind zu dem Einstellungsgespräch gekommen, um eingestellt zu werden, nicht um ein Rendezvous einzuhalten. Ihre Armbanduhr und Ihre Armbänder sollten unauffällig im Stil sein.

Wichtige Pflegetips: Achten Sie auf Sauberkeit und gepflegtes Aussehen. Lange Haare sollten mit einer Spange (nicht mit einer Schleife) zurückgenommen oder gekonnt hochgesteckt werden.

Make-up ist unerläßlich, selbst wenn Sie es normalerweise nicht tragen. Bei einer perfekten Haut sind Rouge, Maskara und Lippenstift das Minimum. Wenn Ihre Haut nicht perfekt ist, sollten Sie eine helle Grundierung verwenden, um Hautunreinheiten zu verbergen. Vermeiden Sie Perllippenstifte oder -lidschatten. Richten Sie sich nach den Farbvorschlägen Ihrer Palette.

Gute Marken und Hersteller: Next, Marks & Spencer, Jigsaw (achten Sie auf die Rocklängen), Country Casuals, Cacharel.

AUF DER KARRIERELEITER:
WEITER NACH OBEN

Der Aufstieg hängt grundsätzlich von Ihren Fähigkeiten und Ihrem Image ab. Angenommen, Sie haben sich in Ihrer gegenwärtigen Position als fähig erwiesen, so müssen Sie jetzt ein Image aufbauen, das dem Management signalisiert, daß Sie bereit sind, größere Verantwortung zu übernehmen.

Um unter ähnlich gesinnten Mitbewerbern Anerkennung zu gewinnen, müssen Sie herausragen – bessere Leistung zeigen und besser aussehen.

Hier sind einige Tips, wie Sie für die nächste Stufe der Karriere richtig vorbereitet sind.

Kleider: Schicke Kleider, zum Beispiel Mantelkleider, können mit Accessoires, etwa einem guten Gürtel, Tüchern oder diskretem Schmuck leicht in einen glaubwürdigen Busineß-Look verwandelt werden.

Jacke unerläßlich: Tragen Sie zu Röcken immer eine Jacke anstelle einer Strickjacke, die zwar vernünftig sein mag, aber nicht professionell aussieht.

Keine Hosen: Tragen Sie keine Hosen. Geschäftsfrauen im höheren Management tragen Röcke oder Kostüme, es sei denn, sie leiten ein eigenes Unternehmen oder arbeiten in einer emanzipierteren Umgebung (siehe Seiten 218 bis 221).

Accessoires: Vermeiden Sie Accessoires, die ablenken, etwa klirrende Ohrringe oder Armreifen. Ihr Schmuck sollte diskret sein, Ihre Tücher und Gürtel von guter Qualität.

Seien Sie anders: Verändern Sie Ihre Haare, wenn Sie eine Dutzendfrisur haben. Wenn «lang» die Norm ist, sollten Sie Mut zeigen und einen glatteren, geschäftsmäßigeren kurzen Haarschnitt wählen. Wenn Ihre Haare kurz sind, lassen Sie sich eine aktuelle Kurzhaarfrisur verpassen, die zu Ihrem Gesicht paßt (siehe Seiten 154 bis 159).

Make-up: neutral, nicht grell: Geben Sie sich große Mühe mit Ihrem Make-up. Richten Sie sich nach meiner Anleitung (die sieben Schritte auf den Seiten 145 bis 148). Vermeiden Sie bunten Lidschatten; wählen Sie eher neutrale Töne aus Ihrer Palette.

Gute Marken und Hersteller: Marks & Spencer, Next, Cacharel, French Connection, I Blues.

AUF DER KARRIERELEITER: BRANCHENWECHSEL

Wenn Sie einen dramatischen Wechsel in Ihrer Karriere planen, müssen Sie darauf vorbereitet sein, in eine fremde Umgebung einzutreten. Man wird Außenseitern gegenüber vorsichtig sein und beispielsweise das negative Klischee «typische Krankenschwester» oder «typische Lehrerin» auf Sie anwenden. Überraschen Sie die anderen, indem Sie ganz Ihrer neuen Aufgabe gemäß gekleidet sind, bevor Sie Ihre Arbeit überhaupt aufgenommen haben.

Wenn Sie aus einem Beruf mit Betreuungsaufgaben kommen und bisher vielleicht als Lehrerin, Sozialarbeiterin oder Krankenschwester gearbeitet haben, um jetzt eine Arbeit in einem gewinnorientierten Berufszweig aufzunehmen, müssen Sie erfolgreich aussehen. Ein schickes neues Kostüm drückt aus: «Ich bin bereit fürs Busineß.»

Wenn Sie aus einer konservativeren Branche kommen, etwa aus dem Finanzbereich, und einen Job in einem kreativeren Beruf annehmen, vielleicht im Bereich von Konsumwaren, müssen Sie Ihr Image etwas aufmöbeln. Überprüfen Sie Ihre saisonale Palette im Hinblick auf interessantere Farbkombinationen als jene, die Sie normalerweise tragen. Achten Sie darauf, daß Ihre Accessoires aktuell sind; die meisten Frauen, die in konservativen Berufszweigen – Versicherung, Bankwesen, Buchhaltung – beschäftigt sind, neigen dazu, Accessoires zu tragen, die schon seit Jahren nicht mehr modern sind.

Wenn Sie an einen Wechsel in Ihrer Karriere denken, sollten Sie – schon vor einem Einstellungsgespräch – nicht nur eine Vorstellung von Ihren Karriereaussichten, sondern auch von der entsprechenden Busineß-Kultur gewinnen. Besuchen Sie das Bürogebäude und beobachten Sie die Leute, die durch das Foyer oder den Haupteingang kommen und gehen. Wie modisch sind sie gekleidet? Gehen sie auf Nummer Sicher? (Lesen Sie auch die Tabelle auf den Seiten 218 bis 221 durch.)

Studieren Sie die Werbebroschüre des Unternehmens und achten Sie auf Schlüsselwörter, die die Corporate Identity (das Geschäftsimage) beschreiben. Wenn beispielsweise «vertrauenswürdig» und «professionell» oft gebraucht werden, können Sie sich sicher sein, daß man wünscht, daß der Mitarbeiterstab genauso aussieht. In diesem Fall sollten Sie ein klassisch geschnittenes Kostüm wählen, das zeitgemäß ist, aber mit einer etwas konservativeren Tendenz.

Vergessen Sie, was Sie schon besitzen: Gehen Sie davon aus, daß einige – oder die meisten – Teile Ihrer Garderobe nicht für die neue Karriere geeignet sind, und seien Sie bereit, in einen neuen Look von Kopf bis Fuß zu investieren und ein neues Kostüm, passende Ohrringe und Schuhe zu kaufen. Hilfreich sind in diesem Zusammenhang auch die Richtlinien für die Zusammenstellung einer Grundgarderobe für den Beruf auf den Seiten 226 bis 229.

Verkaufen Sie Ihr Äußeres: Wirken Sie zugänglich. Die Farben, die Sie wählen, können Ihnen helfen, ein Image zu präsentieren, das einem potentiellen Arbeitgeber sagt, daß Sie gewillt sind, sich nach *seinen* Bedürfnissen zu richten. Marineblaue Kostüme und weiße Blusen gestalten dies schwieriger. Wählen Sie statt dessen Farben in mittleren Tönen, die mit einer hellen Bluse kombiniert werden, um offener zu wirken.

Gute Marken und Hersteller: Paul Costello, Jaegar, Mondi, Marella, Windsmoor, Max Mara.

AUF DER KARRIERELEITER: AUFSTIEG INS MANAGEMENT

Oft haben Frauen, die in ihrer Karriere in einen Trott verfallen sind, ihre eigenen einengenden Bedingungen geschaffen, indem sie sich widersprüchlich gekleidet und verhalten haben – eben nicht wie ein

Manager. Leider ist dies nicht der Ort, um Anregungen dafür zu geben, wie Sie selbstbewußter wirken, wie Sie sich stärker an Managementaktivitäten, die eine Beförderung sicherstellen, beteiligen, wie Sie sich ein kleines Team aufbauen, das Ihrer Führung bedarf, und schließlich Anerkennung gewinnen. Es muß hier genügen zu sagen, daß Sie neben den klugen durchzuführenden Manövern auch wie ein Manager aussehen sollten.

Gibt es in Ihrem Unternehmen Rollenmodelle, Frauen im Management, von denen Sie ein paar Hinweise erhalten könnten, wie man sich erfolgreich kleidet? Sind sie immer ihrer Aufgabe entsprechend angezogen? Wenn Sie das Management gelegentlich mit unpassender Kleidung schockieren, wird man Sie kaum ins Kaderteam berufen und riskieren, daß Sie für ein Treffen mit einem Kunden oder in anderen Situationen, in denen Sie das Unternehmen repräsentieren sollten, schlecht gekleidet auftauchen.

Zeit für eine Qualitätsverbesserung: Eine Beförderung macht ein Image von besonderer Qualität erforderlich. Sie müssen Ihrer neuen Rolle entsprechend gekleidet sein, bevor Sie sie überhaupt übernehmen. Lernen Sie, gute Qualität und richtige Paßform zu erkennen, und seien Sie bereit, für beides den Preis zu zahlen.

Prioritäten bei den Investitionen: Seien Sie bereit, mindestens ein monatliches Nettogehalt im Jahr auszugeben, um Ihr erfolgreiches Image aufrechtzuerhalten.

Seien Sie neutral: Wechseln Sie von hellen Tönen und Pastellfarben über zu qualitativ hochwertigen neutralen Tönen, die mehr Autorität ausstrahlen. Überprüfen Sie Ihre Farbpalette im Hinblick auf Tips für Ihre besten neutralen Töne. Tragen Sie die Töne allein oder in Webstoffen, in denen einige Töne vermischt sind. Setzen Sie Ihre bevorzugten hellen Töne und Pastellfarben als Akzente ein, beispielsweise in Tüchern, Blusen oder Einstecktüchern.

Accessoires bringen Schwung: Investieren Sie in das Beste, was Ihr Budget zuläßt, einschließlich Qualitätslederschuhe, die gewissenhaft geputzt und mit neuen Absätzen versehen werden, drei Paar «unechte» Ohrringe von bester Qualität (versuchen Sie es mit Monet, Napier, Ken Lane), mindestens zwei gute Ledergürtel, um Ihre Kostüme zu ergänzen, und ein schönes großes Tuch, um Mäntel und Jacken aufzuwerten.

Gute Marken und Hersteller: Austin Reed, Paul Costello, Mani, Jaegar, Harvey Nichols (eigene Marke), Marella, Nichol Fahri, J. H. Collectibles.

AUF DER KARRIERELEITER: AUFSTIEG IN DEN VORSTAND

In den höheren Etagen von Unternehmen gibt es weltweit viel zu wenige weibliche Vorstandsmitglieder in einer Zeit, in der die Talente der Frauen mehr als je zuvor in allen Zweigen der Industrie und in allen Berufen gebraucht werden. Für viele Frauen gerät der Aufzug zum Erfolg kurz vor der Vorstandsetage ins Stocken. Sie können zwar durch die berühmte «Glasdecke» nach oben blicken, werden aber irgendwie daran gehindert, an die Spitze zu gelangen.

Oft liegt es wirklich an ihrem Image. Es macht wenig Sinn, sich über die Situation zu ärgern. Sie müssen einfach beharrlich sein und auf alle erdenkliche Weise zeigen, daß Sie der Herausforderung so gut – und sogar besser – gewachsen sind als Ihre männlichen Mitbewerber. Das mag hart sein, aber es ist *nicht unmöglich*. Immer mehr Frauen *schaffen* den Durchbruch – warum nicht auch Sie.

Es gilt also, Gedanken zu lesen. Frauen sind viel intuitiver als Männer – es ist also leichter, als es vielleicht klingt. Wenn Sie die erste Frau sind, auf die die Wahl fallen könnte, brauchen Sie einen Look, der in Ton und Qualität dem der Männer ähnelt. Wenn einige knallige Krawatten und bunte Hemden tragen, können Sie auch etwas Spaß in die Mode bringen. Wenn sie der nüchternen Nadelstreifen-und-weiße-Hemden-Brigade angehören, müssen auch Sie entsprechend nüchtern erscheinen.

Ich kann Ihnen nicht helfen, die richtigen Qualifikationen und Erfahrungen zu gewinnen – daran müssen Sie selbst arbeiten. Aber ich kann Ihnen zu einem Äußeren verhelfen, das Sie für den Vorstand geradezu prädestiniert erscheinen läßt – und vielleicht nach gewisser Zeit sogar für den Vorsitz. Lassen Sie uns einen Anfang machen.

Das sichere Kostüm: Wenn Sie nicht gerade in einem kreativen Sektor tätig sind, sind Kleider ein Risiko, wenn Sie darauf abzielen, an die Spitze zu gelangen. Schicke Kostüme, vorzugsweise mit passendem Rock, anstelle von starken Kontrasten sind am besten.

Achten Sie auf Echtheit: Imitationen mögen bisher ausgereicht haben, aber für das Vorstandszimmer sind «echte» Accessoires erforderlich. Eine gute Uhr, Qualitätsohrringe, Broschen und kurze Halsketten sind nötig, um Ihren nüchternen Kostümen Pfiff zu verleihen.

Wenn Sie zuviel zeigen, vergeben Sie Ihre Möglichkeiten: Für Abendveranstaltungen Ihres Unternehmens müssen Sie den passenden Stil wählen: elegant, aber zurückhaltend – Sie sind noch bei der Arbeit. Viele Frauen setzen ihre Chancen im Unternehmen aufs Spiel, weil sie nicht wissen, wie sie sich außerhalb des Büros kleiden sollen; je mehr Haut Sie zeigen, desto mehr Prestige verlieren Sie.

Stilvolle Unterschrift: In Meetings verwenden Sie eine Ledermappe für Ihre Unterlagen und einen Füllfederhalter von Qualität, um sich Notizen zu machen. Wegwerfkugelschreiber und Filzstifte sind ganz in Ordnung, um im Büro persönliche Entwürfe zu machen, aber nicht in Meetings mit Kollegen oder mit dem Vorstand.

Ein besonderer Duft: Verwenden Sie jeden Tag einen leichten Duft, aber vermeiden Sie alles, was zu berauschend ist. Sie wollen nicht, daß der Duft vor Ihnen eintrifft und lange anhält, nachdem Sie Ihren Akzent gesetzt und wieder gegangen sind. Vermeiden Sie Parfüm, wählen Sie statt dessen Eau de Cologne oder Eau de Toilette.

Kopf bewahren: Achten Sie auf eine attraktive, nicht «männliche» Frisur. Geschäfsfrauen, die wenig Zeit für die Haarpflege haben, entscheiden sich zu oft für vernünftige, aber zu stark gestutzte Frisuren, die sehr unattraktiv wirken können. Potentielle Vorstandskollegen wollen keinen männlichen Klon, sondern einen weiblichen Partner. Daher sollten Frisur, Make-up, Accessoires und Kleidung zwar immer zurückhaltend, aber trotzdem feminin sein.

Make-up: Wenden Sie morgens mindestens zehn Minuten dafür auf und erneuern Sie Lippenstift und Puder tagsüber immer dann, wenn Sie zur Toilette gehen.

Professionelle Hilfe: Sehen Sie sich nach einem Friseur, einer Kosmetikerin und einem Zahnarzt in der Nähe Ihres Arbeitsplatzes um und lassen Sie sich regelmäßig Termine geben.

Gute Marken und Hersteller: Donna Karan, Armani, Valentino, Chanel, Krizia, Jill Sander, Gignetti, Cerutti.

AUF DER KARRIERELEITER: RÜCKKEHR INS BERUFSLEBEN

Nichtarbeitende Frauen gibt es wenige; aber es gibt viele Frauen, die für ihre Arbeit keinen Lohn erhalten. Und jetzt ist es an der Zeit, daß Sie für Ihre Begabungen auch bezahlt werden. Vielleicht sind die Kinder herangewachsen, oder Ihr Partner hat gelernt zurechtzukommen, ohne 24 Stunden am Tag ständig umsorgt zu werden. Es sind nur noch ein paar niedrige Hürden zu nehmen, bevor Sie wieder im Hauptstrom mitschwimmen können.

Frauen in den mittleren Jahren, die dem mittleren Management angehört haben und jetzt in den Beruf zurückkehren wollen, signalisieren häufig fehlendes Selbstbewußtsein. Sie wirken oft unbeholfen, sobald sie durch die Tür kommen. Das sind schon zwei Punkte gegen Sie. Wenn in Ihrem Lebenslauf berufliche Erfahrung fehlen, sind es drei! Verzweifeln Sie nicht. Mit Ihrer Körpersprache können Sie die richtigen Dinge in einem Vorstellungsgespräch ausdrücken, wenn Sie die Ratschläge in Kapitel 10 befolgen, und Ihre Kleidung und Ihr Make-up kann einen ersten guten Eindruck sogar noch steigern. Auch Ihr Lebenslauf kann so entworfen werden, daß sich all die Jahre als «Heim-Managerin» in eine relevante Erfahrung für eine Anstellung übersetzen lassen.

Das Wichtigste ist, nicht altmodisch, sondern zeitlos zu wirken. Wappnen Sie sich dafür, von einem Personalchef befragt zu werden, der zehn bis zwanzig Jahre jünger ist als Sie und der keine Mutterfigur, sondern eine Kollegin einstellt. Sie müssen vorher selbst einige Untersuchungen anstellen, um herauszufinden, wie sich die anderen in diesem bestimmten Unternehmen kleiden, *bevor* Sie zu dem Gespräch erscheinen; hinterher können Sie nichts mehr tun.

Freuen Sie sich: langsam wird es schick, in den mittleren Jahren zu stehen, allein schon deshalb, weil es immer mehr Menschen in dieser Altersgruppe gibt. Im Jahr 2000 werden die 35- bis 44jährigen die Bevölkerung dominieren; im Jahr 2015 wird die Bevölkerungsmehrheit über 45 sein. Sie müssen also nicht «jung» aussehen, aber Sie sollten sich auch nicht mit einem teilnahmslosen Ausdruck, einer altmodischen Frisur oder dem Speck der mittleren Jahre unnötig alt machen. Signalisieren Sie, daß Sie positiv und modern eingestellt sind!

Hier sind die Tips, die ich mit schonungsloser Ehrlichkeit an Berufsrückkehrerinnen wie Sie erteile, damit Sie den begehrten Job auch wirklich bekommen.

Schicke Kleidung: Das Laura-Ashley-Kleid mit Blümchenmuster, das Sie so lieben, wird bei einem Einstellungsgespräch nicht beeindrucken, auch wenn Sie es mit einer schicken Jacke kombinieren. Sie brauchen eine moderne Jacke mit einem passenden oder kontrastierenden Rock. Kaufen Sie die beste Qualität, die Sie sich leisten können, um sofort zu gefallen und einen bleibenden Eindruck zu hinterlassen.

Ein guter Schnitt: Wenn sie sich noch nicht entschieden haben, ob Sie Ihr graues Haar mögen oder hassen, sollte die Entscheidung jetzt fallen. Wenn es kein schöner Ton ist, der Ihnen gut steht, übertönen Sie das Grau mit einer Tönung, die etwas heller als Ihre Naturfarbe ist – aber gehen Sie dafür zum Friseur. Und wenn Sie schon dabei sind: Warum entscheiden Sie sich nicht für eine modische, attraktive neue Frisur? Sie werden auf der Stelle zehn Jahre jünger aussehen.

Schickes Zubehör: Gute Accessoires werden Ihre neue Ausstattung ergänzen und Ihnen vor den anderen ängstlichen Bewerberinnen einen weiteren Pluspunkt vermitteln, während Sie auf Ihr Einstellungsgespräch warten. Betrachten Sie jede notwendige Geldausgabe als eine Investition, die sich eines schönen Tages bezahlt machen wird.

Das Gesicht wahren: Viele Wiedereinsteigerinnen sehen ein, daß das Make-up für das Einstellungsgespräch wichtig ist. Ihr Problem liegt darin, daß Sie es wie schon vor zehn oder zwanzig Jahren auftragen. Erlernen Sie ein paar neue Tricks. Bringen Sie Ihr Make-up auf den neuesten Stand, damit Sie frisch, gesund und professionell zurechtgemacht aussehen. Die Seiten 145 bis 148 helfen Ihnen.

Der richtige Duft: Wenn Ihr Budget es zuläßt, tragen Sie einen klassischen, leichten, frischen Duft, der Ihre Chance zusätzlich vergrößert.

Gute Marken und Hersteller: Marks & Spencer, Paul Costello, Jaegar, Marella, Betty Barclay.

AUF DER KARRIERELEITER: ÖFFENTLICHER AUFTRITT

Als Frau, die Ihre Karriere in der Politik begann, befürworte ich es sehr, daß mehr Frauen öffentliche Ämter bekleiden sollten. Die Nationalpolitik ist immer noch eine männliche Domäne, obwohl in vielen Ländern mit gewählten Kammern Schritte unternommen werden, um die Arbeit so zu organisieren, daß der Druck von berufstätigen Frauen und Müttern genommen wird.

Immer mehr Frauen bemühen sich, in Positionen gewählt zu werden, sei es in der Schulpflege, im Stadtrat oder im nationalen Parlament. Um in einem demokratischen Wahlprozeß Erfolg zu haben, müssen Sie in den Sachfragen überzeugen und so auftreten, daß Sie als die Richtige für den Job erscheinen.

Das Fernsehen hat die Ansprüche, die an alle Politiker gestellt werden, verändert. Ob es ihnen gefällt oder nicht – sie müssen gutgepflegt aussehen, nicht nur, um gegen ihre Gegner anzutreten, sondern auch, um die Apathie der Wähler zu überwinden, damit diese *Sie* als ihre Vertreterin wählen. Beachten Sie die Seiten 223 bis 225, wo Ratschläge für einen Fernsehauftritt stehen.

Wenn Sie erst einmal im politischen Ring stehen, ist es zu spät für ein neues (oder verbessertes) Image; wenn Sie sich während einer Kampagne zu stark verändern, wird Ihr Image zum Wahlkampfthema. Studieren Sie die folgenden Tips:

Bevor Sie sich ins Gefecht stürzen: Wenn Sie unsicher sind, sollten Sie einen Termin bei einem Image-Consultant vereinbaren, um genau festzulegen, welche Farben und Stile und welches Make-up Ihnen stehen, so daß eine Wahlkampf-Garderobe für Sie geplant werden kann. Ein wenig Vorausplanung hilft Ihnen, Ihre Energien auf die wichtigen Fragen zu konzentrieren. Beachten Sie auch die Möglichkeiten für Berufskleidung am Ende dieses Kapitels.

Wechseln Sie häufig die Schuhe: Aufgrund der großen Fußbelastung während eines Wahlkampfes werden Sie versucht sein, vernünftiges, aber oft unansehnliches Schuhwerk zu tragen. Wählen Sie statt dessen mehrere Paare mit niedrigem Absatz (dies wirkt bei einem Kostüm attraktiver) und wechseln Sie diese mehrmals am Tag (falls nötig bis zu dreimal, wenn Ihre Füße Erholung brauchen).

Wirken Sie zugänglich: Langweilige, dunkle Farben können Wähler oder Helfer abstoßen. Schauen Sie in Ihrer Palette nach, welche Farben heller und einnehmender sind (siehe auch «Ihre Farbvitamine», Kapitel 4), damit Sie zugänglich, fähig und interessant aussehen.

Hosen sind in Ordnung: Wenn Sie auf Wahlkampfreise sind und Ihre Figur es zuläßt, kann ein schicker Hosenanzug genauso gut aussehen wie ein Kleid oder Rock. Wenn Sie in ländlichen Gebieten arbeiten, ist er wahrscheinlich auch viel praktischer. Aber ziehen Sie immer ein Kostüm an, wenn Sie eine Rede halten. In ländlichen Wahlkreisen sollten Sie die Bevölkerung nicht mit einem raffinierten «Machtkostüm» überfahren. Wählen Sie statt dessen «ländliche» Stoffe wie Tweed, Pepita oder andere unauffällige Materialien.

Immer schick frisiert: Gehen Sie davon aus, überall von Kameras begleitet zu werden. Daher muß Ihre Frisur ordentlich und pflegeleicht sein und zudem attraktiv aussehen. Bei getöntem Haar sollten die Wurzeln nicht sichtbar sein. Tragen Sie immer Haarspray (ohne FCKW) bei sich, zudem einen Kamm und Spiegel für die nötigen Verbesserungen. Wenn Ihr Haar schwer zu handhaben ist, sollten Sie sich einen besseren Haarschnitt und/oder eine Dauerwelle machen lassen, um die Pflege zu erleichtern.

Nach der Wahl können Sie hervorstechen: An Tagen, an denen Sie öffentliche Erklärungen abgeben, sollten Sie Farben tragen, die Ihnen helfen, aus der Menge hervorzustechen. Stark leuchtende Farben wie Rot oder Lila «bluten» am Bildschirm (d. h. sie verschwimmen) und lenken zu sehr ab, wenn Sie zu sprechen beginnen. Eine leuchtende Bluse unter einem neutralen Kostüm wirkt viel besser als etwa ein ganzes Kostüm in Bananengelb.

Vermeiden Sie unnötiges Beiwerk: Überladene Schleifen und Schals, zuviel Schmuck und nutzlose Handtaschen lenken von Ihrer Statur als Abgeordnete oder Ratsfrau ab. Schicke, aktuelle Ohrringe oder eine kurze Perlenkette, eine einfache Goldkette und/oder Perlen sind am besten. Treten Sie nie ohne Ohrringe auf, sie sind für die Frau genauso wichtig wie die Krawatte für den Mann.

Gute Marken und Hersteller: Die besten Ihres Landes.

AUF DER KARRIERELEITER: ERFOLGREICHER AUFTRITT ALS EHEFRAU

Bei der Bewirtung von Geschäftspartnern geht es um Public Relations, also darum, innerhalb eines Unternehmens und gegenüber Kunden eine gute Atmosphäre zu schaffen. Viele Ehefrauen werden mit der Verantwortung konfrontiert, Gastgeberin zu sein oder als Gast aufzutreten bei formellen Abendessen, auf Cocktailpartys und Konferenzen im Ausland, bei Pferderennen, bei Segeltörns, bei der Jagd oder an Ski-Wochenenden. Einige Frauen lieben diese Rolle, während andere dies als lästige Pflicht und reine Zeitverschwendung betrachten. Aber denken Sie daran, wie Ihre Leistung als Frau eines leitenden Angestellten die Karriere Ihres Mannes beeinflussen kann, und denken Sie an die finanziellen Belohnungen für Ihre Familie.

Teamwork: Sie und Ihr Mann bilden eine Art «Team», daher sollte Ihr Image das seine ergänzen, oder besser gesagt, die Erwartungen widerspiegeln, die die Firma an ihn stellt. Wenn er ein dynamischer «aufgehender» Stern ist, müssen Sie ebenfalls ein vielversprechendes Image schaffen. Wenn Sie schüchtern und reserviert sind, können Sie durch dramatische Kleidung eine andere Wirkung zeigen.

Die Frau des Chefs diktiert den Stil: Wenn dies Ihr erster Auftritt ist, sollten Sie herausfinden, wie die Frau des Chefs ist und wie sie sich normalerweise für solche Gelegenheiten kleidet. Wenn Ihr Mann bereits andere derartige Veranstaltungen besucht hat, aber bei den Details nur vage bleibt, können persönliche Assistenten oder Sekretärinnen des Chefs sehr hilfreich sein – aber achten Sie bei Ihren Nachfragen auf Diskretion.

Gehen Sie auf Nummer Sicher: Setzen Sie nicht den so wichtigen ersten Eindruck aufs Spiel, indem Sie sich übertrieben kleiden oder zu verführerisch wirken. Wenn Sie attraktiv, fit und jung sind, sollten Sie dies als Frau eines leitenden Angestellten nicht zur Schau stellen – die anderen Ehefrauen würden Ihnen zu viel Aufmerksamkeit übelnehmen.

Täuschen Sie vor, bis Sie es geschafft haben: Eine positiv eingesetzte Körpersprache und eine selbstbewußte Stimme sind für die Frau eines leitenden Angestellten sehr wichtig. Wenn Sie in einen Raum mit lauter unbekannten Gesichtern treten, sollten Sie selbstbewußt hineinschreiten, mit zügigem Schritt, als ob Sie es nicht abwarten können, allen vorgestellt zu werden. Halten Sie direkten Augenkontakt zu den andern. Wiederholen Sie immer den Namen, wenn Sie jemandem vorgestellt wurden: «Frau Müller, ich freue mich, Sie kennenzulernen», «Guten Abend, Herr Direktor Meyer». Lächeln Sie oft (aber natürlich nicht in unangemessenen Situationen).

DIE VERBINDUNG VON PERSÖNLICHKEIT UND BERUFLICHEM IMAGE

Die Tabelle auf den nächsten Seiten bietet einen schnellen Überblick über verschiedene Gewerbezweige mit den Wahlmöglichkeiten für den Einsatz von Farbe und Accessoires, für den Alltag und für geschäftliche Anlässe am Abend. Diesen Richtlinien liegen reiche Erfahrungen in der Arbeit mit verschiedenen Berufszweigen zugrunde. Auf einen Blick können Sie dort ablesen, was Ihnen gut zu Gesicht steht, wenn Sie im Zweifel sind, was Sie für ein Treffen mit einem Kunden oder für einen besonderen Anlaß anziehen sollen.

Berufszweig	Optionen für den Stil tagsüber	Die Verwendung von Farben
Konservative Berufe z. B. Rechts- und Bankwesen, Buchhaltung, Versicherungen	Begrenzt: nur Kostüme. Modische Klassiker sind am besten. Keine dünnen Stoffe, hohen Absätze oder auffälligen Accessoires.	Begrenzt: Understatement ist Ihr Ziel. Mischen Sie die Abtönungen einer Farbe oder tragen Sie eine leuchtende Bluse, um nüchterne Kostüme zu beleben.
Akademische «personenbezogene» Berufszweige z. B. Management Consulting Training, Marketing, Public Relations	Für Treffen mit Kunden nur Kostüme; Jacken und Röcke sind kombinierbar. Hosen nur in der Werbe- und Modebranche.	Tragen Sie dominante Farben wie Rot bei Vorträgen und mittlere, neutrale Farben für Treffen mit Kunden.
Verkauf – High Tech z. B. Computer Software, technische Produkte, medizinischer Bedarf	Professioneller Look nötig: nur Kostüme. Klassiker mit Flair.	Vermeiden Sie Marine und Weiß. Versuchen Sie es mit mittleren Neutralfarben zusammen mit Blusen in weichen Pastellfarben für einen «verbraucherfreundlichen» Look.
Verkauf – Konsumwaren und Dienstleistungen z. B. Makler, Hotelwesen und Lieferfirmen für Catering	Professioneller Look, aber modischer als im High-Tech-Bereich. Wählen Sie Kostüme mit aktuellen Proportionen, die nicht zu klassisch sind.	Tragen Sie eine rote Jacke mit einem grauen Tweedrock, und man wird Sie bemerken.
Direktvertrieb z. B. Kosmetika und Modeprodukte, Diätartikel	Überlegen Sie, wer Ihre Kunden sind, und wählen Sie Qualität und einen Stil, der diese inspirieren könnte (nichts Übertriebenes, nur anregend – «Ich könnte auch so aussehen») und der Vertrauen einflößt.	Wenn Ihr Produkt konservativ ist, sollten Sie abgetönte Neutralfarben wählen. Im Bereich Mode oder Schönheit können Sie farbenfrohe Kleidung wählen.

Accessoires	Abendessen nach Geschäftschluß – «noch im Dienst»	Abends: Offizielle Treffen mit Mitarbeitern oder Kunden
Eine gute Uhr, klassische, aber modische Ohrringe, maximal zwei Ringe – sonst nichts.	Wollcrêpe ist ein guter Übergang vom Tag zum Abend. Verstärken Sie Ihr Make-up, wechseln Sie die Bluse vom Tag gegen eine aus Seide oder Satin aus.	Kein Dekolleté oder trägerloses Kleid. Sie sollten umwerfend, nicht sexy aussehen.
Mehr Eleganz zulässig als bei den ernsten Berufen (oben), aber nichts, das zu ungewöhnlich ist. Am besten modische Klassiker.	Entscheiden Sie sich für mehr Farbe und andere Accessoires für den Abend.	Siehe «Konservative Berufe».
Accessoires sollten wie nachträglich hinzugefügt wirken, nie offensichtlich. Aber lassen Sie sie nicht weg.	Bewahren Sie Ihr professionelles Aussehen, besonders wenn Sie noch im Verkaufsgespräch sind. Tauschen Sie die Geschäftsbluse gegen eine aus Seide oder Satin ein.	Kein langweiliges Schwarz. Geben Sie sich farbig und fröhlich, aber nicht gewagt.
Modisch, aber professionell. Keine ablenkenden Spielereien.	Farbiges Flair erforderlich. Kleider sind gut, vorausgesetzt, sie sind nicht zu stark gerüscht oder eng anliegend.	Schick und charmant. Trägerlos nur dann, wenn Sie die Gastgeberin sind (und den Ton angeben), nicht als Gast (Sie könnten Anstoß erregen).
Übertriebene Perlenketten, Armreifen und modische Spielereien sind beim Verkauf im Heim des Kunden fehl am Platz.	Weniger Druck, wenn Sie anderen Frauen etwas verkaufen. In gemischter Gesellschaft sollten Sie schick und zurückhaltend sein.	Zeigen Sie Witz, drücken Sie Ihre Persönlichkeit aus. Wenn Sie dazu neigen, z. B. mit Make-up, Accessoires oder offenem Dekolleté, zu weit zu gehen, halten Sie sich zurück: Gestalten Sie das Make-up weicher und entfernen Sie ein Accessoire.

Berufszweig	Optionen für den Stil tagsüber	Die Verwendung von Farben
Kreativ z. B. Werbung, Einzelhandel, Medien, Verlagswesen, Touristik	Modische Kostüme sind am besten. Schicke Hosenanzüge sind eine gute Alternative, wenn sie von guter Qualität sind und Ihnen stehen.	Geben Sie die Klon-Farben und Schwarz auf, wenn Sie in diesem Sektor tätig sind. Setzen Sie Ihre Palette kreativ ein.
Pflegeberufe z. B. Sozialdienste, medizinischer Bereich (nicht uniformiert), Psychologen	Kombinationen, die zueinander passen, sind am praktischsten. Make-up ist besonders wichtig, um frisch auszusehen, wenn Sie erschöpft sind.	Stark kontrastierende Töne, die nicht bedrohlich wirken, z. B. Marine mit Weiß. Setzen Sie Farben ein, um Patienten aufzumuntern und ihr Vertrauen zu gewinnen.
Lehrberufe z. B. Schulen, College	Geben Sie sich Mühe. Seien Sie inspirierend. Versuchen Sie auf der Höhe der Mode zu sein, ohne übertrieben modisch zu wirken.	Seien Sie nicht zu zurückhaltend und vernünftig. Überraschen Sie Ihre Schützlinge gelegentlich. Interessante Farben, die die Aufmerksamkeit der Schulklasse fesseln, aber nicht ablenken.

Wenn Sie die Richtlinien durchgelesen haben, hängt es ganz von Ihnen ab zu entscheiden, ob Sie sie im momentanen Stadium Ihrer Karriere befolgen und auf Nummer Sicher gehen wollen oder auf mehr Risiko setzen.

Denken Sie daran, daß es sich nur um Richtlinien handelt – am allerwichtigsten ist, daß Sie selbstbewußt sind und sich wohl fühlen. Lassen Sie sich von Ihrem gesunden Menschenverstand leiten bei der Entscheidung, was für *Sie* richtig ist, im Wissen darum, daß sie bei einer bestimmten Gelegenheit passend gekleidet sind. Und vergessen Sie in diesem Zusammenhang nicht die Farbvitamine, die wir im Kapitel 4 erörtert haben.

Accessoires	Abendessen nach Geschäftschluß – «noch im Dienst»	Abends: Offizielle Treffen mit Mitarbeitern oder Kunden
Modische Stücke, die etwas aussagen. Aber seien Sie zurückhaltend, wenn Sie mit vorsichtigen, konservativen Kunden arbeiten.	Seien Sie professionell, aber modisch. Ihre Frisur ist der Schlüssel zu Ihrem Look. Fügen Sie bei Ihrer Frisur diskrete Accessoires hinzu.	Übertreiben Sie es nicht, sonst verlieren Sie schnell an Autorität. Siehe Verkauf – Konsumwaren und Dienstleistungen.
Mehr als ein schönes Paar Ohrringe brauchen Sie nicht.	Nehmen Sie sich Zeit für eine kleine Verwandlung. Wechseln Sie die Schuhe von flachen zu gemäßigten Absätzen. Fügen Sie etwas Glanz mit Ohrringen oder mit einer Brosche hinzu.	Sie wollen überraschen und verblüffen, also keine langweiligen Töne. Lassen Sie Ihre Persönlichkeit durchscheinen. Entscheiden Sie sich für Drucke anstelle von einfarbigen Stoffen.
Zuviel lenkt die Schülerinnen und Schüler ab. Ohrringe gebieten Respekt.	Kleider und Hosenanzüge sind gut.	Sie sind immer noch in der Rolle eines Vorbildes, daher sollten Sie nicht zu aufgedonnert oder verführerisch wirken; andere könnten sich gar wegen Ihres Einflusses auf die Schüler Sorgen machen.

IHR IMAGE BEI PRÄSENTATIONEN UND VORTRÄGEN

Ich werde in meiner Funktion als Mode- und Image-Beraterin des öftern gefragt, was man anziehen sollte, wenn man eine Präsentation macht oder einen Vortrag hält. Um wirklich Hilfe anbieten zu können, müßte ich wissen, welchen Zweck die betreffende Veranstaltung hat, welche Ziele erreicht werden sollen und wie groß die erwartete Zuhörerschaft sein wird. Aber ich kann Ihnen ein paar nützliche Hinweise geben, die allgemein für den Auftritt in der Öffentlichkeit gelten.

Bei jeder Präsentation und jedem Vortrag ist ein starkes optisches Image nötig. Sie sollten erwarten, daß die Zuhörer während ihrer Darbietung von Zeit zu Zeit abgelenkt werden. Um die gewünschte Aufmerksamkeit wiederzugewinnen, müssen Sie Ihr Redetempo variieren und visuelle Hilfen einsetzen – von denen *Sie* die wichtigste sind.

Sie können eine Menge durch die Beobachtung anderer lernen, daher sollten Sie bei jeder Veranstaltung, die Sie besuchen, innerlich zur Kritikerin werden. Notieren Sie sich, was Ihrer Meinung nach stark am Image des Redners war und was Sie als enttäuschend empfanden. Lernen Sie auch aus eigenen Fehlern: Bitten Sie nach jedem Auftritt, den Sie geben, um konstruktive Kritik. Finden Sie heraus, was den Zuhörern gefallen hat, was sie gelernt haben, an was sie sich erinnern und wie Ihr Image und Ihre Präsenz gewirkt haben.

DER AUFTRITT IM GESCHÄFTSBEREICH

Je kleiner das Publikum ist, desto weicher und weniger bedrohlich sollte Ihr Look sein. Für eine Rede vor dem Vorstand, bei der nicht mehr als zehn Menschen anwesend sind, müssen Sie nicht das flotte rote Kostüm anziehen. In Situationen, in denen Sie nah vor Ihren Zuhörern stehen, sollten Sie Farbe gemäßigt einsetzen – zuviel kann überwältigen. Wählen Sie Kostüme in neutralen Tönen und führen Sie mit der Bluse eine weitere Farbe ein. Wenn Sie die Farbe in Gesichtsnähe konzentriert einsetzen, wirkt sie wie ein Scheinwerfer, der die Aufmerksamkeit auf Sie und das, was Sie Ihrem Publikum zu sagen haben, lenkt.

Der Auftritt vor einer großen Zuhörerschaft wird zur «Theatervorstellung» und macht ein entsprechendes «Kostüm» erforderlich. Wer im marineblauen Anzug vor fünfhundert Menschen spricht, wird wahrscheinlich keine große Wirkung erzielen und die Aufmerksamkeit der Zuhörer nicht auf sich ziehen. Das ist *die* Gelegenheit, Farbe in die Jacke zu bringen, vielleicht sogar in das ganze Kostüm. Versuchen Sie es mit den leuchtenderen Farben Ihrer Palette, die immer noch für die Geschäftswelt geeignet sind, um die Aufmerksamkeit Ihrer Zuhörer zu fesseln. Sie werden durch einfarbige Kleidung und feine Stoffe mehr auffallen als durch große Muster, die zu sehr von Ihrem Gesicht ablenken.

Überprüfen Sie vor jedem Vortrag die Beleuchtung im Raum. Vielleicht arbeiten Sie in einem modernen Konferenzzentrum mit perfekt eingestellter Beleuchtung, möglicherweise müssen Sie jedoch in einem schlecht ausgeleuchteten Theater oder in einer farblosen Ausstellungshalle auftreten. Wenn das Podium, von dem aus Sie sprechen werden, dunkel ist, müssen Sie es durch Ihre eigene Person «erleuchten», indem Sie hellere, leuchtendere Töne tragen.

Tips für den Kleidungsstil
Bevor Sie einen bestimmten Stil wählen, sollten Sie darüber nachdenken, wie Ihr Körper unter dem Streß einer öffentlichen Vorstellung reagiert. Wenn Sie zu den Menschen gehören, die das überschüssige Adrenalin durch Bewegungen und Gesten wieder loszuwerden versuchen, sollten Sie darauf achten, daß Ihre Kleidung Sie nicht einengt. Vermeiden Sie strenge, gerade Röcke oder enge Jacken. Tragen Sie letztere immer zugeknöpft, wenn Sie sprechen, damit niemand durch Busen, Taille oder Bauch abgelenkt wird. Vermeiden Sie hohe Absätze; wenn Sie nervös sind, brauchen Sie Ihre ganze Konzentration für den Auftritt und können sich nicht noch Gedanken darüber machen, daß Sie vielleicht im nächsten Moment stolpern und fallen.

TIPS FÜR DEN FERNSEHAUFTRITT

Die Aussicht, im Fernsehen aufzutreten, kann sehr einschüchternd sein. Die Nachrichtensprecher, die uns so vertraut sind, lassen alles einfach aussehen, obwohl die Wirklichkeit anders ist. Wenn wir Nachrichteninterviews oder Podiumsdiskussionen mit Amateuren (ähnlich wie wir) anschauen, sehen wir, wie negativ Menschen wirken können und wie ihr Erscheinungsbild sie in Schwierigkeiten bringen kann. Es ist sehr schwer, jemandem zuzuhören, der einen leuchtenden Lippenstift, ein grelles Tuch, eine auffällige Kette oder eine überladene Frisur trägt. In so einem Fall achten wir nur auf diese Auffälligkeiten und werden so stark abgelenkt, daß wir nicht hören, was die betreffende Person tatsächlich sagt.

In den letzten Jahren habe ich viel mit Medientrainern zusammengearbeitet, um Menschen dabei zu helfen, mit Interviews besser zurechtzukommen. Wir entwickeln mit unsern Kunden den Inhalt ihrer Botschaft und arbeiten daran, daß sie das richtige Image durch ihr Erscheinungsbild, ihren Ausdruck und ihre Stimme schaffen.

Hier folgen ein paar grundlegende Tips für die Kleidung im Fernsehstudio, die gleichermaßen für professionelle Moderatoren wie für Debütanten gelten.

Kleidung

- Das Wichtigste ist, einfache Kleidung ohne viel Beiwerk zu tragen, damit diese nicht von Ihrem Gesicht ablenkt.
- Tragen Sie Farben Ihrer Palette aus der Mitte des Farbspektrums (blaue, grüne, violette Farbtöne), die nicht zu hell, dunkel oder leuchtend sind. Vermeiden Sie vor allem Rot, das vor der Kamera «blutet» (d. h. die Konturen verschwimmen und wirken unscharf).
- Eine monochrome Farbmischung (Kostüm und Bluse in unterschiedlicher Schattierung eines Tons) wirkt am besten. Vermeiden Sie scharfe Kontraste, z. B. Schwarz und Weiß oder auffällige Drucke. Streifen, Fischgrätmuster und Karos können «tanzen» und auf dem Bildschirm flimmern.
- Tiefe Ausschnitte sind nicht empfehlenswert.

Schmuck

- Vermeiden Sie herabhängende Ohrringe, die die Aufmerksamkeit der Zuschauer ablenken.
- Weniger ist mehr – Kombinationen aus Gold und Perlen sehen am elegantesten aus.
- Wenn Sie große Ohrringe tragen, sollten Sie nicht auch noch eine Kette tragen. Sorgen Sie besser mit einer einfachen Brosche für Ausgewogenheit.
- Tragen Sie keine klirrenden Ketten oder Armreifen. Die Zuschauer wollen *Sie* hören – nicht Ihren Schmuck.
- Tragen Sie keinen Schmuck mit glatter, glänzender Oberfläche – die Lichtreflexe können zu einem Problem führen.

Make-up

- Das Licht in den meisten Studios ist sehr hart und dringt durch mehrere Hautschichten; ein Make-up ist unbedingt notwendig.

- Tragen Sie immer eine etwas schwerere Grundierung als üblich. Wählen Sie eine Farbe, die Ihrem Hautton entspricht oder dunkler ist.

- Es ist wichtig, mit einem Abdeckstift dunklere Bereiche auszubalancieren, besonders um die Augen herum; sie werden durch die Fernsehbeleuchtung noch betont.

- Für das Augen-Make-up ist ein pfirsichfarbener Lidschatten mit grauer Kontur am besten geeignet. Braun erweckt den Eindruck, als ob Sie ein «Veilchen» eingefangen hätten; blaue Töne und andere Farben wirken vor der Kamera zu hart und lenken ab.

- Konturieren Sie Ihr Gesicht mit etwas Rouge (sonst wirkt es flach). Verwenden Sie nur mattes Puder.

- Wählen Sie einen natürlichen Ton für den Lippenstift. Vermeiden Sie blasse und leuchtende Rosatöne, rote, dunkelbraune und weinrote Töne sowie alles, was zu stark leuchtet oder ablenkt.

- Pudern Sie Ihr Gesicht stark, damit es vor der Kamera nicht glänzt.

- Seien Sie beim Maskara zurückhaltend. Nur natürliche Farben – Schwarz, Braun oder Grau – sind geeignet.

Frisur

- Ihr Haar sollte Ihr Gesicht umrahmen. Wählen Sie eine einfache Frisur, die nicht ablenkt. Wenn die Möglichkeit besteht, daß Ihr Haar ins Gesicht fällt, sollten Sie es mit Klammern feststecken, zusammenbinden oder mit Haarspray befestigen.

- Achten Sie darauf, daß Schnitt und Volumen Ihr Gesicht ergänzen, wie in Kapitel 6 beschrieben.

- Ihre Haarfärbung sollte vor einem Fernsehauftritt frisch sein. Nachwachsende Wurzeln geben nie ein schönes Bild ab – schon gar nicht im Fernsehen.

Brille

- Brillen bilden eine Barriere zwischen Ihnen und dem Zuschauer, daher sollten Sie sie, falls möglich, ablegen. Wenn Sie ohne Brille nicht auskommen, sollten Sie nichtreflektierende Gläser tragen.

- Tragen Sie nie getönte Gläser vor der Kamera.

DIE GRUNDGARDEROBE FÜR DEN BERUF

Frauen, die ins Berufsleben treten, in die Arbeitswelt zurückkehren oder ihre Berufsgarderobe völlig überholen und einen Neubeginn in Angriff nehmen, stelle ich weiter unten eine kurze Kollektion von Stücken vor, die die Grundlage für den Aufbau einer großartigen Garderobe bilden. Lesen Sie auch die Ratschläge für Menschen auf der Karriereleiter auf den Seiten 204 bis 217 und die Planung einer Garderobe für Ihre Jahreszeit gegen Ende des Buches, auf den Seiten 248 bis 251.

Wählen Sie ein Farbschema

Schlagen Sie Ihre Palette auf und sehen Sie nochmals nach, welche Farben für das Geschäftsleben vorgeschlagen sind. Wenn Sie Ihnen zusagen, sollten Sie Ihre Grundgarderobe für den Beruf um diese Farben herum planen. Im andern Fall wählen Sie einfach andere Neutralfarben und Farben aus Ihrer Palette, um sie miteinander zu kombinieren.

Entscheiden Sie sich für gute Qualität

Da dies die Grundlage Ihrer Garderobe sein wird, sollten Sie die beste Qualität wählen, die Sie sich leisten können; Vorrang bei Ihren Investitionen haben Kostüme und Schuhe.

Kostüme

Ihr Ziel wird sein, zwei Kostüme zu besitzen, deren Teile Sie miteinander kombinieren können, um einen unterschiedlichen Look zu kreieren. Die erste Investition sollte eine tolle Jacke in einem dunklen neutralen Ton sein, beispielsweise Olivgrün, Anthrazit oder Marineblau; die zweite Jacke kann einen helleren neutralen Ton haben, etwa Graubeige, Warmes Grau oder Mittelgrau. Jacken ohne Kragen bieten mehr Kombinationsmöglichkeiten mit verschiedenen Blusen, die Sie darunter tragen können. Wählen Sie modische oder klassische Stile, die zu Ihrer Figur passen. Stoffe mittleren Gewichts wie Wollcrêpe, Botany und leichter Gabardine sind bis zehn Monate im Jahr verwendbar. Wenn Sie in einem wärmeren Klima leben, kaufen Sie sich ein Kostüm in einem leichteren Stoff – kühle Wolle oder eine Baumwollmischung.

Strickoberteil und -rock

Wenn Strickstoffe Ihrer Figur schmeicheln, wählen Sie ein Oberteil mit passendem Rock, zwei Teile, die Sie zusammen oder allein tragen können. Wählen Sie großzügige Entwürfe in satten mittleren Tönen, die den Körper nicht speziell betonen und die zu Ihren neutralen Jacken und Röcken Ihrer Palette passen, etwa Terracotta mit Aubergine, Zartes Lapis mit Grau oder Himbeerrot mit Steingrau.

Bedruckter Zweiteiler oder bedrucktes Kleid

Wählen Sie einen Stoff, ein Muster und einen Stil, der gut zu Ihren Kostümen paßt. Die Farben können hier leuchtender sein, um Ihre neutralen Grundstücke zu beleben. Ihr Hauptziel sollte größtmögliche Vielseitigkeit bei Kombinationen sein.

Blusen

Kaufen Sie drei einfarbige Blusen in ausgewählten Farben aus Ihrer Palette: Wählen Sie Ihr bestes Weiß und Rot sowie Ihren besten Pastellton.

Suchen Sie nach Blusen mit attraktiven Knöpfen (oder ersetzen Sie langweilige) und in sich gemusterten Stoffen, beispielsweise einen Satinstreifen oder ein einfaches Muster im Stoff, am besten in Baumwolle von guter Qualität, in Seide oder aus Naturfasern.

Hosen

Wenn Ihre Figur und Ihr Beruf das Tragen von Hosen zulassen, wählen Sie einen Qualitätsgabardine in einer neutralen Farbe, der vom Ton her zu Ihren Jacken paßt.

Mantelkleid

Ein einfaches Mantelkleid aus Wollcrêpe sieht an sich elegant aus oder kann mit Accessoires variiert werden. Sie können beispielsweise einen guten Gürtel oder ein buntes Tuch hinzufügen oder es mit einer Kostümjacke tragen. Dieses Kleid kann Sie vom Morgen bis zum Abend begleiten, wenn Sie Accessoires wie Gold- und Perlenketten oder eine interessante Brosche hinzufügen. Wählen Sie eine Lieblingsfarbe aus Ihrer Palette, die auch zu der Kostümjacke paßt, falls diese getragen wird. Violett, Rot oder Türkis sind eine gute Wahl.

Dreiteiliges Ensemble für den Abend

Schauen Sie sich nach etwas Besonderem für den Abend um, das sowohl elegant als auch vielseitig ist und ein paar Jahre lang halten wird. Am besten wählt man ein Outfit in mittleren bis dunklen Schattierungen (z. B. Bronze, Violett, Marine) in Seide, Satin oder in einem feinen Wollcrêpe. Die drei Teile umfassen:

● Eine einfache unstrukturierte Jacke, die Sie auch – zugeknöpft über einem farblich abgestimmten Rock oder offen über einem schlanken Kleid – im Büro tragen können.

● Ein Trägerhemd oder T-Shirt, mit dem sich Ihre Kostüme überzeugend für den Look nach Feierabend verwandeln lassen.

● Ein langer Rock oder eine Hose; später können Sie noch ein weiteres bedrucktes Oberteil kaufen, das dazu paßt.

Mantel

Entscheiden Sie, ob ein Mackintosh oder ein Wollmantel für Ihr Klima besser geeignet ist. Achten Sie darauf, daß er weit genug ist, um über Kostümen getragen zu werden. Lange Mäntel, die bis zur Mitte der Wade reichen, sind am flexibelsten, da sie unabhängig von der Rocklänge tragbar sind. Zierliche Frauen sollten jedoch Entwürfe wählen, die kurz unter dem Knie enden.

Schuhe

Wenn Sie voll berufstätig sind, brauchen Sie mindestens drei Paar Schuhe. Beginnen Sie mit zwei Paar mit mittleren Absätzen und einem Paar mit niedrigem bis flachem Absatz, das gut zu Hosen paßt. Flache Schuhe schränken Sie sehr ein, wenn Sie nicht gerade sehr groß sind. Wildleder- oder einfache Lederschuhe mit sehr kleinen Details sind am vielseitigsten. Wählen Sie Ihre besten neutralen Farben – Schwarz, Braun, Marine, Olivgrün, Mahagoni oder Weinrot.

Tücher und Schals

Mittelgroße, quadratische Seidentücher oder lange Schals können die neutralen Töne Ihrer Grundgarderobe beleben. Wenn Sie gerne Tücher tragen, sollten Sie mehrere Bindetechniken erlernen, so daß Sie sie jedesmal anders einsetzen können. Lange Schals können auch als Schärpe getragen werden, wenn Sie schlank sind.

Mit einem großen bunten Schal aus feiner Wolle können Sie auch Ihren Mantel oder ein einfaches Kleid beleben, wenn Sie ihn am Abend als «Jacke» (über der Schulter verknotet) tragen. Seien Sie jedoch vorsichtig, wenn Sie einen sehr kurzen Hals haben; der Schal wird um Ihr Kinn herum hochrutschen – was zwar wärmt, aber nicht sehr attraktiv wirkt, da dieser Mangel unterstrichen wird.

Gürtel

Wählen Sie Leder- oder Wildledergürtel von hoher Qualität. Tragen Sie sie mit Röcken oder Hosen und betonen Sie damit Ihr Kleid. Ein Gürtel vervollständigt die Wirkung eines Rockes und hilft, eine eingesteckte Bluse zu verankern, aber achten Sie darauf, daß er die richtige Form und Breite für Ihre Figur hat. Wählen Sie dieselben Farben wie bei den Schuhen.

Schultertasche/Aktentasche

Eine große Schultertasche im Umschlagstil kann gleichzeitig als Hand- und als Aktentasche dienen. Wenn Sie einen professionelleren Look brauchen, sollten Sie Geld in eine gute Akten- oder Dokumententasche investieren, aber lassen Sie in diesem Fall Ihre Handtasche zu Hause.

Schmuck

Zu den unentbehrlichen Stücken gehören:

- Eine gute Uhr in einfachem Stil und von bescheidener Größe.
- Zwei Paar Ohrringe – Gold, Gold und Perlen oder Gold und Silber – in modischem, klassischem Stil.
- Eine Brosche; sie muß nicht unbedingt zu den Ohrringen passen, sondern soll Jacken aufwerten.
- Eine Goldkette, die Blusen verschönert und am Abend zusätzlichen Reiz verleiht.

Strumpfwaren

Nichtglänzende Lycra-Mischungen sorgen für den besten Sitz und sehen an den unterschiedlichst geformten Beinen gut aus. Vermeiden Sie Strumpfwaren mit strukturiertem Muster. Strumpfwaren sollten im Ton zu Ihren Schuhen und/oder zum Saum Ihres Kleides passen.

Kapitel 10

Selbstbewußtsein und Körpersprache

Bisher haben wir uns mit Ihrem Image, mit Ihrem Erscheinungsbild und der Entwicklung eines persönlichen Stils befaßt. Aber Sie können noch so gutgekleidet im Beruf oder bei gesellschaftlichen Anlässen erscheinen, Ihr Auftritt wird mit Sicherheit leiden, wenn Sie durch Ihre Körpersprache kein natürliches Selbstvertrauen ausdrücken.

Betrachten wir noch einmal die Statistiken über die Wirkung des Image. 55 % des Eindrucks, den Sie auf andere machen, hängt von Ihrem Aussehen *und* von Ihrem Verhalten ab.

Schon bevor Sie den Mund öffnen, um sich vorzustellen, haben andere ein (Vor-)Urteil über Sie gefällt. Nach Ihrem persönlichen Stil – der Wahl der Kleidung und der Farben – werden andere entscheiden, wie erfolgreich Sie sind, wie Sie leben, wie alt Sie sind usw. Ihr Verhalten läßt andere auf Ihr Selbstbewußtsein, Ihre Ehrlichkeit, Ihre Persönlichkeit schließen. Die Art, wie Sie gehen, eintreten, andern die Hand schütteln, Augenkontakt, Gesichtsausdruck und Gesten einsetzen, verrät mehr über Ihre Persönlichkeit, als Sie glauben.

Wenn wir Zweifel haben, glauben wir eher an die Körpersprache anderer Menschen als an ihre Worte. Denken Sie an einen Politiker, der schwierige Fragen eines aggressiven Journalisten im Fernsehen beantworten muß: Woran kann man erkennen, daß ein Politiker mit der Wahrheit in Konflikt gerät? Seine Augen bewegen sich unter Streß schnell hin und her; instinktiv beginnt er, seine Nase und den Oberlippenbereich zu reiben, fast so, als wolle er seinen Mund bedecken, um die Unwahrheit daran zu hindern, zu entkommen. Wenn er steht, tritt er vielleicht von einem Fuß auf den anderen oder kreuzt instinktiv die Arme, als ob er versucht, sich vor der Flut unwillkommener Fragen zu schützen.

Denken Sie an die letzte Dinnerparty, die Sie besucht und auf der Sie jemanden kennengelernt haben, mit dem Sie überhaupt nichts anfangen konnten. Sie haben kein Gesprächsthema von gegenseitigem Interesse gefunden und sich grenzenlos gelangweilt. Denken Sie daran, wie Sie sich verabschiedet haben: Wenn ich mich nicht täusche, haben Sie gelächelt, Ihrem Gegenüber die Hand gereicht und gesagt: «Es war nett, Sie kennenzulernen.» Sie wußten beide, daß die freundliche und höfliche Grußformel eine Lüge war. War es das falsche Lächeln? Sie wissen schon – wenn die Lippen sich nach oben ziehen, aber der Rest des Gesichts, besonders die Augen, eisig bleiben. Das Gesicht drückt den wahren Sachverhalt aus: «Es war eigentlich überhaupt nicht nett, Sie kennenzulernen!»

Ein Vorstellungsgespräch beginnt nicht erst dann, wenn Sie dem Personalchef am Schreibtisch bequem gegenübersitzen, sondern bereits dann, wenn Sie sein Büro betreten. Von diesem Augenblick an registriert sein Gehirn Signale, die von Ihnen ausgehen – Ihr Selbstbewußtsein, Ihre Energie, Ihre Fähigkeiten. Denken Sie an das letzte Mal, als Sie an einem solchen Gespräch teilgenommen haben oder einen neuen Menschen kennengelernt haben. Welche nichtverbalen Signale haben Sie Ihrer Meinung nach ausgesandt? Und welche nichtverbalen Zeichen haben Sie von dem anderen empfangen? Auf den nächsten Seiten möchte ich über die wichtigsten Dinge sprechen, an die Sie bei Ihren Verhaltenssignalen im Beruf und in neuen Streßsituationen denken sollten. Dabei geht es besonders darum, wie Sie Ihr Verhalten einsetzen können, um sich selbst und Ihre Persönlichkeit auszudrücken und selbstbewußt zu erscheinen. Viele Situationen kenne ich aus den Erfahrungen meiner Kundinnen, die auf unbekanntem Gebiet überrascht wurden, besonders in Bereichen, in denen Männer das Sagen hatten, und nicht wußten, was sie tun sollten.

Ich möchte Sie auf das Unbekannte vorbereiten, damit Sie nur die richtigen, positiven Signale aussenden.

Das Händeschütteln

Eins der stärksten persönlichen Signale, das Sie jeden Tag über sich selbst vermitteln, ist Ihr Handschlag. Wie Sie jemandem die Hand schütteln, sagt anderen folgendes über Sie:

- Wie selbstbewußt Sie sind
- Wie geschützt das Leben ist, das Sie führen
- Wieviel Respekt Sie vor andern haben.

Beim Händeschütteln drücken Sie auf zweifache Weise Selbstbewußtstein aus: erstens dadurch, wie schnell Sie die Hand ausstrecken, wenn Sie neue Menschen kennenlernen; Zögern vermittelt Unsicherheit und fehlendes Selbstbewußtsein. Und zweitens durch die Festigkeit Ihres Griffs: wenn er schwach ist, sind Sie sich Ihrer selbst nicht sicher; wenn er zu fest ist, sind Sie zu selbstbewußt und egoistisch; wenn er fest und direkt ist, sagen Sie anderen, daß Sie wissen, wer Sie sind.

Ihr Handschlag sagt anderen auch, ob Sie viel gereist sind oder eher ein geschütztes Leben führen und nur mit sehr vertrauten Freunden zusammenkommen. Durch Arbeit und Reisen im Ausland und in Situationen, in denen Sie ständig neue Menschen kennenlernen, gewöhnen Sie sich daran, andern die Hand zu schütteln, und können dies ohne Streß tun. Frauen, die selten jemandem die Hand schütteln, empfinden dies nicht selten als geradezu angsterregend und brauchen einige Anleitung und Übung, um einen selbstbewußten Handschlag zu entwickeln.

Ihr Handschlag drückt auch den Respekt aus, den Sie für andere haben. Wenn Sie sich einer Gruppe nähern und nur einigen die Hand schütteln, während Sie die anderen ignorieren, senden Sie klare Signale aus, daß diese in Ihrer Wertschätzung nicht so wichtig sind.

DEN RICHTIGEN EINDRUCK MACHEN

Denken Sie an das letzte Mal, als Sie jemandem die Hand geschüttelt haben und einen schlechten Eindruck gewonnen haben. Sie wissen schon, was ich meine: die schlaffen, feuchten Hände, die machthungrigen Knochenbrecher, die herablassenden Fingerspitzenpinzetten. Natürlich weisen Sie einen derartigen Handschlag für sich selbst zurück.

Zielen Sie auf einen festen, direkten Griff ab, so daß die Haut zwischen Daumen und Zeigefinger die des Partners berührt. Alles, was auf halbem Weg endet, ist ein Zeichen von Schwäche. Alles, was mehr ist, wirkt bedrohlich.

Wenn Sie verschwitzte Handflächen haben, müssen Sie nicht verzweifeln. Viele Frauen und Männer leiden unter diesem Problem, besonders wenn sie nervös sind. Wenn Sie zu Schweißhänden neigen, sprühen Sie die Handflächen vor einem Treffen mit einem Antitranspirant ein.

Bieten Sie immer Ihre Hand an, wenn Sie jemanden kennenlernen. Wenn Sie in Europa nicht die Hand anbieten, wird Ihr Gegenüber aus traditioneller Höflichkeit ebenfalls passiv bleiben. Im Geschäftsleben verlieren Sie an Glaubwürdigkeit, wenn Sie anderen leitenden Angestellten, egal, ob es sich um Männer oder Frauen handelt, nicht die Hand reichen.

PERSÖNLICHES TERRITORIUM

Jeder Mensch hat ein persönliches Territorium oder eine Zone der Behaglichkeit, einen Raum um sich herum, den er gerne freihält. Wenn wir mit Freunden, Familienmitgliedern oder einem geliebten Menschen zusammen sind, brauchen wir nicht dieselbe Distanz wie bei Menschen, denen wir zum ersten Mal begegnen. Aber wir halten größere Entfernung zu Menschen, von denen wir uns bedroht fühlen. Edward Hall, ein amerikanischer Anthropologe, war ein Pionier bei der Definition der speziellen Bedürfnisse des Menschen. Seine Forschungsergebnisse aus den sechziger Jahren über die Nähe, mit der wir uns in unterschiedlichen Kulturen und Situationen wohl fühlen, hat vielen geholfen, die eigene «Zone der Behaglichkeit» zu verstehen und – noch wichtiger – diejenige anderer zu interpretieren.

Als gebürtige Amerikanerin, die aus einer großen Familie stammt, habe ich ein sehr kleines persönliches Territorium. Ich liebe die Nähe anderer Menschen, mag Berührungen. Als ich nach Großbritannien zog, trat ich vielen Menschen zu nahe. Ich erinnere mich, wie ich auf einer Cocktailparty mit einer Gruppe von Frauen sprach und dabei eine von ihnen am Oberarm berührte, um mein Verständnis zu unterstreichen. Ihr ganzer Körper erstarrte, sie trat einen Schritt zurück und brach den Augenkontakt abrupt ab. Ich war ungewollt in ihre persönliche Zone eingebrochen, was bei ihr starkes Unbehagen hervorrief. Seitdem habe ich meine frühere Gewohnheit, die Nähe anderer Menschen zu suchen, korrigiert und respektiere den Raum, den sie für die Geselligkeit brauchen.

IN DER DEFENSIVE:
UNLIEBSAME MANÖVER

Es gibt Situationen, in denen Menschen, besonders Männer, Ihre Nervenstärke testen, indem sie aggressive oder sexuelle Annäherungsversuche machen. Derart unwillkommene Manöver gibt es in vielen Formen. Sie reichen von sehr subtilen Strategien, etwa der Invasion Ihres Territoriums, bis zu verwirrenden und unangenehmen, beispielsweise einem Kuß anstelle des erwarteten Handschlags zur Begrüßung.

Es ist für eine Frau ratsam, unangenehme Situationen dieser Art in Gedanken schon einmal durchzuspielen, bevor sie tatsächlich eintreten. Auch wenn Sie solchen unwillkommenen Manövern selbst noch nie begegnet sind, sollten Sie überlegen, wie Sie mit einer vergleichbaren Situation umgehen würden. Ich verwende im folgenden Beispiele, die ich aus den Berichten anderer Frauen kenne und die überall in der Geschäftswelt mit solcher Häufigkeit aufzutreten scheinen, daß sie die Aufmerksamkeit aller Frauen verdienen.

WAS TUN BEIM EINDRINGEN IN IHR TERRITORIUM?

Kollegen und Kolleginnen können Sie im Beruf unterminieren, indem sie absichtlich oder unbewußt in Ihren Raum eindringen. Wenn jemand auf Ihrem Schreibtisch sitzt, während Sie auf dem Stuhl sitzen, über Ihre Schulter schaut, wenn Sie bei der Arbeit sind, oder einfach zu nahe herantritt, während Sie sitzen oder stehen, fühlen Sie sich verletzlich und bedroht. Verteidigen Sie Ihr Territorium mit folgenden Taktiken:

● Wenn Ihnen jemand zu nahe kommt, indem er sich an Sie anlehnt – eine Methode, die eingesetzt wird, um zu beherrschen oder zu bedrohen –, drehen Sie sich schnell um und sehen ihn direkt an, bevor Sie zurücktreten. Wenn Sie eine Akte oder andere Unterlagen in der Hand haben, halten Sie diese als Barriere zwischen sich. Halten Sie das Gespräch so kurz wie möglich und verlassen Sie dann den Raum.

● Wenn jemand auf Ihrem Schreibtisch sitzt oder von hinten herantritt und über Ihre Schulter schaut, sollten Sie aufstehen, den

Betroffenen ansehen und langsam auf ihn zugehen. Dieses Gegenmanöver führt normalerweise dazu, daß der Eindringling sich zurückzieht, so daß die Bedrohung vom ihm oder ihr auf Sie übergeht.

DER UNWILLKOMMENE KUSS

In gewissen europäischen Ländern – wie Frankreich, Italien und Spanien – müssen Geschäftsfrauen darauf vorbereitet sein, daß man sie beim zweiten oder dritten Meeting mit einem Kuß begrüßt. Aber selten handelt es sich hier um mehr als einen geschmackvollen Wangenkuß ohne Körperkontakt. Britischen Frauen und Amerikanerinnen fällt es schwer, sich daran zu gewöhnen. Sie sorgen sich um ihre Macht, wenn sie einen Kuß akzeptieren.

Mein Rat zu diesem Problemkreis lautet, diese Begrüßung würdevoll zu akzeptieren und männlichen Kollegen, die möglicherweise mitreisen, zu erklären, daß man sich den kulturellen Gewohnheiten des Reiselandes eben anzupassen habe. Damit beugen Sie möglichen unangenehmen Gerüchten vor, die nach der Rückkehr im Büro kursieren könnten.

Wenn Sie einen Ihrer Kollegen etwas freundlicher als mit einem Handschlag begrüßen wollen, aber vor einem Kuß zurückschrecken, sollten Sie es einmal mit einer freundlichen, aber geschäftsmäßigen Berührung des Oberarms versuchen. Dies funktioniert recht gut, wenn Ihre Begrüßungsformel weniger formell ist, wie etwa: «Sie sehen gut aus, Herr Schmidt» oder beim Hinausgehen: «Bis bald, Herr Schulze.»

DER SCHMATZER

Wenn Sie den feuchten Schmatzer herannahen sehen, ist eine andere Strategie angesagt:

Stellen sie den «Armhebel» bereit – eine deutliche Vorwärtsbewegung des rechten Arms, der einen festen Handschlag ausübt. Der Arm soll steif bleiben und unmißverständlich signalisieren: «Bitte Distanz halten.» Wenn Ihre linke Hand frei ist, legen Sie sie Ihrem Gegenüber auf die rechte Schulter, während Sie sich die Hände schütteln, um eine vollständige Barriere aufzubauen, und mit einem sanften Schubser dirigieren Sie ihn dorthin, wohin er – im buchstäblichen Sinne – gehen soll.

IHR ERSTES ERSCHEINEN

Die Art und Weise, wie Sie durch die Tür treten, sagt viel darüber aus, ob Sie an sich glauben und ob andere an Sie glauben sollten.

Zögern Sie also nicht, halten Sie den Kopf hoch, holen Sie tief Luft und betreten Sie einen Raum zielstrebig und mit einem Lächeln auf dem Gesicht. Beladen Sie sich nicht mit mehr Dingen als mit einer Aktentasche (im Beruf) oder einer Handtasche. Achten Sie darauf, daß Ihr Mantel, falls Sie einen tragen, Ihrem wichtigen Auftritt gerecht wird. Wenn er nicht besonders gut aussieht, ziehen Sie ihn aus und tragen ihn gefaltet über dem linken Arm (mit dem Sie auch die Aktentasche tragen), so daß die rechte Hand frei bleibt zum Händeschütteln.

AUGENKONTAKT: PRAKTISCHE HILFE

Das vielleicht offensichtlichste Zeichen von Befangenheit ist die Unfähigkeit, anderen Menschen über längere Zeit hinweg in die Augen zu sehen, wenn Sie miteinander reden. Der Augenkontakt offenbart viel über Sie – Ehrlichkeit oder Feindseligkeit, Begeisterung oder Desinteresse. Wenn Sie andern Menschen nicht in die Augen schauen können, scheinen Sie an mangelndem Selbstbewußtsein zu leiden, etwas zu verbergen oder dem gerade Gesagten keine Aufmerksamkeit zu schenken.

Das heißt *nicht*, daß Sie ein unerbittliches Starren entwickeln müssen, da diese Art von Augenkontakt Arroganz oder Feindseligkeit vermittelt. Das Ziel ist, ein Gleichgewicht zwischen den beiden Extremen zu finden – das heißt, kurze Zeiten des Augenkontakts wechseln sich mit einer Verschiebung des Blicks ab.

Jeder kann seinen Augenkontakt durch Übung verbessern. Am besten beginnt man bei Freunden und in der Familie, besonders bei Kindern. Achten Sie darauf, wie Sie die Aufmerksamkeit des Kindes verbessern können, wenn Sie beispielsweise eine Geschichte vorlesen und das Kind dabei immer wieder ansehen im Gegensatz zum Vorlesen ohne Augenkontakt. Beim Einkaufen sollten Sie versuchen, die Aufmerksamkeit der Verkäuferin mit starkem Augenkontakt zu gewinnen – Sie werden feststellen, daß Bedienung und Umgang sich dadurch verbessern!

Wenn Sie mit mehreren Personen auf einmal sprechen, müssen Sie daran denken, abwechselnd mit allen über den Augenkontakt «Verbindung» aufzunehmen. Ich spreche gerne vor großen Gruppen und arbeite mich mit direktem Augenkontakt zu verschiedenen Teilen der Zuhörerschaft durch. Es ist erstaunlich, wie stark die Aufmerksamkeit der Zuhörer sich steigert, wenn Sie auf diese Weise mit den Augen persönlichen Kontakt aufnehmen, während Ihre Ansprache an alle gerichtet ist.

WIRKUNGSVOLLE GESTEN

Sie spüren meistens instinktiv, wann Sie bei anderen Menschen nichts erreichen, wann diese sich langweilen oder negativ zu Ihnen eingestellt sind. Selbst wenn sie sich zustimmend äußern – etwa: «Das klingt interessant» oder «Was für eine gute Idee!» –, entlarven ihre Gesten die Worte als Lügen. Wenn jemand etwas Positives sagt und dabei seine Arme überkreuzt hält, denkt er wahrscheinlich das Gegenteil; es sei denn, daß er gerade von einem kalten Luftzug getroffen wurde und sich wärmt, weil ihm fröstelt.

Wenn Sie nervös oder negativ eingestellt sind und merken, daß Sie selbst die Arme kreuzen (eine «geschlossene Körperhaltung» einnehmen, wie die Experten für Körpersprache sagen), sollten Sie versuchen, etwas in der Armbeuge festzuhalten, beispielsweise eine Akte oder einige Unterlagen. Diese dienen dann als partieller «Schild», so daß Sie sich behaglicher fühlen und weniger feindselig oder defensiv wirken.

Die eigenen Hände vor oder hinter dem Körper zu halten ist eine weitere negative, geschlossene Geste, die Schwäche oder Nervosität andeutet, wenn Sie zu anderen sprechen. Versuchen Sie, in einer Hand einen Stift zu halten oder eine Hand in die Seitentasche zu stecken, wenn Sie zu nervös sind, um die bevorzugte Stellung mit beiden Händen an der Seite einzunehmen – die offenste und selbstbewußteste Haltung. Sobald Sie die ersten paar Sätze hinter sich gebracht haben und beginnen, Ihre Argumente mit Gesten zu betonen, fühlen Sie sich entspannter.

Fitneß – ein Teil Ihres Image

Gesundheit und Fitneß sind wichtig für Ihr Image. Eine Frau, die fit ist, sprüht vor Leben. Ihre Vitalität teilt sich mit durch ihre Augen, den Glanz ihrer Haut, die Leichtigkeit ihres Gangs. Lassen Sie also nicht zu, daß Sie durch eine schlechte Diät, mangelnde Bewegung oder unzureichenden Schlaf schwerfällig und abgespannt wirken. All diese Dinge lassen sich verhindern. Uber Dreißig zu sein und Kinder geboren zu haben oder berufliche Anspannung sind keine guten Gründe, sich nicht um die Fitneß zu kümmern. Sie wollen stark und gesund sein, nicht nur, um gut auszusehen, sondern, was viel wichtiger ist, um mit den Anforderungen des modernen Lebens zurechtzukommen.

Nehmen Sie sich die Zeit und denken Sie eine Minute über Ihren Fitneßzustand nach:

● Wissen Sie, wieviel Nahrung Ihr Körper jeden Tag braucht, um effizient zu funktionieren?

● Können Sie sich daran erinnern, was Sie gestern abend gegessen haben?

● Können Sie schnell eine Treppe hinaufgehen, ohne außer Atem zu sein, wenn Sie oben ankommen?

● Fühlen Sie sich aufgebläht und sehen Sie aufgedunsen aus (abgesehen von der Menstruationszeit)?

● Wenn Sie berufstätig sind, fühlen Sie sich nach dem Mittagessen träge?

● Hat sich Ihre Figur in den letzten zehn Jahren dramatisch zu Ihrem Nachteil verändert?

● Wissen Sie, wie Sie Gewicht und Zentimeter verlieren können, wenn Sie wollen?

- Sind Sie beweglich und gelenkig? Können Sie auf dem Boden sitzen und sich leicht und ohne Anstrengung ausstrecken?

- Wären Sie gerne vitaler?

- Können Sie sich entspannen und tief schlafen, so daß Sie am nächsten Morgen erfrischt aufwachen?

LIEBER GUT IN FORM ALS SCHLANK

Das richtige Gewicht ist nur ein Teil der Fitneß. Sie und Ihr Arzt können am besten beurteilen, welches Gewicht für Sie je nach Größe, Knochenbau und Alter am besten ist. Leider ziehen die Standardtabellen, die von Ärzten herausgegeben werden, den Knochenbau nicht in Betracht. Wenn Sie zierliche Knochen haben, ziehen Sie 2,7 kg ab, bei groben Knochen zählen Sie 2,7 kg hinzu (siehe Seite 129). Aber machen Sie sich wegen des Gewichts keine zu großen Sorgen, es sei denn, daß es Ihre Gesundheit beeinträchtigt und Sie auf Anraten des Arztes abnehmen müssen. Wenn Ihr Gewicht in etwa normal ist, sollten Sie eher darauf abzielen, sich in Form zu halten, als abzunehmen. Wenn Sie sich durch Gymnastik in Form bringen, können Sie Zentimeter dort verlieren, wo Sie es am meisten wollen, so daß Ihre Kleidung bequemer sitzt und attraktiver wirkt.

Bevor Sie nach längerer Unterbrechung mit sportlichen Übungen beginnen, sollten Sie Ihren Arzt fragen, ob aus irgendwelchen Gründen Vorsicht geboten ist. Leichte Aktivitäten wie Spazierengehen und Schwimmen sind zwei der gesündesten «Aerobic-Übungen», für die keine ärztliche Zustimmung erforderlich ist – Sie brauchen einzig den Willen, sich in Bewegung zu setzen.

Wenn Sie schon seit geraumer Zeit Sport treiben (besonders mit Gewichten) oder andere anstrengende Übungen machen, ist es ratsam, einen Orthopäden aufzusuchen, der feststellt, ob Sie Gelenke oder Sehnen überanstrengen oder ob noch alles in Ordnung ist.

Ich weiß, wie schwer es ist, mit sportlichen Übungen zu beginnen und schlechte Gewohnheiten abzulegen; aber Sie haben einfach keine andere Wahl, es sei denn, Sie wollen älter aussehen und sich älter fühlen als nötig, aber dann werden Sie das Leben nicht in vollen Zügen genießen können.

Die Vorteile von sportlicher Betätigung sind vielfältig. Sie verbessern Vitalität und Beweglichkeit und setzen Energie frei. Nach einem guten, flotten Spaziergang verschwinden alle Spannungen des Tages. Sie werden sich fragen, worüber Sie sich vorher Sorgen gemacht haben. Sie entwickeln Kraft. Alle Frauen sollten stark sein – auch körperlich so stark, wie wir es geistig und emotional sind. Ein gutes Training – mit dem Fahrrad, beim Schlittschuhlaufen oder bei geselligeren Sportarten wie Squash, Tennis, Aerobics oder Skifahren – verjagt die Melancholie im Nu. Wenn Sie richtig ins Schwitzen kommen, gehen Sie richtig aus sich heraus und erleben ein Hochgefühl so gut oder sogar noch besser als bei gutem Sex.

WÄHLEN SIE EIN PROGRAMM, DAS ZU IHNEN PASST

Für manche sehr disziplinierte Frauen ist Gymnastik, die sie allein zu Hause mit Hilfe einer Videokassette durchführen, am besten. Sie genießen die private Atmosphäre und die Möglichkeit, ihre Körperkraft im eigenen Tempo aufzubauen. Das einzige Problem liegt darin, daß man sich meistens nicht so stark antreibt und entwickelt, wie es durch die Ermutigung eines Trainers und durch die Arbeit neben anderen Frauen mit ähnlichen Zielen möglich wäre.

Der Gedanke, sich in einem Fitneßclub einzuschreiben, kann abschreckend wirken. Alle scheinen jünger und schlanker auszusehen als man selbst. Und zu Beginn können Sie sich als echte Außenseiterin fühlen, wenn Cliquen vorhanden sind. Wenn Sie diese Erfahrung machen, sollten Sie nicht aufgeben. Es gibt gute Gymnastikgruppen oder Clubs, die sich Mühe geben, Neulinge willkommen zu heißen, und die darauf achten, daß Sie sich nach Ihrem eigenen Rhythmus entwickeln.

Je regelmäßiger Sie Sport treiben (mindestens zweimal in der Woche), desto schneller werden Sie in die Gymnastikgruppe integriert, und wenn Sie erst einmal Freundschaften geschlossen haben, werden Sie feststellen, daß die anderen Frauen dieselben Unsicherheiten gegenüber ihrem Körper empfinden wie Sie auch.

Ein erfolgreiches Übungsprogramm muß zu Ihnen passen, damit Sie wirklich Spaß daran haben und regelmäßig trainieren. Keine Woche sollte vergehen, in der Sie nicht mindestens fünf Aktivitäten auflisten können, die Sie jeweils für mindestens zwanzig Minuten betrieben haben. Mehr zu laufen ist die beste Möglichkeit am Anfang, während Sie über stärker organisierte Aktivitäten für Ihre Fitneß nachdenken. Steigen Sie zwei Haltestellen früher aus und gehen Sie die zusätzliche Strecke zu Fuß ins Büro – in flottem Tempo, aber nicht so schnell, daß Sie außer Atem geraten. Benutzen Sie in Kaufhäusern die Treppe anstelle des Aufzugs. Versuchen Sie einmal in der Woche schwimmen zu gehen. Trainieren Sie Ihre Beckenbodenmuskulatur, wenn Sie am Schreibtisch sitzen, Auto fahren oder an der Bushaltestelle warten. Vermeiden Sie Übungen oder sportliche Aktivitäten, für die umständliche Vorbereitungen oder teure Ausrüstungen nötig sind – zumindest bis Sie wissen, daß Sie wirklich dabei bleiben werden. Am Anfang ist es eine Sache des Herumprobierens; manche Frauen lieben Jazz-Dance, während andere Stretching vorziehen. Suchen Sie das Richtige für sich und verpflichten Sie sich, es regelmäßig zu tun.

Pflegen Sie Ihren Körper, schätzen und nähren Sie ihn, indem Sie richtig essen, Sport treiben und sich Zeit zum Entspannen nehmen, so daß Sie immer ein selbstbewußtes, fittes Image haben.

EIN WORT MIT AUF IHREN WEG

Gemeinsam haben wir mit diesem Buch einen Weg durch das faszinierende Thema «Image» skizziert. Sie haben gelernt, warum es wichtig ist, sich selbst zu mögen und sich vor anderen im Privat- und im Berufsleben gut zu präsentieren. Es gibt viele Richtlinien und wertvolle Ratschläge, über die Sie nachdenken und unter denen Sie eine Wahl treffen können, während Sie Ihren eigenen persönlichen Stil entwickeln.

Wenn Sie es nicht bereits getan haben, sollten Sie nun einen Plan vorbereiten, wie Sie in sich selbst investieren wollen. Wieviel können Sie ausgeben? Wo sollten Ihre Prioritäten liegen — eine neue Frisur oder eine neue Methode für Ihr Make-up, die die beste Wirkung erzielt? Oder sind die Farben in Ihrer aktuellen Garderobe einfach zu langweilig und vorhersagbar? Die beste Medizin für Ihr neues Image wären vielleicht ein paar neue Blusen in den Lieblingsfarben Ihrer Palette; das würde Ihre Moral steigern und Ihnen Komplimente von andern eintragen.

Sie sollten die Sache langsam angehen. Gehen Sie bei der Entwicklung Ihres persönlichen Image Schritt für Schritt vor. Erforschen und experimentieren Sie, bevor Sie schließlich eine Wahl treffen. Gönnen Sie sich einen Nachmittag, an dem die Geschäfte nicht mit eiligen Einkäufern überfüllt sind, und probieren Sie einfach mal einige neue Farben und Kleidungsstile aus. Lassen Sie Ihr Scheckheft oder Ihre Kreditkarte zu Hause, wenn Sie befürchten, sich vielleicht zu einem Kauf verleiten zu lassen!

Unterziehen Sie Ihre bestehende Garderobe einer Prüfung und schmeißen Sie alles hinaus, was nicht zu Ihrem Image paßt. Konzentrieren Sie sich auf drei neue Dinge, die Sie in dieser Saison wirklich brauchen, um die übrigen Teile Ihrer Garderobe zu beleben. Ist es eine Jacke, sind es ein Paar Schuhe oder Ohrringe, ein neues Tuch in Ihren Farben, ein modischer Rock oder eine Hose?

Als Image-Beraterin muß ich Sie jetzt mit diesem reichen Vorrat an Ideen allein lassen. An Ihnen liegt es zu entscheiden, wie Sie mehr aus sich machen können. Wenn Sie jetzt bei der Entwicklung eines neuen Image selbstbewußter sind, es wagen, Sie selbst zu sein und sich auszudrücken, dann haben sich meine Bemühungen gelohnt. Ich hoffe, Ihnen dabei geholfen zu haben, das Beste aus sich zu machen!

Die vollständigen Jahreszeitenpaletten

Auf den nächsten Seiten sind die vollständigen Listen der besten Farben für alle Jahreszeiten aufgeführt. Diese Farben werden Ihnen als Richtlinien beim Einkauf hilfreich sein. Achten Sie darauf, daß jedes neue Stück zu mindestens drei anderen Teilen in Ihrer Garderobe paßt. Am Ende des Buches erfahren Sie, wie Sie Etuis mit Ihren persönlichen Farben bestellen können; solche Stoffmuster sind eine wertvolle Gedächtnishilfe beim Einkauf.

Klare Frühlingspalette	Warme Frühlingspalette	Helle Frühlingspalette
1 Marine	1 Camel	1 Camel
2 Hellgrau	2 Naturbraun	2 Naturbraun
3 Mittelgrau	3 Bronze	3 Warmes Grau
4 Anthrazit	4 Goldbraun	4 Hellgrau
5 Schwarz	5 Schokobraun	5 Mittelgrau
6 Schwarzbraun	6 Gold	6 Taubenblau
7 Wollweiß	7 Eierschale	7 Wollweiß
8 Eierschale	8 Sahneweiß	8 Eierschale
9 Graubeige	9 Graubeige	9 Graubeige
10 Steingrau	10 Steingrau	10 Steingrau
11 Warmes Grau	11 Graugrün	11 Helles Lachs
12 Silber	12 Mittelgrau	12 Pastellrosa
13 Eisblau	13 Helles Lachs	13 Puderrosa
14 Eisviolett	14 Apricot	14 Apricot
15 Pastellrosa	15 Kräftiges Apricot	15 Klares Lachs
16 Klares Lachs	16 Hellorange	16 Flamingo
17 Flamingo	17 Klares Lachs	17 Hellorange
18 Koralle	18 Flamingo	18 Warmes Pink
19 Warmes Rosa	19 Warmes Pink	19 Pink
20 Warmes Pink	20 Tomatenrot	20 Koralle
21 Dunkelrosa	21 Terracotta	21 Warmes Rosa
22 Helles Zyklam	22 Mango	22 Dunkelrosa
23 Klatschmohn	23 Kürbisgelb	23 Wassermelone
24 Scharlachrot	24 Rost	24 Klatschmohn

Klare Frühlingspalette

25 Klares Goldgelb
26 Zitronengelb
27 Sonnengelb
28 Zartes Mint
29 Lindgrün
30 Gold
31 Türkisgrün
32 Wiesengrün
33 Intensivgrün
34 Smaragdgrün
35 Flaschengrün
36 Olivgrün
37 Helles Petrol
38 Lebhaftes Petrol
39 Lagunenblau
40 Intensives Aquamarin
41 Türkisblau
42 Veilchenblau
43 Violett
44 Zartes Lapis
45 Dunkles Lapis
46 Klares Lapis
47 Vergißmeinnichtblau
48 Kräftiges Blau

Warme Frühlingspalette

25 Creme
26 Gelbbeige
27 Klares Goldgelb
28 Sonnengelb
29 Goldgelb
30 Gelbgrün
31 Zartes Mint
32 Lindgrün
33 Neongrün
34 Limonengrün
35 Helles Moosgrün
36 Moosgrün
37 Zartes Aquamarin
38 Intensives Aquamarin
39 Helles Petrol
40 Türkis
41 Türkisgrün
42 Jadegrün
43 Vergißmeinnicht
44 Dunkles Lapis
45 Veilchenblau
46 Violett
47 Helles Marine
48 Pertrolblau

Helle Frühlingspalette

25 Creme
26 Gelbbeige
27 Klares Goldgelb
28 Sonnengelb
29 Lindgrün
30 Helles Moosgrün
31 Gelbgrün
32 Blaugrün
33 Türkisgrün
34 Helles Petrol
35 Intensives Aquamarin
36 Zartes Aquamarin
37 Zartes Mint
38 Stahlblau
39 Helles Lavendel
40 Himmelblau
41 Zartes Lapis
42 Violett
43 Veilchenblau
44 Helles Marine
45 Kräftiges Blau
46 Vergißmeinnichtblau
47 Silber
48 Gold

Helle Sommerpalette

1 Hellgrau
2 Graublau
3 Mittelgrau
4 Warmes Grau
5 Kakaobraun
6 Rosabraun
7 Wollweiß
8 Eierschale
9 Rosabeige
10 Graubeige
11 Steingrau
12 Gold
13 Pastellrosa
14 Puderrosa
15 Klares Lachs
16 Pink
17 Malve

Kühle Sommerpalette

1 Hellgrau
2 Mittelgrau
3 Taubenblau
4 Graublau
5 Anthrazit
6 Warmes Grau
7 Wollweiß
8 Rosabeige
9 Graubeige
10 Steingrau
11 Kakaobraun
12 Rosabraun
13 Eisrosa
14 Rose
15 Pink
16 Orchidee
17 Helles Zyklam

Gedeckte Sommerpalette

1 Hellgrau
2 Mittelgrau
3 Graugrün
4 Warmes Grau
5 Kaffeebraun
6 Rosabraun
7 Wollweiß
8 Eierschale
9 Rosabeige
10 Graubeige
11 Steingrau
12 Kakaobraun
13 Puderrosa
14 Rose
15 Orchidee
16 Pink
17 Malve

Helle Sommerpalette

18 Silber
19 Koralle
20 Warmes Rosa
21 Warmes Pink
22 Dunkelrosa
23 Wassermelone
24 Klatschmohn
25 Creme
26 Hellgelb
27 Zartes Mint
28 Pastellgrün
29 Zartes Aquamarin
30 Intensives Aquamarin
31 Blaugrün
32 Türkisgrün
33 Helles Petrol
34 Gedecktes Petrol
35 Efeu
36 Helles Marine
37 Flieder
38 Stahlblau
39 Himmelblau
40 Vergißmeinnichtblau
41 Kräftiges Blau
42 Kadettenblau
43 Flieder
44 Amethyst
45 Zartes Lapis
46 Dunkles Lapis
47 Veilchenblau
48 Violett

Kühle Sommerpalette

18 Gedecktes Lila
19 Dunkelrosa
20 Scharlachrot
21 Kirschrot
22 Wassermelone
23 Himbeerrot
24 Weinrot
25 Neongrün
26 Türkisgrün
27 Petrolblau
28 Gedecktes Petrol
29 Efeu
30 Tannengrün
31 Hellgelb
32 Zartes Mint
33 Mittleres Aquamarin
34 Intensives Aquamarin
35 Türkisblau
36 Lagunenblau
37 Himmelblau
38 Flieder
39 Amethyst
40 Veilchenblau
41 Pflaumenblau
42 Violett
43 Zartes Lapis
44 Kadettenblau
45 Kräftiges Blau
46 Königsblau
47 Marine
48 Silber

Gedeckte Sommerpalette

18 Gedecktes Lila
19 Himbeerrot
20 Warmes Rosa
21 Dunkelrosa
22 Wassermelone
23 Kirschrot
24 Weinrot
25 Creme
26 Hellgelb
27 Zartes Mint
28 Pastellgrün
29 Blaugrün
30 Türkisgrün
31 Türkis
32 Jadegrün
33 Efeu
34 Flaschengrün
35 Gedecktes Petrol
36 Petrolblau
37 Helles Marine
38 Graublau
39 Anthrazit
40 Kadettenblau
41 Himmelblau
42 Zartes Lapis
43 Dunkles Lapis
44 Amethyst
45 Violett
46 Vergißmeinnichtblau
47 Silber
48 Gold

Gedeckte Herbstpalette

1 Mahagoni
2 Schokobraun
3 Rosabraun
4 Kaffeebraun
5 Graugrün
6 Anthrazit
7 Steingrau
8 Sahneweiß
9 Camel
10 Naturbraun

Warme Herbstpalette

1 Camel
2 Naturbraun
3 Graugrün
4 Goldbraun
5 Kaffeebraun
6 Schokobraun
7 Eierschale
8 Sahneweiß
9 Graubeige
10 Steingrau

Dunkle Herbstpalette

1 Steingrau
2 Warmes Grau
3 Graugrün
4 Schwarzbraun
5 Anthrazit
6 Schwarz
7 Wollweiß
8 Eierschale
9 Sahneweiß
10 Graubeige

Gedeckte Herbstpalette

11 Warmes Grau
12 Mittelgrau
13 Helles Lachs
14 Warmes Rosa
15 Dunkelrosa
16 Lachs
17 Silber
18 Gold
19 Lachsrosa
20 Zinnoberrot
21 Tomatenrot
22 Wassermelone
23 Rost
24 Terracotta
25 Wollweiß
26 Eierschale
27 Graubeige
28 Creme
29 Gelbbeige
30 Hellgelb
31 Goldgelb
32 Zartes Mint
33 Türkisgrün
34 Türkis
35 Jadegrün
36 Petrolblau
37 Bronze
38 Moosgrün
39 Helles Moosgrün
40 Limonengrün
41 Olivgrün
42 Flaschengrün
43 Kadettenblau
44 Helles Marine
45 Dunkles Lapis
46 Amethyst
47 Violett
48 Aubergine

Dunkle Winterpalette

1 Schwarz
2 Anthrazit
3 Warmes Grau
4 Schwarzbraun

Warme Herbstpalette

11 Warmes Grau
12 Mittelgrau
13 Helles Lachs
14 Kräftiges Apricot
15 Lachs
16 Lachsrosa
17 Flamingo
18 Kürbisgelb
19 Terracotta
20 Tomatenrot
21 Zinnoberrot
22 Rost
23 Mahagoni
24 Aubergine
25 Creme
26 Gelbbcige
27 Klares Goldgelb
28 Goldgelb
29 Helles Moosgrün
30 Limonengrün
31 Moosgrün
32 Olivgrün
33 Bronze
34 Senf
35 Mango
36 Gold
37 Türkis
38 Türkisgrün
39 Jadegrün
40 Petrolblau
41 Flaschengrün
42 Neongrün
43 Intensives Aquamarin
44 Zartes Aquamarin
45 Veilchenblau
46 Dunkles Lapis
47 Violett
48 Helles Marine

Kühle Winterpalette

1 Eisgrau
2 Hellgrau
3 Mittelgrau
4 Anthrazit

Dunkle Herbstpalette

11 Camel
12 Creme
13 Helles Lachs
14 Kräftiges Apricot
15 Lachsrosa
16 Warmes Pink
17 Zinnoberrot
18 Tomatenrot
19 Scharlachrot
20 Terracotta
21 Rost
22 Mahagoni
23 Braunrot
24 Aubergine
25 Goldgelb
26 Mango
27 Senf
28 Helles Moosgrün
29 Moosgrün
30 Gold
31 Limonengrün
32 Olivgrün
33 Bronze
34 Intensivgrün
35 Smaragdgrün
36 Flaschengrün
37 Zartes Mint
38 Türkisblau
39 Lagunenblau
40 Türkis
41 Türkisgrün
42 Tannengrün
43 Kräftiges Blau
44 Petrolblau
45 Marine
46 Violett
47 Dunkles Lapis
48 Silber

Klare Winterpalette

1 Hellgrau
2 Mittelgrau
3 Anthrazit
4 Schwarz

Dunkle Winterpalette	Kühle Winterpalette	Klare Winterpalette
5 Mahagoni	5 Schwarz	5 Schwarzbraun
6 Braunrot	6 Schwarzbraun	6 Warmes Grau
7 Schneeweiß	7 Schneeweiß	7 Schneeweiß
8 Wollweiß	8 Wollweiß	8 Wollweiß
9 Graubeige	9 Graubeige	9 Eisgelb
10 Steingrau	10 Steingrau	10 Eisgrau
11 Eisgrau	11 Warmes Grau	11 Graubeige
12 Mittelgrau	12 Silber	12 Steingrau
13 Helles Zyklam	13 Rose	13 Eisblau
14 Himbeerrot	14 Pink	14 Eisviolett
15 Dunkles Zyklam	15 Shocking Pink	15 Eisrosa
16 Lila	16 Helles Zyklam	16 Shocking Pink
17 Bordeaux	17 Lila	17 Helles Zyklam
18 Scharlachrot	18 Dunkles Zyklam	18 Dunkelrosa
19 Warmes Pink	19 Dunkelrosa	19 Warmes Pink
20 Tomatenrot	20 Scharlachrot	20 Klatschmohn
21 Rost	21 Kirschrot	21 Kirschrot
22 Kirschrot	22 Himbeerrot	22 Scharlachrot
23 Weinrot	23 Bordeaux	23 Himbeerrot
24 Aubergine	24 Weinrot	24 Silber
25 Zartes Mint	25 Zartes Mint	25 Lila
26 Eisgrün	26 Eisgrün	26 Dunkles Zyklam
27 Eisgelb	27 Eisgelb	27 Bordeaux
28 Zitronengelb	28 Eisblau	28 Weinrot
29 Eisviolett	29 Eisviolett	29 Aubergine
30 Eisrosa	30 Eisrosa	30 Gold
31 Türkis	31 Zitronengelb	31 Zartes Mint
32 Smaragdgrün	32 Blaugrün	32 Zitronengelb
33 Flaschengrün	33 Türkisgrün	33 Sonnengelb
34 Tannengrün	34 Intensivgrün	34 Türkisblau
35 Olivgrün	35 Smaragdgrün	35 Lagunenblau
36 Gold	36 Tannengrün	36 Klares Petrol
37 Intensivgrün	37 Türkisblau	37 Türkisgrün
38 Türkisgrün	38 Lagunenblau	38 Intensivgrün
39 Petrolblau	39 Lebhaftes Petrolblau	39 Smaragdgrün
40 Lebhaftes Petrol	40 Petrolblau	40 Tannengrün
41 Kräftiges Blau	41 Vergißmeinnichtblau	41 Zartes Lapis
42 Silber	42 Dunkles Lapis	42 Veilchenblau
43 Türkisblau	43 Klares Lapis	43 Klares Lapis
44 Lagunenblau	44 Kraftiges Blau	44 Violett
45 Klares Lapis	45 Königsblau	45 Kräftiges Blau
46 Violett	46 Marine	46 Vergißmeinnichtblau
47 Königsblau	47 Violett	47 Königsblau
48 Marine	48 Pflaumenblau	48 Marine

Garderobenplanung für Ihre Jahreszeit

Auf den folgenden Seiten schlage ich für jeden saisonalen Typ eine zwölfteilige Garderobe für den Beruf vor. Die Farben sind aufeinander abgestimmt, so daß Sie sich viele unterschiedliche Outfits schaffen können.

Wenn Sie sich eine Grundgarderobe für das Berufsleben aufgebaut haben, können Sie andere Stücke hinzufügen, um sie aufregender zu gestalten und die Möglichkeiten noch zu erweitern.

KLARER FRÜHLING

Farbkombinationen: Anthrazit/Warmes Rosa/Pastellrosa/Violett

1. **Jacke:** Anthrazit
2. **Jacke:** Warmes Rosa
3. **Kleid:** Violett
4. **Rock:** Anthrazit
5. **Rock:** Warmes Rosa
6. **Rock:** Anthrazit und Warmes Rosa (verwoben)
7. **Hose:** Anthrazit
8. **Bluse:** Violett
9. **Bluse:** Warmes Rosa und Anthrazit
10. **Bluse:** Eierschale
11. **Bluse:** Pastellrosa
12. **Strickjacke** oder **Schultertuch:** Anthrazit

WARMER FRÜHLING

Farbkombinationen: Goldbraun/Creme/Rost/Goldgelb

1. **Jacke:** Goldbraun
2. **Jacke:** Creme
3. **Kleid:** Rost
4. **Rock:** Goldbraun
5. **Rock:** Creme
6. **Rock:** Goldbraun/Rost/Creme (verwoben)
7. **Hose:** Goldbraun
8. **Bluse:** Goldgelb
9. **Bluse:** Goldbraun und Creme
10. **Bluse:** Creme und Rost
11. **Bluse:** Rost und Goldgelb
12. **Strickjacke** oder **Schultertuch:** Goldbraun

HELLER FRÜHLING

Farbkombinationen: Camel/Eierschale/Intensives Aquamarin/
Apricot

1. **Jacke:** Eierschale und Camel
2. **Jacke:** Camel
3. **Kleid:** Eierschale (langärmlig)
4. **Rock:** Camel
5. **Rock:** Eierschale
6. **Rock:** Camel und Eierschale
   (verwoben)
7. **Hose:** Camel
8. **Bluse:** Eierschale
9. **Bluse:** Eierschale und Intensives
   Aquamarin
10. **Bluse:** Intensives Aquamarin
11. **Bluse:** Apricot und Aquamarin
12. **Strickjacke** oder **Schultertuch:**
    Eierschale

HELLER SOMMER

Farbkombinationen: Helles Anthrazit/Vergißmeinnichtblau/
Malve/Wollweiß

1. **Jacke:** Helles Anthrazit
2. **Jacke:** Vergißmeinnichtblau
3. **Kleid:** Malve
4. **Rock:** Helles Anthrazit
5. **Rock:** Vergißmeinnichtblau
6. **Rock:** Helles Anthrazit/Vergißmein-
   nichtblau/Wollweiß (verwoben)
7. **Hose:** Helles Anthrazit
8. **Bluse:** Wollweiß
9. **Bluse:** Wollweiß und Grau
10. **Bluse:** Vergißmeinnichtblau und
    Wollweiß
11. **Bluse:** Vergißmeinnichtblau und
    Malve
12. **Strickjacke** oder **Schultertuch**
    Vergißmeinnichtblau

KÜHLER SOMMER

Farbkombinationen: Taubenblau/Wollweiß/Himbeerrot/Eisrosa

1. **Jacke:** Taubenblau
2. **Jacke:** Wollweiß
3. **Kleid:** Himbeerrot
4. **Rock:** Blaugraues Taubenblau
5. **Rock:** Wollweiß
6. **Rock:** Taubenblau und Wollweiß
   (verwoben)
7. **Hose:** Taubenblau
8. **Bluse:** Wollweiß
9. **Bluse:** Himbeerrot
10. **Bluse:** Himbeerrot, Taubenblau und
    Wollweiß
11. **Bluse:** Eisrosa
12. **Strickjacke** oder **Schultertuch:**
    Wollweiß

GEDECKTER SOMMER

Farbkombinationen: Warmes Grau/Amethyst/Rose/Wollweiß

1. **Jacke:** Warmes Grau
2. **Jacke:** Amethyst
3. **Kleid:** Rose
4. **Rock:** Warmes Grau
5. **Rock:** Amethyst
6. **Rock:** Warmes Grau/Amethyst/Wollweiß (verwoben)
7. **Hose:** Warmes Grau
8. **Bluse:** Rose
9. **Bluse:** Wollweiß und Amethyst
10. **Bluse:** Warmes Grau und Amethyst
11. **Bluse:** Warmes Grau und Rose
12. **Strickjacke** oder **Schultertuch:** Warmes Grau

GEDECKTER HERBST

Farbkombinationen: Olivgrün/Naturbraun/Zinnoberrot/Eierschale

1. **Jacke:** Olivgrün
2. **Jacke:** Naturbraun
3. **Kleid:** Zinnoberrot
4. **Rock:** Olivgrün
5. **Rock:** Naturbraun
6. **Rock:** Olivgrün/Naturbraun/Eierschale (verwoben)
7. **Hose:** Olivgrün
8. **Bluse:** Eierschale und Olivgrün
9. **Bluse:** Zinnoberrot
10. **Bluse:** Zinnoberrot und Olivgrün
11. **Bluse:** Eierschale
12. **Strickjacke** oder **Schultertuch:** Olivgrün

WARMER HERBST

Farbkombinationen: Goldbraun/Bronze/Klares Goldgelb/Gelbbeige

1. **Jacke:** Goldbraun
2. **Jacke:** Bronze
3. **Kleid:** Klares Goldgelb
4. **Rock:** Goldbraun
5. **Rock:** Bronze
6. **Rock:** Goldbraun und Bronze (verwoben)
7. **Hose:** Goldbraun
8. **Bluse:** Klares Goldgelb
9. **Bluse:** Bronze und Klares Goldgelb
10. **Bluse:** Gelbbeige
11. **Bluse:** Bronze und Gelbbeige
12. **Strickjacke** oder **Schultertuch:** Bronze

DUNKLER HERBST

Farbkombinationen: Schwarzbraun/Rost/Eierschale/Mango

1. **Jacke:** Schwarzbraun
2. **Jacke:** Rost
3. **Kleid:** Mango
4. **Rock:** Schwarzbraun
5. **Rock:** Rost
6. **Rock:** Schwarzbraun und Rost (verwoben)
7. **Hose:** Schwarzbraun
8. **Bluse:** Rost und Eierschale
9. **Bluse:** Rost und Mango
10. **Bluse:** Eierschale
11. **Bluse:** Mango
12. **Strickjacke** oder **Schultertuch:** Schwarzbraun

DUNKLER WINTER

Farbkombinationen: Schwarz/Rot/Weiß/Zitronengelb

1. **Jacke:** Schwarz
2. **Jacke:** Rot
3. **Kleid:** Rot
4. **Rock:** Schwarz
5. **Rock:** Rot
6. **Rock:** Schwarz/Rot gemustert
7. **Hose:** Schwarz
8. **Bluse:** Weiß
9. **Bluse:** Rot/Zitronengelb/Weiß gemustert
10. **Bluse:** Zitronengelb
11. **Bluse:** Rot und Weiß
12. **Strickjacke** oder **Schultertuch:** Weiß

KÜHLER WINTER

Farbkombinationen: Marine/Graubeige/Dunkles Zyklam

1. **Jacke:** Marine
2. **Jacke:** Graubeige
3. **Kleid:** Dunkles Zyklam
4. **Rock:** Marine
5. **Rock:** Graubeige
6. **Rock:** Marine und Graubeige (verwoben, gemustert)
7. **Hose:** Marine
8. **Bluse:** Dunkles Zyklam
9. **Bluse:** Dunkles Zyklam und Marine
10. **Bluse:** Marine und Graubeige
11. **Bluse:** Marine
12. **Strickjacke** oder **Schultertuch:** Marine

KLARER WINTER

Farbkombinationen: Anthrazit/Königsblau/Weiß/Eisblau

1. **Jacke:** Anthrazit
2. **Jacke:** Königsblau
3. **Kleid:** Königsblau
4. **Rock:** Anthrazit
5. **Rock:** Königsblau
6. **Rock:** Anthrazit/Königsblau (gemustert, gemischt)
7. **Hose:** Anthrazit
8. **Bluse:** Weiß
9. **Bluse:** Eisblau
10. **Bluse:** Anthrazit und Eisblau
11. **Bluse:** Weiß und Königsblau
12. **Strickjacke** oder **Schultertuch:** Weiß

Leitfaden für Stoffe

NATURSTOFFE

Name	Beschreibung	Eignung	Pflege
BAUMWOLLE	Sammelhaar aus der Fruchtkapsel der reifen Baumwollpflanze. Gut für Kleidung, weil der Stoff saugfähig ist und Luft zirkulieren läßt.	Findet in der Mode starke Verwendung, auch für Unterwäsche, Blusen, Kleider, Jacken, Röcke, Sport- und Regenbekleidung.	Speziell ausgerüstete Oberflächen werden bei den meisten Baumwollstoffen verwendet, um die Pflege gering zu halten, etwa um Einlaufen zu verhindern, das Bügeln zu erleichtern usw. Meistens für die Maschinen- oder Handwäsche geeignet.
BAUMWOLLARTEN:			
Baumwollflanell	Eine Baumwollversion von Wollflanell.	Nachtwäsche.	Maschinenwäsche.
Chintz	Baumwollgewebe, meist mit glänzender Oberfläche.	Am besten für Dekorationsstoffe, aber auch für Sommerkleider und Jacken.	Nicht chemisch reinigen lassen (der Glanz ginge verloren). Hand- oder feine Maschinenwäsche.
Cord	Samtartige Oberfläche mit Längsrispen.	Für Sportkleidung, besonders Hosen, Hemden und Röcke im Country-Stil.	Maschinenwäsche.
Denim	Ein Baumwolltwill, der vor Gebrauch vorgewaschen wird und zum Einlaufen gebracht wird, um ihn haltbarer zu machen. Strapazierfähig.	Sportkleidung (besonders für den natürlichen Kleidungsstil).	Maschinenwäsche.

Name	Beschreibung	Eignung	Pflege
Kambray	Glatte Baumwolle, mit einigen Farbfasern verwoben, daher gesprenkelte Wirkung. Ziemlich dauerhaft.	Sportkleidung, besonders für den Sommer.	Hand- oder Maschinenwäsche.
Linon	Leichtes, leinenähnliches Baumwollgewebe, mit einer nicht waschfesten Glanzappretur.	Blusen- und Taschentücher.	Handwäsche.
Musselin	Feines, weiches Gewebe, oft aus Baumwolle. Gut als Grundlage für gestickte Details.	Blusen, Sommerkleider und -röcke.	Hand- oder Maschinenwäsche im Feinwaschgang.
Organdy	Leichter einfarbiger Baumwollstoff mit ausgerüsteter Oberfläche.	Blusen und Kleider (nur für den Abend).	Handwäsche.
Oxford	Baumwollstoff, der aus zwei Garnen gewoben ist (oft ein weißes und ein farbiges). Ergibt eine frische, weiche Oberfläche.	Blusen, Sommerkleider.	Maschinenwäsche.
Perkal	Leinwandbindiger Stoff mit starker Appretur und nicht waschfester, glänzender Oberfläche.	Sommerblusen, -kleider und -röcke.	Chemische Reinigung.
Sea-Island-Baumwolle	Feste Baumwolle aus den USA (Ostküste).	Wegen des feinen Glanzes am besten für Sommerblusen, -kleider und -röcke geeignet.	Maschinenwäsche.

Name	Beschreibung	Eignung	Pflege
Schweizer Musselin	Feiner, fester Baumwollstoff mit Tüpfelwirkung.	Zarte Stoffe für Blusen, Kragen und Kleider (sehr romantisch).	Handwäsche.
Seersucker	Gewobener Baumwollstoff (oft auch andere Fasern) mit abwechselnd glatten und gekräuselten Oberflächen, meistens in verschiedenfarbigen Streifen. Sehr haltbar.	Jacken, Röcke und Blusen (nur Sommerware).	Maschinenwäsche.
Velours	Schwerer samtartiger Baumwollstoff mit weichem Griff (es gibt auch andere Veloursarten). Läßt sich nicht in Falten legen.	Jacken, Kleider, Röcke.	Maschinenwäsche. Achtung: wird durch wiederholtes Waschen weicher!
Voile	Die starkgewobenen Garne ergeben eine leichte Textur. Siehe auch Seidenvoile (S. 256).	Blusen, Kleider.	Sanfte Maschinen- oder Handwäsche.
Whipcord	Twillrippen, die einen Cordeffekt erzeugen. Sehr haltbar.	Jacken, Röcke und Hosen.	Maschinenwäsche.
BROKAT	Kostbarer gewobener Stoff mit abgesetztem Muster. Glänzend oder matt. Kann aus Baumwolle, Seide, Viskose oder einer Mischung daraus bestehen.	Feine Muster für Tücher und Blusen, größere Muster und Strukturen für Kleider, Jacken usw.	Chemische Reinigung.

Name	Beschreibung	Eignung	Pflege
DAMAST	Stoff mit eingewobenem Muster. Kann aus Baumwolle, Leinen, Wolle oder Seide bestehen.	Wird für weiche Einrichtungsgegenstände verwendet, außerdem ab und zu in der Mode für Jacken, Blusen und Kleider.	Chemische Reinigung.
FOULARD	Druckstoff mit einem gleichmäßigen Wiederholungsmuster, aus Wolle, Seide oder anderen Fasern.	Blusen, Krawatten und Tücher. Kann in großen Dosen zuviel sein, daher nicht geeignet für Berufskleidung.	Entsprechend der Faserzusammensetzung waschen. Pflegeetikett beachten.
HOPSACK	Ein lockeres Gewebe mit korbartiger Wirkung aus Wolle, Baumwolle oder einer Mischung daraus.	Sommerjacken, Röcke, Blusen und Hosen.	Chemische Reinigung.
LEINEN	Aus Flachs gewonnen, aber häufig aus Viskose, Polyester und anderen Kunstfasern hergestellt, die leinenartig sind. Lockeres faseriges Erscheinungsbild. Naturleinen atmet und absorbiert Feuchtigkeit.	Ausgezeichnet im Frühling und Sommer für Freizeitkleidung und teilweise auch für Berufskleidung. Für letztere sollten Sie Leinenmischungen wählen oder eine Ausrüstung, die Knitterfalten verhindert.	Bei reinem Leinen Handwäsche. Chemische Reinigung bei Mischungen.
SEIDE	Von den Raupen der Bombyx- und Antherea-Motten hergestellt. Der weiche Glanz und die Drapiereigenschaften machen ihn zu einem vielfältig einsetzbaren Stoff.	Recht gute Falleigenschaften, daher gut für Blusen, Kleider und Tücher.	Handwäsche oder chemische Reinigung. Pflegeetikett beachten.

Name	Beschreibung	Eignung	Pflege
SEIDENARTEN: **Crêpe de Chine**	Seidenstoff mit weicher, verschwommener Wirkung (es gibt auch andere Arten von Crêpe de Chine).	Blusen, Kleider, legere Oberteile, Hosen und Röcke.	Handwäsche.
Seidencrêpe	Seidenstoff mit geknitteter oder gekräuselter Oberfläche (es gibt auch andere Crêpe-Arten).	Blusen, Abend- oder Sommerkleider.	Handwäsche.
Seidengeorgette	Hauchdünne, leichte Seide mit Crêpe-Effekt (es gibt neben dieser auch noch andere Georgette-Arten).	Blusen, Kleider, Abendkleidung, sowohl romantisch als auch dramatisch, abhängig vom Stil.	Chemische Reinigung.
Seidenvoile	Leichter Stoff aus handgesponnener Seide mit offener Struktur (es gibt neben dieser auch noch andere Voile-Arten).	Freizeitkleidung, z. B. Jacken und Kleider. Sehr natürliche Wirkung.	Chemische Reinigung.
WOLLE	Aus Schaf-, Lamm-, Ziegen-, Kamel- oder Lamavlies. Verschiedene Eigenschaften und Qualitäten (Merino ist die feinste) mit natürlicher Elastizität, wärmend und weich.	Mäntel, Kostüme, Kleider, Pullover.	Hand-, feine Maschinenwäsche oder chemische Reinigung. Das Pflegeetikett ist besonders zu beachten. Feine Wollsachen besser zusammengelegt statt auf einem Bügel aufbewahren, da sie sich dehnen und ihre Form verlieren können.

Name	Beschreibung	Eignung	Pflege
WOLLARTEN:			
Alpaka	Schafkamelart aus Südamerika. In der Qualität noch feiner als die Lamawolle. Zum Färben ist Alpaka nicht geeignet, wird daher in den Naturfarben Schwarz, Braun, Camel oder Weiß auf dem Markt angeboten.	Leichte Kostüme und Kleider.	Handwäsche oder chemische Reinigung.
Botany	Eine spezielle Merino-Wollart.	Kostümstoffe. Trägt zu einem eleganten Erscheinungsbild bei.	Chemische Reinigung.
Bouclé	Aus Wolle gewobener Stoff, der in Abständen Schlingen enthält, wodurch eine Noppenstruktur entsteht. Wird auch aus anderen Fasern hergestellt.	Winterkostüme und Pullover. Für das ganze Stück oder als Besatz verwendbar. Bouclé gestaltet die Linie eines Kleidungsstücks weicher.	Chemische Reinigung.
Cashgora	Angora mit minderwertigem Kaschmir gemischt.	Hauptsächlich Pullover.	Chemische Reinigung.
Cloqué	Gestrickter Wollstoff mit Blasenwirkung durch das Stricken zusätzlicher Schlingen.	Pullover, Freizeitkleider.	Chemische Reinigung oder vorsichtige Handwäsche.
Fischgrät	Wollgewebe mit einem «Z»- oder «S»-Effekt im Stoff. Strapazierfähig.	Mäntel, Jacken und Röcke. Eher leger und für den Ausflug aufs Land geeignet als für den Beruf.	Chemische Reinigung.

Name	Beschreibung	Eignung	Pflege
Flanell	Einfaches Wollgewebe, das sich aufgrund seiner strukturierten Oberfläche weich und warm anfühlt. Sehr haltbar und strapazierfähig.	Winterjacken und Kostüme.	Bei regelmäßigem Tragen Bügeln erforderlich. Chemische Reinigung.
Gabardine	Gewobener Kammgarnstoff mit feinen Diagonallinien. Strapazierfähig.	Elegante Kostüme, Mäntel und Hosen. Ausgezeichnete Investition für das beste Kostüm im Berufsleben.	Chemische Reinigung.
Kamelhaar	Aus dem Wollhaarkleid des Zweihöckrigen Kamels hergestellt. Nicht zum Färben geeignet, wird daher in seiner schönen natürlichen «Camel»-Farbe eingesetzt. Weich in der Struktur, nicht so strapazierfähig wie Wolle.	Mäntel, Jacken und Kostüme.	Chemische Reinigung. Kleidungsstücke müssen zwischen dem Tragen ruhen.
Kaschmir	Sehr feines Wollhaarkleid der Kaschmirziege. Nicht sehr strapazierfähig.	Weich, warm und fein. Am besten für Pullover und Schals.	Chemische Reinigung. In Schubladen gefaltet aufbewahren, nicht am Bügel, Kleidungsstücke müssen zwischen dem Tragen ruhen.
Kavallerietwill	Festes Wollgewebe, Trikotine.	Hosen, Herrenbekleidung und Regenmäntel.	Chemische Reinigung.
Lambswool	Das Vlies von kleinen Lämmern. Sehr weich.	Pullover, Blusen und einfache Kleider.	Chemische Reinigung oder vorsichtige Handwäsche.

Name	Beschreibung	Eignung	Pflege
Mohair	Das lange, elastische Haar der Angoraziege, hat seidenartigen Glanz, ist weich, leicht und fein; wird rein und in Mischungen für hochwertige und höherpreisige Kleidung verwendet.	Hauptsächlich Kostüme.	Chemische Reinigung.
Tweed	Ein grobes Wollgewebe, das ursprünglich aus Schottland stammt. Wird heute auch aus anderen Fasern hergestellt.	Mäntel, Jacken, Hosen und Kostüme. Feinste Tweedstoffe sind für den Beruf geeignet, aber besser für den Reise- und Freizeitstil.	Chemische Reinigung für wollene Tweedstoffe. Andere werden entsprechend der Faserzusammensetzung gewaschen.
Woolcrêpe	Locker gewobener Wollstoff.	Jacken, Röcke, Hosen und Kostüme. Verleiht Kostümen für das Berufsleben einen weicheren Look. Lieferbar in leichtem (Sommer) und mittlerem Gewicht (Winter).	Chemische Reinigung.

KUNSTFASERN

Künstliche Chemiefasern sind aus einfachen Grundstoffen wie Steinkohle, Erdöl, Stickstoff, Kalk und Wasser hergestellt. Daraus wird eine synthetische Spinnmasse gebildet.

Name	Beschreibung	Eignung	Pflege
ACRYL	Eine wollähnliche, lichtechte synthetische Chemiefaser, deren Vorteil darin besteht, daß sie sich weich anfühlt und relativ knitterfrei ist. Acryl kann zudem sehr fein verwoben werden oder läßt sich für noppige, wollartige Effekte einsetzen. Wie andere Kunstfasern atmet es nicht und bietet auch nicht die Wärme von Wolle – allerdings recht oft mit Wolle vermischt.	Strickkleidung.	Leicht zu pflegen. Hand- oder Maschinenwäsche.
MISCHUNGEN	Polyester kann mit einer Naturfaser gemischt werden, zum Beispiel 60 % Wolle und 40 % Polyester. Die Mischung trägt dazu bei, die Pflege zu vereinfachen und die Form zu bewahren. Je mehr Polyester in einem Kleidungsstück enthalten ist, desto geringer sind die Feuchtigkeitsaufnahme und der Komfort beim Tragen.	Röcke, Hosen, Regenmäntel und Blusen.	Pflegeleicht. Hand- oder Maschinenwäsche. Oft bügelfrei. Pflegeetikett beachten.

Name	Beschreibung	Eignung	Pflege
NYLON	Markenname des Herstellers. Polyamidfaser, also eine synthetische Chemiefaser mit erhöhter Haltbarkeit. Wird meist in Fasermischungen mit Natur- bzw. Chemiefaser verwendet.	Strumpfhosen und Sportbekleidung.	Leicht zu pflegen. Hand- oder Maschinenwäsche.
POLYESTER	Wirkt elegant und hat eine geringe Knitterneigung, gute Paßform und Formstabilität, z. B. Trevira, Tyrolen, Crimplene. Unterschiedliche Qualität in jeder Preislage.	Wird für alles außer für Strumpfhosen verwendet.	Pflegeleicht. Hand- oder Maschinenwäsche.
VISKOSE	Ein Derivat aus Zellstoff. Holz wird über chemische Umwege in Spinnmasse verwandelt. Hautfreundlich, ähnlich wie Baumwolle. Herstellbar in allen Farbabstufungen, ausgerüstet mit matter oder glänzender Oberfläche, in allen gewünschten Feinheiten, auch mit Garnverdickungen usw.	Blusen, Kleider und Freizeitkleidung.	Für einige Ausstattungen ist häufiges Waschen ungünstig. Achten Sie daher auf das Pflegeetikett. Chemische Reinigung ist am wenigsten riskant.

Personen-
und Sachverzeichnis

Kursiv gedruckte Seitenzahlen beziehen sich auf Fotos und Zeichnungen. BK steht
für Berufskleidung, KV für Kurzversion.

Jetzt kennen Sie Ihre Saison!?...

Nun haben Sie mit Hilfe dieses Buches Ihre Saison und Ihre ganz persönlichen Farben gefunden. Für die praktische Anwendung bietet *Color Me Beautiful* Ihnen nun das exclusive und handliche "Image-Etui". Neben Tips und Informationen finden Sie darin Ihre persönlichen Farben als Original-Stoffmuster.

☐ **Ja,** senden Sie mir bitte das attraktive *Color Me Beautiful* "Image-Etui" mit meinen 48 persönlichen Farben.

SOMMER	WINTER	FRÜHLING	HERBST
☐ Hell	☐ Dunkel	☐ Hell	☐ Dunkel
☐ Gedeckt	☐ Klar	☐ Warm	☐ Gedeckt
☐ Kühl	☐ Kühl	☐ Klar	☐ Warm

○ Mein Scheck liegt bei über:
  Etui inkl. Versandkosten   DM 93,–   öS 690,–   sfr 86,–

○ Ich bestelle per Nachnahme:
  Preise wie oben zuzüglich Nachnahmegebühr

Ich bin an weiteren Informationen interessiert:
○ Farbberatung   ○ Stilberatung   ○ Make-up Beratung
○ Color Me Beautiful Cosmetic Konzept   ○ Beruf des Image-Consultants

Name: _____

Adresse: _____

Telefon: _____ Datum / Unterschrift _____

Deutschland: P.O. Box 1665 · D-8228 Freilassing · Telefon 0043-662/51794 · Telefax 0043-662/51639-22
Österreich: P.O. Box 48 · A-5101 Bergheim · Telefon 0662/51794 · Telefax 0662/51639-22
Schweiz: P.O. Box 637 · CH-8021 Zürich · Telefon 0043-662/51794 · Telefax 0043-662/51639-22

...oder haben Sie noch Fragen?

...z.B. wenn Sie bereits im Besitz eines *Color Me Beautiful* "Image-Etuis" sind, und Sie möchten jetzt ebenfalls die ergänzenden Farben für Ihre spezielle Saison. Dann rufen Sie uns einfach an. Wir beraten Sie gerne, wie Sie zu Ihren aktuellen Farben kommen. Tel. 0043-662/51794

...oder Sie sind sich doch nicht ganz sicher, ob Sie die richtige Wahl getroffen haben. Auch hier rufen Sie uns bitte einfach an. Wir nennen Ihnen gerne unseren ausgebildeten Image-Consultant in Ihrer Nähe. Das Erlebnis dieser ganz persönlichen Farbberatung wird alle Unsicherheiten restlos beseitigen. Tel. 0043-662/51794

...oder Sie wissen, daß die richtigen Farben nur einen Teil Ihres persönlichen Images darstellen. Richtiges Make-up und passender Stil haben aber eine ebenso große Bedeutung. Möchten Sie mehr darüber wissen? Rufen Sie uns an. *Color Me Beautiful* ist der richtige Partner für Ihr persönliches Image. Tel. 0043-662/51794

Deutschland: P.O. Box 1665 · D-8228 Freilassing · Telefon 0043-662/51794 · Telefax 0043-662/51639-22
Österreich: P.O. Box 48 · A-5101 Bergheim · Telefon 0662/51794 · Telefax 0662/51639-22
Schweiz: P.O. Box 637 · CH-8021 Zürich · Telefon 0043-662/51794 · Telefax 0043-662/51639-22